I0126796

NOTICE

SUR

LES FAMILLES DU FAURE

ET

DE GIMEL.

I³ m 326

NOTICE

SUR

LES FAMILLES DU FAURE

ET

DE GIMEL,

DANS L'ANCIENNE GÉNÉRALITÉ DE LIMOGES;

PAR ÉLIE DUFAURE,

Docteur en Droit, Avocat à la Cour impériale de Paris.

« *Ut diligaris à tuis, tuos ama.* »
« Aime les tiens, tu seras aimé d'eux. »
GUI DU FAUR DE PYBRAC, 100.e quatr.

VERSAILLES. — TYPOGRAPHIE DE C. DUFAURE,
Rue de la Paroisse, 21.

1854.

DÉDICACE.

—

JUSTIFICATION. — EXPOSÉ.

═

À M. Charles Dufaure de Laprade.

Mon cher Cousin,

Je vous dédie cette Notice sur notre famille et vous prie de l'agréer.

C'est une longue lettre divisée en paragraphes et écrite..... vous savez dans quel but? sans vanité, car je suis sans humilité comme sans orgueil ; mais pour cause d'utilité : je pense qu'on peut tirer parti de tout, et aussi par devoir.

Voilà, en substance, ma justification que je discuterai en développant quelques idées générales, à titre de conclusion.

Pour faire connaître mon extraction filiative du côté maternel, je ne parlerai que de la ligne féminine ; et du côté paternel, que de la ligne masculine. En indiquant les alliances, j'exposerai sommairement l'ascendance masculine de la ligne maternelle et l'ascendance féminine de la ligne paternelle. Préalablement, je consacrerai quelques pages à la donnée géographique et au lieu de ma naissance.

Puissent ces observations, mon cher cousin, vous bien disposer à la lecture de ma Notice. Vous resterez convaincu, j'en suis sûr, que je ne l'ai point rédigée à la légère, ni avec mauvaise foi. Je n'affirmerai rien que je ne puisse prouver par une pièce authentique de mon dossier. C'est que le mensonge m'est insupportable, parce qu'un homme qui ment est une planche pourrie à laquelle il ne faut pas se fier. Il me faut la vérité avec une précision mathématique, telle que la définit *Gui du Faur de Pibrac*, celui qui fut ambassadeur de France, avocat du Roi au Parlement de Paris et conseiller-d'État :

« La vérité d'un cube droit se forme,
« Cube contraire au léger mouvement :
« Son plan carré jamais ne se dément ;
« Et, en tous sens a toujours même forme. »

La véritable habileté, en effet, ne consiste pas dans le machiavélisme et l'intelligence sur la ligne courbe.

E. DUFAURE.

Paris, ce 1.er janvier 1854

DONNÉE GÉOGRAPHIQUE.

La généralité de Limoges, établie en 1573 par le roi Charles IX, comprenait dans son ressort la province et le gouvernement du *Limousin* en son entier; la province et le gouvernement d'*Angoumois*, à l'exception de la sénéchaussée de Cognac; une partie de la province et du gouvernement de la *Marche*, qui consistait à peu près en la moitié, qu'on appelait la *Basse-Marche*.

Elle était divisée en cinq élections, savoir :

Angoulême..... en Angoumois;
Bourganeuf..... dans la Marche;
Brives........⎫
Limoges ....⎬ en Limousin.
Tulle.........⎭

Cette province du Limousin est située entre la *Marche*, l'*Auvergne*, le *Quercy*, le *Périgord*, l'*Angoumois* et le *Poitou*. Elle était divisée autrefois, alors qu'elle comprenait la Marche et la Combraille, en *haut* et *bas* Limousin. Le haut avait pour capitale Limoges; le bas avait pour capitale Tulle.

Ces deux parties sont aujourd'hui à peu près représentées par les départements de la Haute-Vienne et de la Corrèze.

Selon des géographes anciens, le sol du Bas-Limousin qui, avant l'invasion romaine faisait partie du territoire des *Lemovici*, se confondait sur divers points avec celui des *Cadurci*

(département du Lot) ; des *Petrocorii* et des *Arverni* (départements de la Dordogne, du Cantal et Puy-de-Dôme), races
distinctes, mais qui pouvaient avoir la même origine, quoiqu'il
soit reconnu généralement que le Bas-Limousin a eu une autre
race. Il touche d'un bras les nations Arvernes et de l'autre les
races Ibériennes. En s'abaissant du plateau le plus élevé, il
court vers l'Océan atlantique par le Périgord et le Quercy. Le
long réseau de ses montagnes, qui court en cercle de Treignac
à Ségur, en passant par Pompadour, renfermait, au moyen-
âge, les manoirs aux souvenirs fameux des Turenne, des Comborn, des *Gimel*, des Ventadours, des *Laron*, des Lastours,
des Noailles, des Saint-Aulaire, et de plusieurs autres familles de politique et d'action (1).

---

(1) *Dumoulin*, Géog ou descrip. du roy. de France, p. 104;
Barny de Romanet, Hist. du Lim., p. 112;
Marvaud, Hist. du Bas-Lim., p. 1 et 3.

§ 2.

LIEU DE MA NAISSANCE.

La ville où je suis né et que ma famille, branche des *du Faure de Gimel*, habite depuis bien avant l'an 1200 (1), portait autrefois le nom de *Saint-Jean-d'Allassac* (2). Elle est située dans le Bas-Limousin, ce pays qui a eu tant de troubadours et tant d'artistes; qui a les éléments de toute science et de toute poésie; dont l'aspérité mélancolique de ses montagnes attend un Ossian, selon l'expression un peu exagérée d'Élie Berthet; car ce ne sont pas précisément des crêtes déchiquetées et bleuâtres comme les obélisques des Alpes; des pics anguleux et escarpés comme les pyramides des Pyrénées ou des gibosités couvertes de sapins comme les ballons des Vosges; mais des mamelons, des buttes, des collines si fréquents, si nombreux, si accidentés, si fertiles, que l'Anglais *Arthur Yong* n'en parle qu'avec enthousiasme! ce pays, enfin, où la nature a eu tant de caprices! Les uns sont jolis, très-agréables; les autres sont sauvages, étonnants. Cela est vrai pour qui n'a vu, même, que les collines d'Allassac, la plaine de Saint-Viance et les gorges du Saillant, trois points qui se touchent et se relient avec un majestueux ensemble.

Ces lieux étaient bien propres aux méditations de *Mirabeau*

---

(1) V. les preuves au § 5.
(2) V. les registres de l'État-Civil d'avant 1789.

s'apprêtant à remuer tout un monde politique, et qui y fit un long séjour auprès de sa sœur la marquise du Saillant.

La révolution de 1789 arriva et ce remuement eu lieu. Saint-Jean-d'Allassac, pas plus heureuse que tant d'autres cités, eut ses iconoclastes et ses impies qui, ne pouvant enlever à la religion sa beauté, défiguraient les images qui la représentaient; qui auraient voulu supprimer Dieu, comme ils supprimaient le nom de ses Saints! De *Saint-Jean-d'Allassac*, la raison révolutionnaire fit *Allassac* tout court, et l'administration n'a pas jugé utile de restituer à cette pauvre petite ville, toute démantelée maintenant, ouverte à tout venant et à toute heure, depuis que ses remparts ou murs d'enceinte sont rasés et ses portes détruites, son ancien nom, que lui avait donné *saint Martial*, lorsqu'il porta la foi en Aquitaine, autant que l'on peut en juger par une légende de l'ancien Bréviaire de Limoges, après avoir baptisé dans leur château, où il avait reçu asile, les nobles seigneurs de *Roffignac*, d'une famille gallo-romaine, dont les descendants ont porté jusqu'à nos jours le titre de premiers barons chrétiens du Limousin (1).

Qu'il y avait longtemps de çà en 1793! Mais qu'importe le cachet du temps aux gens qui n'ont pas à invoquer le bénéfice de l'ancienneté? Pour eux, c'est un souvenir qui les offusque, ils veulent l'effacer; c'est un obstacle qui les gêne, ils veulent le détruire. Le monde est ainsi fait : l'on dénigre ce qu'on n'a pas, tout en le désirant.

---

(1) L'on voit encore à *Allassac* les ruines assez bien conservées de de l'ancien château Roffignac. La famille de ce nom avait trois branches en Limousin : la branche aînée, d'Allassac, s'est fondue dans la famille *de Lamaze* par le mariage de Marie Roffignac, fille de Louys, avec Daniel de Pradel, sieur de Lamaze, suivant contrat reçu par Aguiré, notaire, le 10 février 1654. La seconde branche était en Quercy; la troisième existe encore dans les environs de Bellac, où elle habite le château de Saunat.

C'est là, dans cette petite ville renommée par ses bons vins et ses bons fruits (1), que fut le berceau de l'illustre famille de Chanac, fondue dans celle de Pompadour, deux cents ans avant le mariage du vicomte *Philibert de Pompadour* avec *Marie du Faure ou Fabry, sœur de la chancelière Séguier*, deux héroïnes, comme l'écrit l'ermite de Solliers, dont j'aurai à reparler pour analyser une correspondance que je possède en lettres manuscrites et originales, dont partie m'a été confié par un de mes bons amis, M. Joseph Brunet, avocat distingué du barreau de Limoges, et dont partie était dans un vieux *bahut* ou layette, qui servait de garde-robe aux domestiques de mon père!

C'est aussi dans les murs d'Allassac que naquirent Raynaud de la Porte (*Ragnaldo de la Porta*), chanoine de Limoges en 1285, évêque de la même ville ensuite; puis archevêque de Bourges, et enfin fait cardinal par le pape Jean XXII; *Denis de Chiniac, sieur des Bardoux*, fils de François, avocat, et de *Jeanne de Dufaure* (2), qui fut *conseiller du Roi, lieutenant-général de la sénéchaussée d'Uzerche, rapporteur du point d'honneur des maréchaux de France, co-seigneur de la ville et paréage d'Allassac, l'annotateur et continuateur de Baluze, en son Recueil des Ordonnances des Rois de France*. L'un de ces rois, Henri III, poursuivant en Limousin les ligueurs qui, trop affaiblis, s'étaient retirés dans le *château de Gimel*, séjourna huit jours à Allassac, en 1593 (3).

---

(1) Calendrier civil et religieux du Limousin, année 1781.

(2) *Jeanne de Dufaure* est ainsi nommée dans le contrat de mariage de son fils aîné, passé devant Lasteyrie, notaire, le 5 septembre 1692; dans l'acte baptistaire de François de Chiniac, du 2 octobre 1679, dressé par Allégre, curé d'Allassac; dans le testament de François de Chiniac, son mari, reçu par Mouneyrac, notaire, en date du 25 mai 1707, où sont nommés les six enfants provenus de cette union.

(3) *Leymonerie*, Hist. de Brive, p. 121.

Si je n'écoutais que mon cœur, je citerai bien d'autres noms
de familles représentées aujourd'hui à Allassac par des personnes qui ont droit à mes respects, mais il n'est point dans
mon plan ni de mon devoir de dire ici tout le bien que je pense
de ces familles. Celle des Alègre domine maintenant, parce
qu'elle est représentée par Mathieu Alègre, homme éminemment
intelligent, qui a la science de la médecine et le génie de l'administration. Il a aussi le culte de la famille, et c'est le côté qui me
plait le plus dans sa nature morale, quoique j'aime beaucoup à
le voir aussi constant et ferme dans ses affections que dans ses
répugnances. A la tête de notre commune, il fait tout le bien
que permettent les ressources dont il dispose.

Je suis heureux et fier de pouvoir invoquer d'anciennes alliances assez nombreuses entre sa famille et la mienne, tant du
côté maternel que du côté paternel.

§ 3.

ASCENDANCE MATERNELLE.

Le siècle avait un an quand ma mère naquit. J'en parlerais avec exhaltation, s'il ne me suffisait de dire, pour faire son éloge comme fils, qu'elle est ma mère !..

En faisant ainsi l'éloge de la sienne, Victor Hugo créa un chef-d'œuvre en deux mots. Produit d'une pensée grande et vraie, simple et riche comme une belle nature, ce tableau moral est complet et parfait, pour qui sait l'étudier et le comprendre : il y a un fonds de dévouement sans ombres et sans limites ; il représente le cœur d'une mère sur une toile de chair et de sang. Quelle admirable chose ! Qu'il serait imprudent d'analyser ce poëme de la vie, au lieu de le méditer sans cesse pour découvrir toutes ses beautés cachées !

Il n'y a pas de peintre dont le pinceau soit plus vigoureux, pour rendre les détails de ce grand sujet, que celui de Victor Hugo : l'élan du cœur, la puissance de l'imagination, la force du génie sont à son service, et pourtant..... il s'est contenté de l'indiquer ! C'est un trait de génie.

Son dessein dit tout, parce qu'il doit tout dire. Ce que l'esprit n'y voit pas, le cœur le sent ou l'instinct le devine. A la différence de tous les autres, ce portrait produit ses effets dans toutes les positions qu'on lui donne. Ses nuances sont infinies et d'une délicatesse inimitable, d'une suavité incomparable.

Mon excellente mère me pardonnera donc de ne pas énumérer ici les qualités que la nature lui a données. Je sais qu'elle les a grandes et vraies comme les avaient sa mère, *Catherine de Laroze;* sa garnd-mère, *Françoise de Gentil de Lacour;* son aïeule, *Catherine du Montet de la Mouillière.*

Voilà, mon cher Cousin, de bien beaux noms? de bien belles alliances, car par ces trois familles je touche aux premières et aux « *plus illustres familles du Limousin et du Périgord,* » comme il est dit dans l'arrêt du Conseil-d'État du 26 octobre 1669, rendu sur le rapport de M. d'*Aligre,* conseiller ordinaire de Sa Majesté en ses Conseils-d'État, portant confirmation de noblesse aux descendants de *Meymi* (Aymeri) *du Montet de la Mouillière,* en considération de services rendus. Dans cet arrêt sont visés les certificats de services délivrés par M. le Maréchal *de Turenne;* par M. de Montignac d'Hautefort; par M. de Raynac, comte de la Roque, etc.

Je ne puis m'empêcher de faire connaître à grands traits l'illustration de ces trois familles, et les actes notariés ou de l'état civil qui établissent la filiation que j'indique, la parenté que j'invoque.

1.° FAMILLE DU MONTET DE LA MOUILLIÈRE.

L'origine et le nom primitif de cette famille sont indiqués dans le testament d'*Adolphe-Louis du Montet de la Mouillière,* chevalier de l'ordre royal et militaire de Saint-Louis, lieutenant de nos seigneurs les maréchaux de France au département de Limoges et Saint-Yrieix. Dans ce testament fait par ledit testateur, en la forme mystique, écrit par lui en son château du Mazet, paroisse de Janaillac, en Limousin, le 6 août 1785, et déposé le même jour chez M.ᵉ Bonhomme, notaire royal à Saint-Yrieix, qui dressa l'acte de suscription sur l'enveloppe cachetée aux armes des du Montet, on lit, au second alinéa, ceci : « Je déclare que mon véritable nom de famille est « *de Mesclajac* ou *de Mesclajeu,* en latin *de Misclojoco,* et

« que mal à propos *Mathieu Montet, écuyer, seigneur de la*
« *Molhière*, mon trisayeul, et sés freres ainsi que ses dessan-
« dans jusqu'a moi, ont quité leur nom primitif de Mesclajeu,
« pour prendre celui du Montet, en vertu du testament fait le
« 17 juillet 1545, par Antoine Montet, écuyer, seigneur du-
« dit lieu, par le quel il legue à Antoine, Mathieu, Jean, et
« Jacques de Mesclajeu et à chacun deux la somme de quatre
« cent livres tournois, une *foy* payée, touts les quatre fils de
« noble Blaise de Mesclajeu et de demoiselle *Jeane de Royère*, et
« ɪɴꜱᴛɪᴛᴜᴇ pour son héritier universel ledit Blaise *de Mesclaieu*
« son cousin, à la condition que tant ledit Blaise que ses des-
« sandans à lavenir seront tenus de porter le nom et armes du
« Montet. — Mais dautant que le dit acte ne portant pas le mot
« ꜱᴇᴜʟ, on aurait dû y joindre ce nom a celui de Mesclajeu et
« ecarteler lés armes des deux familles, ce que lon peut faire
« maintenant sans aucune formalité ni ayant pas eu de lettres
« patentes obtenues pour la mutation du nom primitif ni pour
« le changement des armoiries (1). »

Je ne sais à quelle famille des Royère appartenait Jeanne de
Royère, femme de Blaise de Mesclaieu, car on en trouve deux
en Limousin. Les Royère, seigneurs de Brignat, paroisse de
Royère, ont fait preuve de neuf générations, en remontant au
delà de 1429, et ils portaient de *gueules, à 3 fasces devair*.
Les seigneurs de Peyraux ont prouvé depuis 1450. Les Royère,
seigneurs dudit lieu, du Mazureux et de la Vernade, paroisse
de la Roche-d'Abeille, portaient d'*azur à 3 demi-vols d'or*.
L'un d'eux, *Ameil de Royère*, chevalier, est mentionné avec
Géraud de la Rivière, dans une charte de l'abbaye d'Uzerche,

---

(1) Il est à remarquer que j'ai transcrit littéralement ce passage, en
conservant les fautes de ponctuation, d'orthographe et de français; —
que les ɪ ont la forme des ᴊ dans les mots *Mesclaieu* et *institue*; — que
les *Montet* étaient en 1545 cousins-germains des *Mesclaieu*.

du temps de l'abbé Gausbert, au xie siècle (1). La famille de Royère, dit M. Marvaud, en son histoire du Bas-Limousin, t. ii, p. 268 et 269, « prétend descendre d'un chevalier,
« nommé Olivier, qui aurait pris part à la première croisade,
« d'où il aurait ramené dans le Limousin des chevaux arabes.
« Aucun document historique n'en fait mention. Quoi qu'il en
« soit, cette famille paraît fort ancienne. En 1450, époque à
« laquelle les preuves sont authentiques, Pierre de Royère,
« seigneur de Brignac, épousa Élise de la Jarosse, et demanda
« dans son testament à être inhumé par son fils Alain de Royère,
« dans l'église de Royère, avec ses ancêtres. En 1489, Pierre
« épousa Souveraine de Lastours, au château de Lastours, en
« présence de Jean de Pompadour. Il demanda à être inhumé
« dans l'église d'Ayen. En 1522, mariage de François de
« Royère avec Anthoinette du Cornilh. Henri de Navarre,
« comte de Foix, vicomte de Limoges, donna la justice haute,
« moyenne et basse à un autre François qui avait épousé
« Blanche d'Aubusson. Philibert, par son mariage avec Mar-
« guerite de Badefol (1608), acquit la seigneurie de Peyraux.
« Jean-Marc de Royère, son fils, épousa Catherine de Salignac-
« Fénelon (1731). »

Dans l'alinéa trois de ce même testament, Alphonse-Louis du Montet déclare être marié avec *dame Marcelle d'Eschiza-dour* (2), duquel mariage, ajoute-t-il, sont provenus *dix* enfants, savoir :

---

(1) *Lainé*, Nob. du Lim., p. 44,

Cartul., fol. 415; 185; fol. 55.

(2) Les seigneurs d'Eschizadour, paroisse de Saint-Médard, ont fait preuve de 5 degrés : écartelé d'argent et de gueules. — La branche de Bettes a prouvé depuis 1554. —Dominus Ymbertus *de Chizadors*, Miles, fit hommage au mois de juin 1296, à l'évêché de Limoges. Cartul., fol. 8. Gaig., vol. 1850, fol. 107.

1. *Joseph-Louis*, mousquetaire dans la première compagnie de la garde du Roi, mort en 1770;

2. *Pierre*, décédé jeune;

3. *Jean*, chevalier de l'ordre de Saint-Lazare, lieutenant au régiment de Beauvoisis, mort en 1773;

4. *Jean-Romain*, comte de Cardaillac, capitaine au régiment du maréchal de Turenne, et lieutenant de nosseigneurs les maréchaux de France; marié avec demoiselle Charlotte de Patin, née vicomtesse dudit nom;

5. *Florent*, prêtre, vicaire-général de Castres;

6. *Joseph-Jean-Baptiste*, mort jeune;

7. *Joseph-Hilarion*, vicomte de Cardaillac, chevalier de l'ordre de Saint-Lazare, capitaine au régiment de Beauvoisis et lieutenant de nosseigneurs les maréchaux de France;

8. *Françoise*, mariée à *Marc-François de Gascq*, chevalier, seigneur de Mialet, etc;

9. *Marie-Anne-Valerie*, morte jeune;

10. *Paule-Claire-Marguerite*, mariée à *Jean-Marguerite*, comte de Brie de Laguyrac.

Enfin dans l'alinéa dix que j'analyse, parce qu'il est fait mention de M. *Dufaure de Broussoles*, *lieutenant-général de la sénéchaussée de Figeac*, il déclare, « pour la décharge de sa conscience, qu'il a trouvé à la mort de M. l'abbé de Vareix, en or ou argent, la somme de 15,884 liv., et que les paiements qui lui ont été faits depuis des *effaits* (effets, billets) dus à la succession de ce dernier, y compris 3,000 liv. remboursés par M. Bessonies, 1,200 liv. par M. Dufaure de Broussoles, lieutenant-général de la sénéchaussée de Figeac, comme héritier de M. Roques, peuvent s'élever à 12,700 liv., lesquelles deux sommes appartenaient en propre à l'hérédité de M. l'abbé de Vareix, et devaient par conséquent être défalquées de la sienne, sauf celle de 18 à 1,900 liv., affectée aux charges de la succession, le surplus ayant servi à payer partie des constitutions faites par lui et la dame son épouse à *madame de Gascq* et à *madame de Brie*, ses filles, et payer la finance de sa charge de lieutenant des maréchaux de France; de même qu'à faire quelques acquisitions jointes à la terre du Mazet, sauf le domaine retiré des religieuses de Saint-Yrieix, dont l'argent provenait du remboursement que M. de Tourdonnet (Joussinaud de Fayac) lui avait fait en exerçant le retrait du domaine du Voissière, paroisse de Saint-Méard, tenu en hypothèque (sans doute en anthicrèse) par la maison d'Eschizadour. »

Toujours pour la décharge de sa conscience, il fait une dernière déclaration, à savoir que toute l'argenterie qu'il avait, appartenait à l'hérédité de M. l'abbé de Vareix, sauf 18 couverts et un service qu'il avait fait faire à Paris, composé de 20 plats, y compris 4 caisses. Le surplus, quoique à ses armes et à celles de la dame son épouse, avait été fait à Limoges, de la vieille vaisselle trouvée au *château de la Capelle*.

L'origine et le nom primitif de la maison du Montet connus, il me reste à vous indiquer ses branches et leurs alliances. Je vais le faire à partir de *Meymi Montet, co-seigneur de la paroisse de Sarazac, en Périgord*, seigneur de la Mouillère.

Dans son testament « fait le 10 août 1654, au repaire noble « des Champs, paroisse de Sarrazat en Périgord, et dans le « château d'icelui, en présence de Meymi de Fayolle, écuyer, « sieur de Lisle, habitant au repaire noble de Fayolle, d'Élie « Montet de Torsat et autres, » ce Meymi du Montet déclare avoir été marié avec *Marguerite de Fayolle*, de cette nombreuse et puissante famille des *de Foucauld de Fayolle* (1)

(1) Le contrat de mariage du grand-père de M. François du Garreau, avocat distingué du barreau de Saint-Yrieix, à la bienveillance duquel je dois une partie des documents sur lesquels je m'appuie en ce moment, est signé de M. *de Foucauld de Fayolle*. C'est de cette famille que des-

(commune de Sarrazac, en Périgord), dont l'un des membres, noble louis de la Fayole, seigneur dudit lieu, de Clermont, de Labatut, de Veyrières et autres lieux en Périgord, fut nommé curateur de *François de Lentilhac,* cinquième du nom, qui épousa, par contrat passé au château de Gimel, en Bas-Limousin, le 27 octobre 1625, reconnu le 21 janvier 1626, devant *Duboys,* notaire et tabellion royal, *Matheline de Lavaur de Gimel,* baronne de Gimel (1).

Du mariage de Meymy du Montet avec Marguerite de Fayolle, provinrent sept enfants, savoir :

1. *Pierre,* écuyer, sieur des Champs, qui épousa Françoise *de Lubersac*, de cette ancienne et noble famille, alliée aux premières maisons du Limousin, telles que Roffigniac, Lamaze, de Rodorel de Seilhac. (V. contrat de mariage du 3 février 1778.)
2. *Franc-Pierre,* écuyer, sieur de la Bachélerie, dont l'article suit;
3. *Meymy,* écuyer, sieur de Plouvy ;
4. *François,* écuyer, sieur du Claud, prieur de Saint-Sulpice;
5. *Pierre,* deuxième du nom, le plus jeune, sieur de Malucen, qui épousa Gabrielle de Farges (Dalmay);
6. *Izabeau;*
7. *Narde.*

Franc-Pierre du Montet de la Bachélerie épousa en premières noces Marie Garreau, qui lui apporta la propriété de la

---

cendent les *de Foucauld, d'Allassac,* dont j'aurai à reparler ainsi que de M. François du Garreau.

(1) La terre de Gimel avait anciennement et conserva long-temps le *titre de vicomté. Renaud, vicomte de Gimel,* soumit son château et sa vicomté à l'hommage de Raimond II, vicomte de Turenne, par charte du 26 janvier 1160. (*Mémoires de M. Robert du Dorat,* Rec. de D. Fonteneau, t. 24, p. 415.)

Bachélerie et de la Fayolle, dont elle portait le nom, et qui ne lui donna point d'enfants. Il épousa en secondes noces mademoiselle *Aubine du Garreau*, fille de Jean du Garreau et d'Anne de Sanzillon de la Foucaudie, des seigneurs de Pousol et de Bouresse, de Douillat, etc. (1).

De ce second mariage, il eut deux enfants, Marguerite et Jean-Philibert de la Bachelerie. Ce dernier épousa mademoiselle Müsnier de Chantegreau, qui lui donna trois enfants, savoir :

1. *Jean*, qui épousa N. de *Jarrige* de la Morelie du Puyredon ;
2. *Charlotte*, qui épousa M. Grangeveille de Lagrange, seigneur de Saint-Yrieix, dont le fils mort à 90 ans, en 1827 environ, était maréchal-de-camp. C'est le dernier rejeton mâle. Ses deux filles ont épousé, l'une M. de Balathier, et l'autre M. du Beaufranc ;
3. *Catherine* (*c'est ma bisaïeule*), qui épousa M. *Jean-Baptiste de Gentil*, suivant acte inscrit sur les registres de la paroisse du Moustiers, à Saint-Yrieix, le 6 avril 1730, en présence de Messires François de Grésiniac, écuyer, sieur de Chatains ; Jean du Mascieux, écuyer, sieur de Chizadour, et de MM. Etienne Mazard, lieutenant de police, et Antoine Queyroulet, procureur d'assises.

De ce mariage provinrent quatre enfants, savoir : *Jean*, *Françoise* (*c'est mon aïeule*), *Jean*, deuxième du nom, et *Marie de Gentil*.

Avant de suivre ces quatre enfants dans leurs alliances, je dois m'arrêter ici pour faire connaître la famille de Gentil dans son passé, son illustration et ses alliances.

---

(1) Cette ancienne famille, dit Laîné, Nob. de Lim., p. 46, a porté, pendant plusieurs générations, le seul nom *de la Foucaudie*, — d'azur, à trois pigeons d'argent.

2.º FAMILLE DE GENTIL (1).

La famille de Gentil a une existence plus grande que la famille *du Montet*, seigneurs de la Mouillère et autres lieux. Pour la poser largement et carrément, je n'ai qu'à transcrire ici un projet de transaction arrêté entre :

Henri, Roi de Navarre, d'une part, et

Yrieix de Gentilz, seigneur de la Geauchapt (2), d'autre part, relativement à la prévôté de Saint-Yrieix, en 1578. Le voici :

« Comme ainsi soit que très-haut, très-puissant et illustre prince Jehan (Jean d'Albret, père d'Henri d'Albret, bisaïeul d'Henri IV), par la grâce de Dieu, Roi de Navarre, dès le *dixeneuvième mars mille cinq cent cinq*, eust *vendu* purement et simplement à feu Jehan Gentilz, écuyer, la *seigneurie* de la prévôté de Saint-Yriez avec ses dépendances, appartenant lors au dict feu sieur Roy, et ce pour le prix et somme de trois mille livres, de laquelle il eust été payé réellement et de faict ; et icelluy sieur *Prince* promit comme il se serait obligé envers le dict feu Gentilz, lui garantir et aux siens les dicts biens vendus ; en vertu duquel contract le dict feu *de Gentilz* en aurait jouy jusques à son décès, délaissant à luy survivant *Hélies de Gentilz, escuyer, sieur du Mas et de la Geauchapt*, son fils, héritier universel, lequel depuis en transigeant de certain procès pendant au grand conseil, pour raison de quelque prétendu réméré de la dicte seigneurie et prévosté, aurait dès le sixième d'apvril mil cinq cent trente, baillé à feu très-hault et très-

_____

(1) Dans le moyen-âge, le nom de Gentil était écrit avec un *z* à la fin. — On le trouve dans plusieurs actes notariés écrit ainsi : *du Gentil.*

(2) D'autres manuscrits disent *de la Jonchat.* Voy. *Lainé*, Nobl. du Lim., p. 24 ; *Leymarie*, Hist. du Lim.

puissant prince et sieur Henry, Roy de Navarre, faculté de
pouvoir rachepter la dicte seigneurie, à son dict feu père vendue, toutes fois et quantes le plaisir d'icelly sieur Roy de Navarre, ou de ses successeurs, serait de la rachepter, pourvu
que ce fust pour la réunir à la viscomté de Limoges, et non
autrement, ni pour autres ; et soit advenue que très-haulte et
très-puissante dame et Princesse Jehanne, royne de Navarre
en l'an cinq cens soixante-sept, et par ainsui trente-sept ans
après le dict pacte de rachapt baillé, aurait fait convenir par-
devant le séneschal de Lymousin ou son lieutenant feu *Jacques
Gentilz, escuyer et sieur desdicts lieux et de la Geauchapt*,
aux fins que suivant, le dict pacte de rachapt, il fust con-
dampné à faire la revendition de la dicte seigneurie ; pour
deffense aux quelles conclusions, icelluy feu de Gentilz aurait
déduict la dicte dame Royne n'estre recepvable, pour n'estre
venue dans trente ans, à compter du jour du pacte de rachapt
baillé par le dict feu Hélies, et que telle faculté se prescrivait
par trente ans ; et que ayant intenté son action trente-sept ans
après, elle estait sans action ; sur quoi la dicte dame Royne
avait maintenu contraire, et que le dict pacte estoit perpétuel
par dessus les trente ans ; en oultre, que pendant le temps
depuis le dict pacte convenu, elle avait demeuré pupille et en
puyssance de mary.

« Et estant la dicte dame déceddée, très-hault et très-puissant
sieur *Henry*, à présent *roy de Navarre son fils*, aurait repris
le procès comme pareillement a faict *Yriez de Gentilz, escuyer,
sieur des dicts lieux et de la Geauchapt*, fils et héritier du
dict feu Jacques ; et tant soit esté proceddé par devant le dit
séneschal du Limousin ou son lieutenant, que sentence s'en est
ensuyvie, par la quelle le dict sieur Roy de Navarre a esté déclaré
non recepvable au dict retrait conventionnel, et a esté condamné
aux dépens ; de la quelle sentence il a appelé et relevé en la Cour

et Chambre establies par le Roy en la ville d'Agen, et en icelle faict assigner le dit sieur de Gentilz, en la quelle toutes parties ont comparu, et le procès pendant, le sieur Roy aurait obtenu lettres royaulx s'adressant à la dicte Cour, par les quelles estait narré que le dict feu sieur Henry, roi de Navarre, son ayeul, pendant le dict pacte de rachapt, aurait esté employé pour le service du Roy en divers lieux, et qu'il serait décéddé. — Délaissant la dite dame Princesse Jehanne, Royne de Navarre, sa fille, en fort bas aage, et que puis vingt ans il y a eu toujours guerres civilles au royaulme de France; partant estait mandé à la dicte Cour, sans avoir esgard à la prescription déduicte par le dict sieur de Gentilz, de la quelle le dict sieur Roy de Navarre estoit relevé, lui adjuger ses fins et conclusions, les quelles le dict Prince sieur Roy auroit présentées à la dicte Cour; et estant les parties prestes à plaider, tant sur les dicts appel et lettres royaulx, le procès pouvant prendre long traict; et leur causer grands frais ... Traitant aulcungs bons *serviteurs* du dict feu roy de Navarre et *amys* du dict de Gentilz, et après avoir eu communication du procès par le dict sieur Roy, et icelluy fait veoir à son conseil, Sa Majesté séant en icelluy, assisté de la royne de Navarre sa compaigne, de sieur de. .... tant par l'advis d'icelluy conseil, que parce que ainsi lui a pleu et plaist, ensemble au dict de Gentilz, sont icelles parties, soules le bon plaisir de la dicte Court, venus en accord et transaction en la forme et manière que s'ensuit :

« Scavoir, que aujourd'hui datte de ce présent, pardevant moy notaire royal, et présent les témoings bas nommés et escripts, ont été présents et personnellement establis en leurs personnes, le dict très-hault et très-puissant *sieur Prince Henry, par la grâce de Dieu roy de Navarre*, estant à présent majeur de vingt cinq ans, d'une part; et le dit *Yriez de Gentilz, escuyer, seigneur de la Geauchapt*, d'autre part; lequel sieur Roy de

Navarre tant pour luy que pour les siens ayant ores ou pour
l'avenir cause de luy, s'est desparty comme despart par ce présent de la dicte instance pendant en la dite cour et chambre
d'Agen, ensemble des lettres royaulx par lui obtenus. Veult
et consent que la sentence du dict séneschal du Lymousin, Demeure en faveur dudict sieur de Gentilz, soit en son plein et
entier effect ; à la quelle iceluy sieur Roy a acquiescé moïennant
la présente transaction, la quelle y sera insinuée ; voulant le
dict sieur, *que la dicte seigneurie de Saint-Yriez, ses appartenances et dépendances, demeurent perpétuellement et irré-
vocablement au dict sieur de Gentilz,* pour en faire et disposer tant par lui que ceulx qui auront droict de luy, à leur
plaisir à volonté, sans qu'il leur soit porté aulcun d'estourbir
ni empeschement ; *demeurant seulement à icelluy sieur Roy,
les foy et hommage-lige, et serment de féaulx dus pour raison
de la dicte prévosté, suivant le dict contrat de l'an mille cinq
cents cinq.* — Et afin que cella soit plus ferme et plus stable,
le dict sieur roy de Navarre a constitué son procureur spécial,
M.ᵉ ..... procureur en la cour, pour faire ledict acquiescement
et prester le consentement susdict, ensemble pour consentir à
l'homologation et autorisation du présent contrat de transaction
qui a esté accepté par le dict de Gentilz, tant pour luy que les
siens, et qui auront cause de luy à l'avenir ; et pour plus ample
acceptation de sa part au besoing seroit de ci-dessus, consentir
à la dite homologation.

« A pareillement icelluy sieur de Gentilz constitué son procureur M.ᵉ ..... aussi procureur en la dicte court, promettant le
dict sieur roy de Navarre et le dict sieur de Gentilz, ne se
demander ores ni pour l'advenir, aulcune chose pour raison
du dict procès, ses circonstances et dépendances, sauf et ré-
servé que le dict sieur de Gentilz pour rédimer..... a baillé
et délivré comptant au dict sieur roy de Navarre la somme

de..... comptée et nombrée en nos présences, en..... sans que pour raison de la dicte somme le dict de Gentilz innove aucunement son contract d'acquisition, ni soit entendu préjudicier à ses droits et première prinse de possession ; ne aussi que le dict sieur Roy ni les siens ni aultres parens, puissent prétendre que ce soit nouvelle vendition, ni venir dans l'an à aulcun retraict lignager contre icelluy sieur de Gentilz ni les siens. A mis que au cas que aulcun lignagier ou aultres ayant droict d'icelluy sieur roy, se présenteroient, promest le dict roy les rendre traictans à peine de tous dépens, dommages et intérêts, sans préjudice néantmoingts de se pouvoir d'abondance ayder par icelluy de Gentilz, de la procédure faicte à son profit, n'entend se départir, et ne sera tenu deffendre ni dire aulcune chose, que par préalable il ne soit par le dict sieur Roy ou ses successeurs, remboursé de la dicte somme par lui présentement baillée ; pour la restitution et assurance de la quelle, ensemble et la satisfaction des dicts dépens, dommages et intérêts, au cas que dict est et généralement pour tout l'interprétation du contenu en la présente transaction, à icelluy sieur roy de Navarre, obligé, affert à hypothèque au dict sieur de Gentilz et aux siens, tous et chacun ses biens présens et advenir, promis en parolle de roy et moïennant son serment, ne contrevenir à ce que dessus ; lesquels biens, ledict sieur Roy a soubmis à toutes courts et juré de ce royaulme, et par despuis aux compulsions des arrêts de messieurs les sénéchaux de Guienne, d'Agenois, Condommoys et Lymousin, l'une d'icelle ne cessant pour les autres, avec rerenonciation à toutes exceptions au cas contraire. Faict et passé..... (communiqué à M. Leymarie, de Saint-Yrieix), par M. *Morange* père. »

Vous remarquerez, mon cher cousin, que ce n'est point sur l'original, comme je le crois, mais sur le projet de transaction, que j'ai copié le titre qui précède. En effet, le manuscrit, dont l'écriture est du xvi.ᵉ siècle, laisse en blanc les noms du notaire, des témoins et des chargés de procuration ; la date ne s'y trouve pas non plus, et c'est l'indication de l'âge d'Henri IV qui, combinée avec l'année de sa naissance, a porté M. Leymarie, homme d'une érudition et d'une perspicacité grandes, à fixer, dans ses travaux sur le Limousin, à 1558 l'époque de l'acte passé entre Henri IV et le seigneur de la Geauchapt.

L'insistance que mirent les rois de Navarre, et particulièrement Jeanne d'Albret, à recouvrer la prévôté de Saint-Yrieix, prouve combien ils étaient jaloux d'étendre leur puissance en Limousin, cette province qui a tant de sève et produit tant de grands hommes dans toutes les carrières. C'est par le mariage d'Alain d'Albret avec Françoise de Penthièvre, fille de Guillaume de Bretagne, comte de Penthièvre et de Périgord, vicomte de Limoges et seigneur d'Avesnes, que toutes ces terres furent apportées dans la maison d'Albret.

Cette insistance des rois de Navarre prouve spécialement la puissance passée de la famille de Gentil, *à Saint-Yrieix,* puisqu'ils étaient jaloux de la lui enlever pour completter la leur.

Ce n'est pas seulement à Saint-Yrieix, la seconde ville du Haut-Limousin, que la famille de Gentil a assis et étendu sa puissance, en formant plusieurs branches ; c'est aussi en Saintonge qu'elle a eu une grande position, la *première,* même, par la branche de Langallerie, dont les membres portaient le *titre de premiers barons de Langoumois.*

BRANCHES DE LA FAMILLE DE GENTIL.

BRANCHE DE LANGALLERIE.

La première branche de la famille de Gentil de la Geauchapt, est celle de *Langallerie*, illustrée par « *Philippe de Gentil de* « *Langallerie, chevalier, seigneur de la Mothe, Chevruse,* « *Tosme et Bauthiane, Biron et autres places; brigadier* « *général de cavalerie; mestre de camp d'un régiment de son* « *nom; lieutenant du Roy et* PREMIER BARON DE LA PROVINCE « DE SAINTONGE (1). » Cette branche, dit Laîné (2), a fait la même preuve que la branche aînée, qui a produit depuis *Elie de Gentil*, annobli par lettres-patentes du mois de décembre 1515, vérifiées en la Chambre des Comptes de Paris, le 22 février 1518. Ses armes et sa devise sont les mêmes que celles des autres branches qui vont suivre : — *d'azur à un chevron d'or, accompagné de trois roues de Ste.-Catherine de même, deux en chef et une en pointe, et une épée d'argent posée en pal, brochante sur le chevron.*

Le Père Ménestrier cite (3) cet écu du gentil, indiqué par l'armorial général (4) comme un des plus remarquables de France.

La devise est : « *du Cœur de Gentil* (5). »

Ce Philippe de Gentil de la Jonchapt, marquis de Langallerie, épousa *Marianne du Pourroy*, fille de Jacques du Pourroy, seigneur de Vayssenc, maître des comptes en la chambre du

---

(1) V. Armorial général de France. Généralité de Limoges. Bibl. imp.

(2) V. Nob. du Lim., p. 24, t. VIII.

(3) Dict. descr. du Blason.

(4) *Loc. cit.*

(5) V. les Devises et cris de guerre, par M. le comte de C., publiées en 1855.

Dauphiné, et de Catherine de Dargeaise de la Tivolière. — Elle
fut gouvernante des filles d'honneur de *Madame*, peu après
l'an 1694, et mourut le 12 janvier 1708. Elle avait épousé en
secondes noces, *François de Simiane de la Coste*, fils de
Claude, seigneur de Montbivo, et de *Louise du Faure*, fille de
François du Faure, seigneur de *la Rivière* et de *Justine
Dalplas*. Quel est ce du Faure?

Dans le contrat de mariage de « *Guilllaume Mazelle, sieur*
« *de Saint-Amant,* » fils d'autre Guillaume et d'Anne Bonne-
lie, avec Antoinette Deyzac, fille de Jacques et de Geoffrette
Faucher, habitant au lieu de la Roche, paroisse d'Allassac, passé
ledit contrat le 20 février 1743, par devant Pouget et Mouneyrac, notaires, en la maison de sieur *François Mazelle de la
Toumelie*, habitant au bourg de Beyssac, *Bas-Limousin*, et
insinué à Vigeois, le 3 mars 1743, par Bonnel, est mentionné,
comme témoin, *Noël Aufaure* ou *Dufaure*, comme il a signé
sur plusieurs actes notariés, *sieur du Praneuf, habitant au
château de la Rivière, paroisse de Beyssac*.

De nos jours encore les derniers représentants de la famille
Mazelle, qui s'est fondue dans celle de Lafon et celle-ci dans
celle de Nauche, qualifient mon père de *cousin*, quand ils
viennent lui payer une petite rente au capital de 300 liv., au
denier 20, qu'ils lui doivent : c'est la seule qui reste.

Sous le bénéfice de ces observations, je vous laisse, mon
cher cousin, à deviner à quelle branche des Dufaure appartenait
ce François Dufaure, seigneur de la Rivière et père de Louise
Dufaure, épouse de Claude de Simiane de Monthivo et mère
de *François de Simiane de la Coste*.

La famille de Simiane, selon le Père Anselme (1), a eu un
marquisat. La généalogie qu'en a dressée Claude Fabry de
Peyresc la fait remonter à 1188. Le premier auteur connu est

_____

(1) Généalogie de France, t. II, p. 125, D, et 256, A

Humbert, présent à un acte de son frère en 1019. Plusieurs auteurs le qualifient *seigneur d'Agoult*.

Je n'insiste pas davantage sur la branche de Gentil de Langalerie, parce que le chef de cette branche que je viens de faire connaître eut une fin trop tragique et qui laisse de douloureux souvenirs. — A la tête du régiment de son nom et avec sa devise, il se croyait toujours sûr de la victoire. Ses talents militaires l'avaient fait nommer maître de camp du Roi de France, général de la cavalerie lithuanienne au service de l'Empereur ; mais ces talents, qu'il sentait dans toute leur étendue et leur puissance, causèrent sa mort qui arriva dans la circonstance que voici : Désireux de faire la guerre, car il était brave comme son épée, il offrit ses services militaires à la Turquie pour faire la conquête de l'Italie pour son compte. Il fut pris par l'armée d'Autriche, et cette puissance lui fit trancher la tête ! Il ne se plaignait que d'une chose, c'est qu'on lui infligea ce genre de mort. En gentilhomme, il aurait voulu être fusillé. Le maréchal Ney, quoiqu'ayant trahi son Roi dans des circonstances bien atténuantes, il est vrai, car il ne put résister à l'ascendant du Grand Homme, son guide à la victoire, qu'il aimait avec passion, et pour lequel il sentit en un instant tout son dévouement renaître, fut plus heureux : — il fut martyr de l'enthousiasme !

BRANCHE DE LACOUR.

Cette branche de la famille de Gentil tire son nom de la terre de *Lacour*, sise commune de *Sarlande*, de laquelle paroisse était curé *messire Jean de Gentil de Mesura*, qui intervint par un fondé de pouvoirs, Pierre de Laroze, son neveu et mon grand oncle, au contrat de mariage de ma mère, passé devant M.ᵉ Nouvion, notaire royal, le 18 décembre 1817, pour lui faire une constitution dotale, avec affectation hypothécaire sur une de ses propriétés du Mas de Chapy.

Cette terre appartient aujourd'hui à madame de Lassat de Pressigny, sœur de M. Côme du Garreau , mon cousin.

Le chef de cette branche est *Jean de Gentil,* chef de fourrière de la maison de Catherine de Médicis , qui eut pour successeur son fils aîné, nommé *Antoine* , aide de fourrière , marié avec *Jeanne de Pourtens,* dont il eut un fils , nommé *Jean de Gentil* , qui fut nommé *aide* , en survivance de son père , par lettres patentes de Louis XIV, dont l'expédition , qui est aux mains de M. François du Garreau , avocat , porte la signature du grand Roi. Ces lettres furent signées de 23 novembre 1675.

Le Roi s'y exprime ainsi : « De par Monseigneur, fils de « France , frère unique du Roi , duc d'Orléans , premier maître « de notre hôtel, maître ordinaire et servant par quartier en « icelui , et vous trésoriers et contrôleurs de notre maison , « salut , faisons savoir que , voulant témoigner *à notre cher et* « *bien amé Anthoine de Gentil* , *l'un de nos aydes de fou-* « *rière* , la satisfaction que nous avons des longs et agréables « services qu'il nous a rendus en la dite charge depuis plu- « sieurs années , et nous assurant que *Jean de Gentilz,* son « fils, nous servira avec la même affection et fidélité, pour ces « causes..., etc., avons octroyé et octroyons, par lettres signées « de notre main , la charge de l'un de nos aydes de fourière à « *Jean de Gentilz* , pour l'exercer après la mort et entière dé- « mission dudit de Gentil, son père..., etc. *Signé :* Louis.

« Enregistrées par M. *de Mairaude* , conseiller et contrô- « leur général de la maison du Roi ; scellées du grand sceau « de France. »

Ce Jean de Gentil eut pour fils Jean-Baptiste de Gentil, qui épousa , comme je l'ai dit ci-dessus, en l'église du Moustiers de Saint-Yrieix, le 6 avril 1730 , *Catherine du Montet de la Mouillère,* duquel mariage provinrent quatre enfants et que je

vais suivre actuellement dans leurs alliances et descendance,
pour arriver jusqu'à moi, en faisant observer en passant et
pour ne plus y revenir, que la famille de Gentil a eu une troisième branche, qui se forma en 1720. Elle est connue sous le
nom de *La Faye*, et se trouve représentée aujourd'hui à Saint-
Yrieix, par M. *Henri de Gentil de la Faye ;* et que la terre de
la *Jonchapt*, seigneurie de la famille souche de Gentil, appartient à M. *Roux de Romain*, chef de bataillon, fils d'une demoiselle de la Jonchapt.

Les fils de J.-B. de Gentil et de Catherine de Montet furent
donc :

1. *Jean*, premier du nom, qui épousa mademoiselle N. de
   Jarrige ;
2. *Françoise*, qui épousa M. *André de Laroze ;*
3. *Jean*, deuxième du nom, sieur de Mesura, curé de Sarlande ;
4. *Marie*, qui épousa M. *Elie Valette*, conseiller du Roi et
   son lieutenant-général criminel en la cour sénéchalle de
   la ville de Saint-Yrieix.

Je n'ai rien à dire de plus de ces deux derniers, puisqu'ils
n'ont pas laissé de postérité.

Jean de Gentil, premier du nom, eut de son mariage avec
mademoiselle N.... de Jarrige, deux enfants, *un fils, mort
en émigration*, et une fille, nommée *Louise*, qui épousa
M. *Côme-Louis du Garreau*, chef d'escadron, chevalier de
Saint-Louis, duquel mariage sont issus quatre enfants, encore
vivants, savoir :

1. *Louise*, qui a épousé M. Pierre-Julien *Labrouhe de la
   Borderie*, officier en retraite, garde de la porte du palais
   du Roi Louis XVIII ;
2. *Emmanuel*, qui n'est pas marié ;
3 *Agathe*, qui a épousé M. de *Lassal de Pressigny*, presi-

dent du tribunal de Confolens et chevalier de la Légion-d'Honneur, et a eu de ce mariage trois enfants, nommés *Henri*, *Georges* et *Stanislas;*

4. *Côme*, qui a épousé mademoiselle *Euphémie Malet*, de Coussac, dont il a eu un charmant enfant nommé *Henri*, âgé de quatre ans seulement.

Avant d'exposer la descendance de *Françoise de Gentil*, mon aïeule, je dois faire connaître plus amplement la famille du Garreau, qui, par ses *alliances*, sa *fidélité* à la maison de Bourbon, l'honorabilité de tous ses membres, leurs emplois et leurs services, est sans contredit l'une des plus respectables du Limousin.

FAMILLE DU GARREAU (1).

Je puis affirmer l'ancienneté de cette famille. Suivant deux actes en date des 13 février et 23 juin 1634, un monument sépulchral fut *rétabli*, à cette date, dans l'église collégiale de Saint-Yrieix. Après avoir été mutilé il portait encore le nom et l'effigie de *Simon du Garreau*, décédé en 1222, étant alors chanoine de ladite église collégiale où il fut inhumé ; or, aux termes de la fondation de *Charlemagne*, ceux qui étaient appelés aux canonicats de ce chapitre devaient faire preuve de noblesse, et d'après un règlement de rentes de la seigneurie de Boumiers, qui remonte à 1322. Ce règlement indique évidemment une existence antérieure et considérable. D'autres papiers font mention de cette famille jusqu'en 1503, et indiquent des alliances très-remarquables, notamment celle résultant du mariage de *Jaquette du Garreau* avec *Jehan de Mung de la Ferté d'Aureins* (année 1480), mais il n'y a pas assez de suite

---

(1) Ecu d'azur à un chevron d'or avec un cœur en pointe aussi d'or, surmonté d'une croisette de même.

pour établir une généalogie depuis cette date. Ce n'est qu'à partir de *Jehan du Garreau*, écuyer, seigneur du Puy-de-Bettes, marié suivant contrat le 2 octobre 1503, à *Marguerite de Gentilz de la Jeauchapt*, damoyselle, que la chaîne de famille apparaît dans les documents authentiques, sans solution de continuité jusqu'à présent.

Pierre du Garreau, exempt des gardes écossaises, leur fils, marié le 15 janvier 1541 à *Magdelaine de Trompondon*, fille de *Hugues*, escuyer, seigneur d'Aubusson, est l'auteur commun des trois branches que je vais indiquer. Il habitait le *château du Puy-de-Bettes*, dont il portait le nom. — Il laissa plusieurs enfants connus, savoir :

1. *Jacques*, sieur de Brousses, gentilhomme ordinaire de la chambre du Roi Henri III, dont le fils, nommé *Gabriel*, épousa *Marie de Villoutreys*, famille de la cour de Louis XV (1), duquel mariage provint *Jean du Garreau*, qui épousa *Jeanne de Couz de Chastenet*, de *la Vareille*, etc. (2);
2. *Guillaume*, chantre du chapitre de Saint-Yrieix ;
3. *Jean*, deuxième du nom, viguier de Saint-Yrieix ;
4. *Jean*, premier du nom, c'était l'aîné.

Ces deux derniers ont fait branche. Celle formée par *Jean du Garreau, premier du nom*, l'aîné, a été connue sous le nom du Garreau du Puy-de-Bettes de la *Seinie* ; celle formée par *Jean, deuxième du nom*, s'est subdivisée en celles *de Grésiniac* et *de la Foucaudie ou de la Meschenie*, ainsi que je vais l'établir.

---

(1) Jean-François comte de Villoutreys, fut page de Louis XV, et successivement écuyer cavalcadour du *Roi* et de *Mesdames*.

(V. Lainé, art. de Terves, p. 17.)

(2) *Etienne de Couz* fut présent à une donation faite à l'abbaye de Vigeois, vers 1105, par Géraud et Pierre de Terrasson. *Bernard de Couz* fut témoin d'une autre donation faite à la même abbaye par *Elie d'Ayen*, vers 1120.   (Cartul. de Vigeois, fol. 81, 130.)

DU PUY DE BETTES DE LA SEINIE (1).

(BRANCHE AÎNÉE).

Jean du Garreau, premier du nom, marié à Marie de Guytard du Chambon, le 1.er août 1574, eut cinq enfants, savoir :

1. *Pierre*, chantre du chapitre de Saint-Yrieix ;
2. *François-Louis*, qui suit, gentilhomme de la chambre par provision, du dernier septembre 1617 ;
3. *Jean;*
4. *Gabriel*, chanoine ;
5. *Jean*, qui épousa Antoinette de Villoutreys. Leur fille unique, *Marie* épousa son cousin *Jacques*, qui forme le troisième degré de la branche cadette.

François-Louis du Garreau eut de son mariage avec *Margueritte de Joussinaud de Fayat (de Tourdonnet)* (2), dont la famille a fait des preuves de cour en 1771, trois enfants : *Jean*, qui épousa *Marguerite de Cadenet*, mort sans enfants maréchal-des-logis des chevau-légers, suivant certificat du 6 novembre 1636 ; *Roland*, gentilhomme de la chambre, capitaine des chasses de Sa Majesté, par brevet du 14 février 1638, secrétaire d'ambassade à Rome, et *Gabriel*, chevau-léger, attaché à l'ambassade de Rome, qui épousa *Marie d'Anglars*, qui lui donna six enfants, savoir :

---

(1) Furent présents *J.-B. Joseph de la Seinie* et *Valérie Regnauldin de Neuvie*, avec Marie de Lubersac de Laucaze, au contrat de mariage de messire Joseph de Rodorel, marquis de Seilhac, avec Marie-Anne Pradel de Lamaze, en date du 3 février 1778.

(2) Armes des Joussinaud, de gueules à un chef d'or.

1. *Gabriel*, marié à *Gabrielle de Lubersac de Chabrignac* (1) (5 décembre 1694) ;
2. *Joseph*, dont l'article suit ;
3. *Jean*, chanoine ;
4. *Marguerite*, qui épousa *Gabriel Tristan l'Hermite*, des comtes d'Auvergne ;
5. *Izabeau*, qui épousa *Antoine de la Morelie du Puyredon ;*
6. *Marthe*, qui épousa N.... *Musnier de Quinsat.*

Joseph du Garreau, seigneur de Saint-Sornin-Savousson , épousa *Gabrielle de Cramarigeas*, dont le père était officier (argentier) de la maison du Roi. De ce mariage provinrent deux enfants : *Gabrielle*, qui épousa son cousin , *Joseph de L'Hermitte*, et *Gabriel*, qui épousa *Antoinette-Rose Chapelle de Jumilhac de Saint-Jean*, des seigneurs de Jumilhac, de Montagne, de Cambazat, etc., *qui ont recueilli de nos jours, par substitution, les biens , nom, armes et dignités du dernier duc de Richelieu* (Armand-Emmanuel-Sophie-Septimanie de *Vignerot du Plessis*), décédé le 18 mai 1822 (2).

De cette union provinrent trois enfants, savoir :

1. *J.-B. Joseph*, qui épousa *Valérie Regnauldin de Neuvic*, et mourut en émigration ;
2. *Joseph*, mousquetaire gris, mort à 22 ans ;
3. *J.-B. Joseph*, deuxième du nom, mort en émigration.

Jean-Baptiste Joseph, premier du nom, capitaine du régiment de mestre-de-camp-général, chevalier de Saint-Louis , eut de *Valérie Regnauldin de Neuvic*, quatre enfants :

1. *J.-B. Théodore*, officier de marine, perdu avec *Lapérouse ;*

---

(1) *Jean Dufaure*, avocat à Brives, fils d'autre Jean, épousa *Jeanne de Chabrignac*, fille de Jean, avocat en la Cour, et de Jeanne de Dupuy. (V. son testament du 3 mai 1724 , contrôlé le 5 sept. 1750.)

(2) V. Laîné, Nob. Lim., p. 14.

2. *Pierre,* mort en émigration (1);

3. *Cécile,* qui épousa Pierre de Veyrinas, chevalier de Saint-Louis ;

4. *Joseph,* colonel de la garde, en retraite, qui épousa N..... du Chaylat. Il porte le titre de *comte.*

BRANCHE CADETTE.

Jean Du Garreau, deuxième du nom, fils de Pierre, et viguier de St.-Yrieix, capitaine de cent hommes d'armes, qui fut chargé de faire le siége d'Agen et de Villeneuve-d'Agenois, marié à *Anne de Chouly de Permangle,* dont il eut deux enfants : *François-Jacques,* seigneur de Bourdelau, gentilhomme de la chambre, capitaine exempt des gardes-du-corps, gouverneur des châteaux et places de : 1.º Pierre-Buffière ; 2.º Aigueperse ; 3. Beaufort ; 4." Bories ; 5.º Saint-Front ; 6.º des Cars ; 7.º Ségur ; 8.º Laroche-l'Abeille ; 9.º Juillac, mort sans postérité, et *Jean, gentilhomme de la chambre* du roi, capitaine de cent hommes d'armes (27 mai 1623), marié en premières noces à *Marie du Garreau,* fille de *Pierre,* seigneur du Mas, et en deuxièmes à demoiselle *Jeanne Pottyer,* fille de *Jean,* élu de Bourganeuf (24 octobre 1621) (2). Ce dernier eut un fils nommé *Franc-Jacques du Garreau,* qui fut, comme son père, gentilhomme de la chambre du Roi et capitaine des gardes-du-corps, conseiller du Roi, maître d'hôtel ordinaire, gouverneur des châteaux : 1.º de Lachapelle-Faucher ; 2.º de Villeneuve, qu'il prit d'assaut, l'un et l'autre ; 3.º d'Aix.

C'est à partir de ce *Franc-Jacques du Garreau* que sa branche se bifurque et se subdivise en deux, de la manière suivante. Il eut de son mariage avec *Michelette de Noailles*

(1) Il y avait quatorze du Garreau dans l'armée de Condé.
(2) *Voy.* d'Hozier, lettre G.—vii.

deux enfants, et de son mariage avec *Marie du Garreau du Puy-de-Bettes*, trois enfants, en tout cinq, savoir :

1. *Antoine*, sieur de Lisle, inspecteur-général de la marine sous le roi Louis XIV, chevalier de Saint-Louis (1.er février 1694) (1);

2. *François*, seigneur de Germont;

3. *Marie*, qui épousa François de Sanzillon;

4. *Jean*, troisième du nom, qui épousa Valérie de Joussineau de Fayac (de Tourdonnet), forma la branche de la Foucaudie ou de la Meschenie;

5. *François*, premier du nom, qui épousa Anne de Chassarel, forma la *branche de Grésiniac*.

BRANCHE DE LA FOUCAUDIE DE LA MESCHENIE.

Jean du Garreau, brigadier des mousquetaires du Roi (6 juillet 1681), eut de son mariage avec *Valérie de Joussineau de Fayac de Tourdonnet*, un fils nommé *Gabriel-François*, sous-brigadier à la compagnie d'Harcourt (13 juillet 1745), chevalier de Saint-Louis (16 janvier 1747), qui épousa N..... de Ségur, dont il eut un fils nommé *Jacques*, qui épousa *Isabeau de Lafon*, laquelle lui donna un fils nommé *Gabriel*, qui épousa *Lucrèce Chiquet de la Meignat*, fille d'une demoiselle de Salignac Fénélon.

De cette union provinrent trois enfants, savoir :

1. *Louis-Antoine*, qui suit ;

2. *François*, marié avec *Julie Molé de Saint-Ghouard*, de la famille *Molé de Champlâtreux*, qui a fournit tant d'hommes éminents ;

3. *Jacques*, garde-du-corps, mort jeune.

---

(1) Il est parlé de lui dans les mémoires de l'amiral de Tourville.

Louis-Antoine du Garreau fut marié deux fois :

1.ʳ Avec *Marie de Béron d'Oche, fille d'une demoiselle de Foucauld,* suivant contrat du 26 février 1785 ;

2.ᵉ Avec *Françoise de Sanzillon.*

De cette seconde union il eut un fils nommé Charles.

Charles, deuxième du nom, épousa *Marie de Feydau de Saint-Christophe,* de la famille de *Feydau de Murville,* qui a donné son nom à un des quartiers de Paris, où il y a encore une rue de ce nom, près de la Bourse.

De la première il avait eu aussi un fils nommé *Charles.*

Charles, premier du nom, épousa *Agathe de la Brouhe de la Borderie,* fille de *François* et d'*Anne Sègue de Lavalette,* qui l'a rendu père de six enfants, savoir :

1. *François,* avocat du barreau de Saint-Yrieix, où il est très-estimé et où il jouit d'une haute considération. Il a eu l'honneur d'être député tout récemment par la ville de Saint-Yrieix auprès du gouvernement, pour faire connaître les vœux et les besoins de sa ville natale.

Une des plus belles alliances de sa famille est celle qui résulte de son mariage avec mademoiselle *Julie Brisson de la Martière,* de la famille du célèbre et malheureux président du Parlement de Paris, *Barnabé Brisson,* que les Ligueurs firent étrangler par le bourreau Cromer. Dreux-Duratier rapporte qu'au moment de mourir, il prononça ces sublimes paroles : « *Mon Dieu! que tes jugements sont grands* (1) ! »

2. *Ernest,* receveur de l'enregistrement, à Tulle, chef-lieu du

---

M. *Nicias-Gaillard,* avocat-général à la Cour de Cassation, vient de publier, dans la *Revue critique de Législation,* fondée par mon illustre ami M. *Marcadé,* le premier jurisconsulte de l'époque, la *Vie de Barnabé-Brisson.* Il a esquissé cette vie si grandement remplie, avec le talent immense que chacun lui reconnaît.

département de la Corrèze, où il a contracté une union très-convenable ;

3. *Victor;*
4. *Abel;*
5. *Cécile;*
6. *Ernestine.*

BRANCHE DE GRÉSINIAC.

C'est à cette branche que je touche le plus directement. Elle remonte, ai-je dit, à François du Garreau, major des chevau-légers, commandeur de l'ordre de Saint-Louis, mort au siége de Malines, le 11 octobre 1705, marié avec Anne de Chassarel. De ce mariage provinrent trois enfants, dont les deux premiers, du prénom de *Jean,* sont décédés sans postérité. Le second était chevalier de Saint-Louis. Le troisième, nommé *François,* épousa le 17 mai 1722 *Françoise de Jarrige de la Morelie,* dont il eut un fils, nommé *Gabriel,* qui épousa *Louise Picot de la Blancherie,* laquelle le rendit père de deux fils : *François,* mort en émigration, capitaine au régiment de Bassigny, chevalier de Saint-Louis, et *Louis* du Garreau qui épousa Anne de Beaupoil *de Sainte-Aulaire,* duquel mariage sont issus cinq enfants mâles (1), savoir :

1. *Gabriel,* qui épousa Gabrielle de Marchand de Bannant, dont la famille était fixée aux environs de Besançon. Il est mort sans laisser de postérité ;
2. *Antoine,* qui épousa Sophie de Jarrige de la Morelie du Puyredon ;

De ce mariage sont issus : 1.° *Louis,* page du Roi Charles X et officier de cavalerie démissionnaire, marié à *Marie-Aglan-*

---

(1) *Tous chevaliers de Saint-Louis, avec le rang de chefs d'escadron, et Joseph, maréchal-des-logis des gardes-du-corps et décoré de plusieurs ordres.*

tine Bessonaud des Houlières ; 2.° *Josph*, marié à *Louise Roynes de Fursac* ;

3. *Pierre*, qui épousa mademoiselle de Sainte-Aulaire (1). *Il est qualifié* COMTE *dans son contrat de mariage signé par le* ROI LOUIS XVIII ;

4. *Louis*, qui suit ;

5. *Joseph*, qui épousa N..... *du Petit-Thouars*, *sœur de l'amiral.*

Louis du Garreau épousa mademoiselle Louise de Gentil, nièce de mon aïeule Françoise de Gentil. — J'ai indiqué sa descendance, en parlant de la famille de Gentil.

BRANCHE PERDUE DE LA FAMILLE DU GARREAU.

Je suis heureux d'avoir pu *retrouver* cette branche perdue aux yeux du monde, mais non aux yeux de Dieu ! Elle a une place au ciel, marquée par un *saint* qu'elle a le bonheur d'avoir donné à l'Eglise : c'est *Léonard Garreau*, fils de *Pierre Garreau*, seigneur du Mas, et de *Françoise de Gentil*, *jésuite* et *missionnaire*, *martyrisé par les Iroquois, en* 1645 (2). Ce que la religion sanctifie a droit à tous les respects.

A part toute idée religieuse, et pour ne tenir compte que des données mondaines, cette branche, éteinte de 1720 à 1730, se recommandait par sa position acquise et ses alliances.

Ses auteurs primitifs existaient en même temps que *Pierre du Garreau*, chef des branches qui précèdent ; mais dans le règlement de rentes dues à ce dernier sur le fief de Boumiers, ils ne furent pas indiqués par lui dans les justifications qu'il fit de cessions nombreuses à lui consenties par ses parents, des droits leur appartenant sur ce fief, ce qui prouve que la parenté

---

(1) V. Hist. des Pairs de France. — La fille de M. de Sainte-Aulaire Thiviers a épousé M. Alfred Dufaure de Murat de Bellisle.

(2) Collin, Vie des Saints du Limousin.

n'était pas très-rapprochée, si elle existait alors. Les deux familles s'allièrent par l'union de *Marie*, fille de *Pierre*, avec *Jean du Garreau*, escuyer, seigneur de Loyssart, qui forma la première génération de la branche cadette.

Cette branche avait l'antique et mystérieuse *tour du Plot*, située dans le fort de la ville de Saint-Yrieix, depuis 1307, au moins, selon une charte de Philippe-le-Bel, et acquise par Jehan Garreau, notaire royal dudit Saint-Yrieix, par acte du 17 juin 1575, à lui consenti par le *chapitre noble* de l'église collégiale du Moustier, dont faisait partie *Loys-François Fabry* (du Faure), le premier nommé et le premier signataire.

Le premier auteur connu dont on puisse suivre la filiation, est *Jean Garreau*, bourgeois, seigneur du Mas et de la Gironnie. Il laissa, en mourant, trois enfants ;

1. *Pierre*, qui suit, seigneur de la Getz et du Mas ;
2. *François*, qui épousa *Frontone Tenant de Latour*, décédé sans postérité ;
3. *Yrieix*, sieur de la Fayolle et de la Bachelerie, qui épousa *Péronne Dubourgt*.

Pierre Garreau, seigneur du Mas, épousa *Françoise de Gentil*, dont il eut six enfants, savoir :

1. *Jean*, *écuyer*, mousquetaire, qui suit ;
2. *Yrieix*, chanoine ;
3. *Anthoine*, chanoine ;
4. *Léonard*, martyrisé et canonisé ;
5. *Jacques*, qui épousa *Françoise de Béron d'Oche*.
6. *Marie*, qui épousa *Jean du Garreau de Lessart*.

Jean Garreau, écuyer, mousquetaire, épousa *Anne de Sanzillon*, dont il eut sept enfants, savoir :

1. *Jean*, chevau-léger, qui épousa Gabrielle Bayle du Retour ;
2. *Antoine*, chevau-léger, qui n'a pas été marié ;
3. *Yrieix*, chanoine ;

4. *Françoise*, qui épousa en premières noces Jacques de Chassarel de Lavergne, et en secondes noces *Antoine de Beaupoil de Sainte-Aulaire*, baron de la Luminade;

5. *Aubine*, qui épousa Franc-Pierre du Montet de la Mouillère;

6. *Izabeau*, qui épousa en premières noces Pierre le Palet de Fourville, et en deuxièmes noces François de la Pomélie de Tignat;

7. *Paul*, qui épousa Françoise de Chouly de Permangle.

3.° FAMILLE DE LAROZE.

Après avoir fait connaître les familles du Montet de la Mouillère et de Gentil, je dois, pour arriver jusqu'à ma mère, fille de *Catherine de Laroze*, faire connaître la famille de cette dernière fille de *Françoise de Gentil*, de la branche de Lacour, et d'*André de Laroze*, conjoints, suivant contrat passé à St.-Yrieix, devant Gondinet, notaire royal, le 25 février 1770.

La famille de Laroze est une des plus anciennes du Bas-Limousin, et doit son illustration à la branche de Bordeaux. Elle a eu son berceau sur un des points les plus élevés de l'arrondissement de Brives, au village de *Gorbas*, qui domine toute la plaine d'*Objat*. C'est là, dans ce village et ses dépendances, que ses membres s'initièrent aux fonctions judiciaires qu'ils devaient, plus tard, si dignement remplir au parlement de Bordeaux; qu'elle exerça sa première juridiction, à laquelle elle joignit celle de *Laleu*, dont la seigneurie a appartenu à une des branches de ma famille paternelle, aux *du Faure de Meilhac*, et la juridiction de *Sainte-Aulaire*, ainsi qu'il appert de plusieurs actes notariés, notamment :

1.° D'une obligation du 24 novembre 1705, consentie devant M.ᵉ Lasteyrie, notaire à *Allassac*, par Joseph Porcher, procureur, en faveur de Gautier Porcher, son frère, notaire royal, « en présence de sieur *Pierre du Faure*, d'Allassac, et

« de *Pierre de Laroze, juge ordinaire de Sainte-Aulaire,*
« *habitant au village de Gorbas.* »

2. D'une sommation faite par *Giraud du Rieu,* du village
du Rieu, paroisse de Saint-Viance, juge de Langlade, à
M.ᶜ Pierre de Laroze, juge de Sainte-Aulaire, de reconnaître
la signature apposée par M.ᵉ *Jean d'Alègre,* docteur en théologie, curé d'Objat, à un acte de cession sous seings-privés
de 1,431 livres, en date du 24 mai, consentie en faveur de feu
sieur Pierre du Faure, de la ville d'Allassac ; ladite somme
de 1,431 livres due audit M.´ d'Alègre par *messires Charles
et Jean de Saint-Viance,* seigneurs dudit Saint-Viance, et
agissant, ledit du Rieu, en qualité d'héritier du sieur du Faure,
contre M.ᵉ de Laroze, co-héritier dudit feu sieur d'Alègre,
son oncle. La sommation qui précède et la reconnaissance
faite à la suite furent constatées par Bonnelye, notaire royal
à la résidence d'Allassac, le 18 mars 1724, en présence de
Beynier, juge de la Chapelle, et de Bernard Chastanet ; le tout
contrôlé au bureau d'Allassac, les mêmes jour, mois et an que
dessus, par *Clédat.*

5.º D'une copie délivrée au sieur François d'Alègre, d'un
acte de cession en date du 27 février 1704, reçu par Lasteyrie,
notaire-tabellion royal, consentie par M.ᵉ Jean d'Alègre, docteur en théologie et curé d'Objat, y habitant, en faveur de
François d'Alègre, son frère, habitant de Garavet, paroisse
d'Allassac, de diverses créances ; en présence de M.ᵉ *Pierre
de Laroze, juge de la jurisdiction de Saint-Aulaire, habitant au village de Gorbas,* paroisse de Sainte-Aulaire, et de
François Lasteyrie, clerc, habitant de la ville d'Allassac.

4. Enfin, d'un contrat de Cheptel reçu par Bonnelye,
notaire royal, le 11 mars 1751, et passé entre *Annet de Laroze* et *Bertrand Cournil, sieur de Lavergue,* avocat en la
cour et juge du Saillant, d'Objat et de Camborn.

De cette souche de Gorbas se détachèrent deux branches , qui se sont continuées jusqu'à présent : l'une à Bordeaux et l'autre à Saint-Cyr-Laroche.

BRANCHE DE SAINT-CYR-LAROCHE.

Ce fut *Léonard de Laroze*, d'abord clerc, plus tard notaire royal, qui s'établit à Saint-Cyr, par son mariage avec damoyselle *Jeanne de Pascarel de Laplace.* Il entra comme gendre dans cette ancienne famille des *Pascarelli*, dont les titres et l'ancienneté sont tracés en caractères ineffaçables dans le charmant petit castel qu'habite encore mon cousin *Guillaume de Laroze.* Au moyen-âge, ainsi qu'il appert des titres dont il va être mention, ramassés dans le pigeonnier de la vieille tour, les *Pascarelli* devinrent seigneurs *de Laplace* et signèrent, en francisant leur nom, *Pascarel de Laplace*, ou *de Pascarel de Laplace* ou même *de Laplace* seulement.

Je prends cette famille à l'état où elle était au moment du mariage de mon trisaïeul. Le contrat qui régla les conditions civiles de son union fut reçu par M.ᵉ Fraisses, notaire royal, le 3 janvier 1696. *Jeanne de Laplace*, sa femme, était l'aînée de neuf enfants issus du mariage de *Michel Pascarel de Laplace*, fils lui-même de *Jean* et d'*Izabeau Gouzon*, lieutenant de la juridiction ordinaire de Saint-Cyr, depuis la mort de son père, auquel il succéda dans cette charge, suivant acte de réception du 18 décembre 1681, et de *Françoise de Valeton*, fille de M. *Léonard de Valeton*, du bourg du Lonzac, et de demoiselle *Jehanne de Matère.*

Du mariage de Léonard de Laroze et de Jeanne de Laplace provinrent trois enfants, savoir : *Claude*, *Eymard* et *Anthoinette de Laroze ;* cette dernière mariée à M. François Dupuy, parent, par sa mère, du cardinal premier ministre *Dubois.*

Claude de Laroze, l'aîné, épousa demoiselle *Anne Lambert*,

de Sarlat, le 29 janvier 1725 ; de ce mariage provinrent *dix* enfants, savoir :

1. *André*, l'aîné, qui suit ;
2. *Jeanne*, première du nom ;
3. *Jean-Baptiste*, prêtre ;
4. *Jeanne*, deuxième du nom ;
5. *Aimard*, premier du nom ;
6. *Aimard*, deuxième du nom, prêtre, docteur en théologie ;
7. *Pierre*, premier du nom ;
8. *François* ;
9. *Jeanne*, troisième du nom ;
10. *Pierre*, deuxième du nom.

Jeanne, première du nom, épousa M.ᶜ *Vialle de la Malignie*, notaire royal, et Jeanne, deuxième du nom, épousa *sieur Pierre Donnève de Puyssugeal*, officier invalide, du bourg de Chabrignac, lequel procéda comme représentant sa femme au compromis qui donna pouvoir à messire Delort, seigneur *de la Puymalie*, avocat à Uzerche, de faire comme arbitre-juge souverain, le partage de famille, qui fut en effet clôturé, par un travail des plus remarquables, le 28 juillet 1774, du consentement et autorité du sieur N.... *Donnève de Martinos*, aussi officier invalide, son père.

Cette honorable famille des Donnève existe encore à Chabrignac, chef-lieu de la commune de ce nom, limitrophe de celle de Saint-Cyr, représentée par M. Donnève père, qui, après avoir été sous-officier militaire sous le premier Empire, a été 29 ans premier officier municipal de sa commune. Il fallait un bouleversement tel que celui de 1848, et un concours de circonstances difficiles comme celles que fit surgir cette catastrophe pour le forcer à se démettre, en faveur de son fils aîné, *François Donnève*, docteur-médecin de la faculté de Paris, qui

semble avoir pris à tâche de passer pour aussi bon administra-
teur qu'il passe pour bon médecin. Il a raison de ne pas compter
seulement sur sa fortune acquise pour préparer un bel avenir
à son charmant petit enfant, *Monsienr Jean*, comme il se fait
appeler déjà, *avec autorité*, par sa bonne, quoiqu'il n'ait que
cinq ans !

André de Laroze épousa, ai-je dit plus haut, demoiselle
Françoise de Gentil, de Saint-Yrieix, fille de *Jean de Gentil*
et de *Catherine de la Mouillère*, suivant contrat de mariage
du 25 février 1770, reçu par Gondinet, notaire royal, et signé
par messires Jacques de Teysiere, écuyer, sieur du Mas de
Champs ; Valette, lieutenant-général criminel ; de Valette ; de
Laroze ; de Gentil ; du Montet ; de Gentil ; Françoise de Gentil ;
La Morélie ; de Gentil ; de Laroze ; Dubarguet, avocat et procureur du Roy ; de Gentil fils, avocat ; Dupré de Laroze ; Puy-
sejat ; Mazard ; Breulh ; de Gentil, médecin ; Lagrange fils ;
Bosredon.

De ce mariage provinrent sept enfants, savoir :

1. *Pierre*, qui suit ;
2. *François* ;
3. *Jean-Baptiste*, prêtre ;
4. *Jean* ;
5. *Catherine* ;
6. *Jeanne* ;
7. *Monique*.

Pierre de Laroze, l'aîné, est mort sans enfants, laissant pour
héritier universel, son neveu, *Guillaume de Laroze*, fils de
François qui représente aujourd'hui la famille à Saint-Cyr, avec
sa digne femme *Maria de Lavalette*, qu'on eût très-certainement remarquée, si elle avait fréquenté le monde, par son intelligence et la beauté fine de ses traits. On est saisi de respect
quand, après avoir franchi le seuil du portail et traversé la cour

boueuse du château, on entre dans cette immense cuisine, et qu'on aperçoit assise sur une des bergères qui garnissent les côtés d'une vaste cheminée antique, cette femme grande et brune qui se lève lentement, mais avec une dignité naturelle parfaite, pour vous recevoir : l'expression habituelle de ses yeux noirs est mélancolique; ils ne brillent que lorsqu'ils se portent sur ses enfants ; il semble qu'elle n'aime pas à regarder autour d'elle, tant il y manque de choses, et que tout repose sur sa tête dans cette maison, écrasée par des partages successifs.

Catherine de Laroze épousa *Jean Dubois* en l'an III de la République, et de ce mariage sont provenus quatre enfants :

1. *Jeanne*, premier du nom ;
2. *Jean-Baptiste* ;
3. *Bertrand* ;
4. *Jeanne*, deuxième du nom.

Jeanne de Laroze, qui est encore vivante, épousa Jacques Lajugie; elle habite le château du Bur avec son fils aîné.

Monique de Laroze vit retirée à Terrasson, pour ne point faire de préférence entre ses nombreux neveux et petits-neveux qui l'affectionnent également et voudraient la voir près d'eux.

Je ne parle point en ce moment de la famille *Dubois*, ou *du Boys*, ou de *du Bois*, ainsi qu'elle est désignée dans les divers actes de l'État civil de Vars, d'Allassac, de Brive et dans une foule d'actes notariés, parce que j'aurai à m'expliquer sur son origine et ses alliances dans le numéro suivant.

BRANCHE DE BORDEAUX.

Je n'aurai point, heureusement, en suivant cette branche depuis son établissement à Bordeaux jusqu'à nos jours, à déplorer une grandeur passée, car elle jouit encore de la grande position que lui ont faite le talent de ses membres, leur fortune et leurs grandes alliances avec les *de Ruat-Chaptals de Buch* et seigneurs de la Teste; les *de St.-Marc;* les *de Favières,* etc.

Les premiers de Laroze qui se fixèrent à Bordeaux , furent *Léonard,* qui y était praticien, ainsi qu'il appert d'une procuration donnée le 23 octobre 1660, par messire du Verdier, seigneur de Genouillac, Chanac, etc., à M. de Clédat, avocat, demeurant à Allassac, aux fins y indiquées, et *Pierre* qui était greffier en l'élection de Bordeaux en 1682 et 1688, où il habitait, rue du Mirail, paroisse Saint-Eloi, ainsi que le constate une lettre datée de Bordeaux , le 14 juillet 1688, adressée à autre *Pierre de Laroze,* son neveu, chez M. Dandram, conseiller au Parlement, en ce moment à La Réole, pour lui indiquer la marche qu'il avait à suivre afin d'obtenir le syndicat que ce dernier ambitionnait. Il lui dit en terminant : « *Votre « tante vous salue et je suis toujours tout à vous.* »

Ce Pierre de Laroze était en 1693 secrétaire de M. d'Arche, conseiller du Roi au Parlement de Bordeaux, où il résidait. Ce sont ces profession et demeure qu'il indique lui-même dans un acte de vente d'un bois châtaignier situé aux appartenances de Gorbas, et appelé le *Costal de Guorbas,* confrontant à chemin public de Gorbas à Sainte-Aulaire, et à pré dudit sieur de Laroze ; ledit acte passé le 14 avril 1693, devant Rivière, notaire et tabellion royal à Allassac.

Ce Pierre de Laroze, deuxième du nom , était frère de *Jean,* qui resta à Gorbas et devint juge de Sainte-Aulaire, après le décès de son père, ainsi que de Léonard de Laroze, qui épousa Jeanne de Pascarel de Laplace, et fit branche à Saint-Cyr. Ce qui le prouve, ce sont les nombreuses lettres échangées entre M. Claude de Laroze, fils aîné de Léonard, avec son oncle, juge de Sainte-Aulaire et ses cousins de Bordeaux dont l'un était conseiller, et l'autre greffier en l'élection, lors du fameux procès que MM. Gautier de la Faye et du Puy suivirent contre *Claude* de Laroze, fils de ce dernier, pour avoir un supplément de légitime sur les biens de Jeanne de Pascarel et le partage de la succession de Léonard de Laroze. C'était là l'objet du procès qui eut les honneurs de tous les degrés de juridiction, depuis l'ordinaire de Saint-Cyr jusqu'au Parlement de Bordeaux, après avoir passé devant la sénéchaussée d'Uzerche.

Ces lettres, que je possède, sont adressées à M. *d'Abzac*, écuyer, à Terrasson, avec prière de les faire tenir à M. de Laroze, de Saint-Cyr-Laroche. Dans celles des 4 janvier et 19 mars 1731, MM. de Laroze, greffier et conseiller, prient leur *cher cousin*, Claude de Laroze, « *de faire leurs compliments à leur* cousin, son oncle, *le juge de Sainte-Aulaire, et à toute sa chère famille, sans oublier d'offrir l'expression de leurs sentiments les plus affectueux, ainsi que ceux de leurs dames et de toute leur famille, à madame de Laroze, de Saint-Cyr.* »

Ils n'oubliaient pas non plus de timbrer ces lettres de leur sceau de famille, et ces cachets, parfaitement conservés, représentent, sans modification aucune, les armes qu'on voit encore sur la vaisselle de mon cousin Guillaume de Laroze, chef actuel de la branche de Saint-Cyr. J'en ai fait la confrontation avec M. Étienne-Henry-Stanislas de Laroze, chef actuel de la branche de Bordeaux, qui m'a fourni, en déplorant les dévastations commises en 93 dans la maison de son père, la généalogie suivante :

« Messire *Joseph-Sébastien de Laroze*, conseiller d'État, conseiller en la grande chambre du parlement de Bordeaux, ancien président ou lieutenant-général de la sénéchaussée et siége présidial de Guienne, conservateur des priviléges de l'Université et prévôt royal de Lombrière, eut deux frères : l'un, nommé *Pierre*, fut avocat au parlement de Paris ; l'autre se fit jésuite et mourut en Espagne.

4

Il épousa demoiselle N..... d'Ississary , dont il eut quatre enfants , savoir :

1. *Philippe-Marie,* qui suit;
2. *Blanche,* mariée avec M. *de Ruat, chaptal de Buch et seigneur de la Teste;*
3. *Catherine,* religieuse ;
4. *Marie,* dit *de Fonbrune,* mort sans enfants.

Philippe-Marie de Laroze, conseiller au parlement et président de la Cour des aides de Bordeaux, épousa demoiselle *Victoire de Pontet,* dont il eut trois enfants, savoir :

1. *Marie* (Adèle), morte sans enfants;
2. *Aurore,* morte aussi sans enfants ;
3. *Etienne-Henri-Stanislas,* chef actuel de la famille , qui a épousé demoiselle *Marie de Saint-Marc,* fille de M. le marquis de Saint-Marc, duquel mariage il a eu trois enfants encore vivants, savoir :

1. *Marie-Clémence,* qui a épousé M. le marquis de Favières, et habite le château de Cazeaux, dans le Blaye ;
2. *Jacques-Michel ;*
3. *Bernard,* lieutenant au 4.ᵉ régiment d'artillerie.

Je désire de tout cœur (et si des vœux pouvaient fixer un avenir, le sien ne serait pas douteux), que ce dernier porte dans les armes le nom de Laroze aussi haut que l'a porté dans la magistrature son bisaïeul , Joseph-Sébastien , dont la ville de Bordeaux n'a point oublié les services qu'il lui rendit dans le long exercice de ses hautes fonctions.

Pour honorer la mémoire de ce grand magistrat, la municipalité a décidé que son portrait serait placé à l'hôtel-de-ville, et a commandé, à ses frais, une copie de l'admirable toile de *Lonsing,* que possède la famille.

Il est si rare de trouver un bon portrait, que je regardais celui-là avec d'autant plus de bonheur, que je pouvais en quelque sorte, tant il est complet et fini, décomposer la figure, analyser les traits, et retrouver le type et le caractère des *Laroze*.

A côté de ce chef-d'œuvre j'aperçus un pastel; c'était le portrait de madame de Favières. D'après l'ensemble, je regrettai tout de suite de n'avoir pas sous les yeux l'original, que je supposais infiniment préférable à voir, et j'avais raison de maudire tout bas le peintre de n'avoir pas su tirer parti d'un si beau modèle. M. le comte Victor de Seilhac, membre du conseil-général du département de la Corrèze, qui sait apprécier une femme, non-seulement dans sa beauté physique, mais surtout dans sa beauté morale, que révèlent la physionomie et aussi la distinction des manières, sentant mon impression, me fit d'un mot le procès du peintre dont je venais de critiquer le travail : « *Madame de Favières,* me dit-il, *est ravissante !* »

PREUVES ET RÉCAPITULATION.

Les sources où j'ai puisé l'exposé qui précède, outre celles que j'ai déjà indiquées en passant, sont :

1.° Un extrait des registres des justices royales réunies à Lubersac, du 14 février 1786, délivré par *Lespinas,* greffier, où l'on voit que parmi les enfants de Claude de Laroze et d'Anne Lambert, deux, pour se distinguer, avaient pris des nom des terre : l'un était désigné dans les actes judiciaires sous le nom de *de Laroze de Bosredon,* et l'autre sous le nom de *Dupré de Laroze ;*

2.° D'un acte constitutif de rente au profit de M. de Pascarel, docteur en théologie, curé de Cunèges, en Périgord, par Léonard de Laroze, gendre de M.° Michel Pascarel de Laplace, avocat en la Cour et lieutenant de la juridiction de Saint-Cyr ;

3.° Dans les pièces du procès Gautier de La Faye et Dupuy contre de Laroze ;

4.° Dans l'inventaire fait à la requête de Françoise de Valeton, après le décès de Michel de Laplace , son mari , le 27 août 1693 , par Pierre Guaravet, sergent ordinaire de la Baronie de Saint-Cyr ;

5.° Dans un acte de bail et une constitution hypothécaire consenties par demoiselles *Izabeau* et *Anthoinette de Pascarel,* épouses des frères Bosredon , de Varetz , les 2 juillet 1629 et 14 avril 1644 ;

6.° Un commandement du 26 janvier 1695 , fait par Bonnel, sergent , à la requête de frères de La Place à madame de Meyginiac et à M. *de la Chapelle de Mantaignac,* et dans la correspondance de ce dernier soit avec *Françoise de Valeton, dame de Laplace,* soit avec Léonard de Laroze et *François d'Alègre ;*

7.° La liquidation et le partage de la succession de *Jean Dubois,* de Vars, ordonnés par jugement du tribunal civil de Brive, du 28 janvier 1842 ;

8.° Enfin , dans les pièces d'un procès intenté par les héritiers d'Anne Lambert et Claude de Laroze , le 23 ventôse en III , contre M. de Villemur de Pinsac , pour avoir paiement du capital d'une rente à eux léguée par Jean Lambert , leur oncle , suivant son testament du 2 décembre 1686 , devant M. *Jean Dubois,* juge de paix , de Terrasson.

§ IV.

FAMILLES DUBOIS,
CABANIS, D'ALMAY-D'AYEN,
DE FOUCAULD,
DE LA PORTE DE LA GRILLÈRE,
DE MOUSSAC,
(à Brives, à Allassac, à Vars).

—

Famille Dubois, *ou* Duboys, *ou* du Bois, *ou* du Boys, *ou* de Dubois.
— *Son droit de bourgeoisie.* — *Ses preuves de noblesse.*

—

Dans l'exposé que fait M. Leymarie, auteur d'une histoire
très-remarquable du Limousin, en tête de la liste des consuls de
Limoges du xiiie au xviiie siècles, qu'a bien voulu me donner
M. *du Boys* (1) fils, de Limoges, à la protection duquel je dois
l'avantage d'avoir pu compulser les manuscrits du grand séminaire, se trouve une remarque très-judicieuse : « c'est que
« plusieurs noms, en Limousin, d'un siècle à l'autre et sou-
« vent dans le même siècle, à quelques années de distance,
« s'orthographient différemment. » Il appuie cette observation de nombreux exemples, et ajoute « qu'il a traduit comme
« ils se prononcent aujourd'hui, les noms écrits en langue
« romane dans les documents antérieurs au xvie siècle ; que,

---

(1) C'est ainsi que M. *du Boys* signe : il a des titres de noblesse très-
réguliers.

« *spécialement*, il a écrit *Dubois* ou *Duboys* pour *du Bost*,
« *Villebois* pour *Villa Bost*, *Dupeyrat* pour *du Peyrat*, etc, »

Si l'on consulte les registres de l'état civil de Brives, d'Allassac, de Vars, on trouve ce nom écrit des *cinq manières* indiquées ci-dessus.

Ces actes, que je vais rapporter, sont confirmés par les actes notariés ci-après analysés ; par le nobiliaire du Limousin de *Lainé*, et par le *grand armorial de France*, généralité de Limoges, Angoulême et Tulle, dont je préciserai les *numéros*, car j'ai à relever bien des erreurs et bien des injustices relatives à la famille *Dubois*, *de Brives*, par laquelle je dois commencer.

« *Redime me, Domine, à calumniis hominum.* »

(Psal. 118.)

Délivrez-moi, Seigneur, des calomnies des hommes ! s'écriait souvent le *cardinal Dubois*, *premier ministre*, *archevêque de Cambrai et membre de l'Académie* (où il fut reçu le premier avec le titre de monseigneur), quand on lui faisait le matin, à la première heure avant son départ pour le conseil des ministres, le compte rendu de toutes les infamies et des mauvais propos dont il était l'objet. Il aurait dû spécifier ces hommes, ce me semble, et prier Dieu de le délivrer des *envieux*, des *ignorants*, des *imbéciles* et des *méchants*. Son élévation réveilla l'envie et l'anima à un point qui passe tout ce qu'on saurait en dire.

Quand on parcourt les brochures du temps ou les livres postérieurs qui s'y rapportent, on est effrayé de toutes les horreurs qui y sont consignées. Heureusement qu'en les comparant aux faits de l'histoire sérieuse, connue sous le titre de *la Vie du Régent* (1), on reste convaincu de la vérité de cet axiôme : « *Qui dit trop ne dit rien.* »

(1) Voy. t. i, p. 145 et suiv.

Un digne ecclésiastique, M. Leymonerie, a entrepris, dans son histoire de Brives et de ses environs, de faire justice de tant de calomnies et de rétablir la mémoire du cardinal Dubois; mais il n'a pas su ou n'a pas voulu le faire d'une manière complète, car il n'indique pas de documents puisés à la source, c'est-à-dire à Brives, dans les archives et dans les minutes des notaires, riches, de son temps, de précieux renseignements qui n'existent plus aujourd'hui. Car, chose incroyable! cette ville de Brives, si bien administrée maintenant, n'a pas d'archives au greffe civil remontant au-delà de la révolution de 1789, et de registres de l'état civil à la mairie remontant au-delà de la seconde moitié du XVII.e siècle.

Que sont devenus tous les registres de l'Élection et du Présidial? Qu'a-t-on fait des procès-verbaux que rédigeaient ses consuls, si jaloux de la conservation des droits de leur cité? Personne n'a pu me répondre à ces questions d'une manière satisfaisante. Sur l'indication d'un de mes excellents parents, que j'affectionne autant que je le respecte, M. *Choumeils de Saint-Germain,* j'allai chez une vieille fille, nommée *Laroche,* qui m'exhiba plusieurs registres de l'Election, du Présidial, *du grand criminel,* selon son expression, et qui me *réclama pour droit de garde 25 centimes par année!!!*

Comme ces registres remontent assez haut, je crus devoir la prier de remarquer qu'elle n'avait point fait les recherches elle-même, et qu'il lui était impossible de lire l'écriture du XVI.e siècle. Elle comprit, et réduisit sa prétention à la somme de 2 francs, que je lui donnai; mais aussi elle m'enleva brusquement ces documents, et s'opposa même à me laisser prendre copie d'un contrat de mariage de *Jean du Faure,* avocat à Brives, avec *Jeanne de Chabrignac,* ainsi que de trois testaments de membres de ma famille. J'eus recours,

pour avoir copie de ces trois actes, à l'obligeance de mon
ami, M. Delpy, huissier à Brives.

M. Leymonerie, avec tous ces documents, n'aurait peut-
être pas osé rétablir une mémoire généralement attaquée; car
un homme autrement capable, le célèbre *d'Alembert*, n'eut
pas le courage de présenter d'une main ferme, à l'Académie
française, l'éloge du cardinal Dubois (1). Sa voix fut dominée
par les échos lointains des cris de ceux qui jappaient sur les
talons du premier ministre.

Ce grand philosophe n'eut pas assez de caractère pour admi-
rer sans réserve un grand ministre, d'un goût si exquis et si
raffiné en tout, le plus grand, peut-être, des temps modernes,
si l'on compare impartialement ce qu'il a fait avec ses moyens
d'exécution et les difficultés énormes qu'on lui suscitait de toutes
parts. — Le chemin qu'il a parcouru n'a pu être fait qu'à pas
de géant, tant il est long; or, pour surmonter tous les obstacles
et franchir une distance immense avec les seules forces de son esprit, il faut que ces forces aient l'étendue que donne le génie. Autant que personne, le cardinal Dubois avait le génie des affaires
de l'État. N'y eût-il dans sa vie politique qu'un fait, *l'alliance
anglaise* (2), qu'il chercha à créer dans la prévision de l'avenir, qu'il suffirait à lui seul pour lui mériter le titre d'homme
d'État supérieur. Mais ses succès à Londres sous M. de Talard,
ses liaisons surtout avec M. *Stanhope ;* son ambassade en Hol-
lande ; le traité de la *quadruple alliance,* qu'il amena ; ses
ambassades à Londres et à Rome ; son triomphe sur le cardinal
Albéroni ; la haute appréciation du grand roi Louis XIV, seront toujours ses titres de gloire et la honte de ses détracteurs.

_____

(1) V. t. iv, p. 24, 3.º al. de ses *Éloges.* — Celui du cardinal fut lu à
la séance publique du 25 août 1781.

(2) Il dut en grande partie l'archevêché de Cambrai à la recommandation du roi d'Angleterre.

Il avait une connaissance profonde des hommes, et c'est ce qui l'a tant fait détester des grands qu'il dominait.

Un jour que le Régent lui demandait s'il trouverait parmi tant d'évêques qui le décriaient, un seul pour le sacrer archevêque, il répondit : « *J'en trouverai trente!* »

Cette réponse qui signifie, d'après une locution du pays, *trente pour un*, est la justification de ce que je viens de dire. Il ne se trompa point ; plusieurs évêques s'offrirent pour cette cérémonie. Un des prélats les plus distingués par sa naissance et par son siége, demanda la préférence et l'obtint : c'était le cardinal de Rohan ! — Évidemment c'était un homme d'esprit. En obligeant le ministre en faveur, il faisait la cour à son Prince. Ou l'abbé Dubois voyait de bien loin et juste, ou les hommes ont bien peu changé depuis lui jusqu'à nous ?

Il y a plus, c'est que les évêques les plus *intelligents*, les plus recommandables par leurs vertus et leurs talents, reconnaissaient en l'abbé Dubois de grandes qualités. Une lettre résume toutes ces opinions favorables. — Je la transcris, parce qu'elle émane d'une des gloires de la France et de l'Eglise, de *Fénelon*, archevêque de Cambrai, qui avait eu l'occasion de lier connaissance avec M. de Rougeaut, intendant de Maubeuge, au diocèse de Cambrai, et avec madame de Rougeaut, à laquelle il écrivit en ces termes :

« Il me semble, Madame, que je reconnaîtrais mal vos bon-
« tés pour moi, si j'en doutais après tant d'expériences que
« j'en ai faites. Souffrez donc, s'il vous plaît, que je vous
« montre une pleine confiance pour une grâce que je dois vous
« demander. Monsieur l'abbé *Dubois*, autrefois précepteur de
« monseigneur le duc d'Orléans, *est mon ami depuis un*
« *grand nombre d'années. J'en ai reçu des marques solides*
« *et touchantes dans l'occasion. Ses intérêts me sont sincé-*
« *rement chers.* Je compterai, Madame, comme des grâces

« faites à moi-même, toutes celles que vous lui accorderez.
« S'IL ÉTAIT PLUS CONNU DE VOUS, IL N'AURAIT PAS BESOIN DE
« RECOMMANDATION, ET SON MÉRITE FERAIT BIEN PLUS QUE MES
« PAROLES, etc.

« Signé F., archevêque de Cambrai.

• A Cambrai, le 14 octobre 1711. »

Eh! mon Dieu, en admettant même que le cardinal Dubois
eût des mœurs légères, s'il se fût appelé *Henri IV*, l'on aurait
dit qu'il avait des *défauts aimables;* s'il se fût appelé *François I.*er, il aurait passé pour *galant!* mais il s'appelait *Dubois*,
et ses voisins, ses compatriotes les *ducs de Noailles* ne lui
pardonnaient pas sa fortune immense et *son droit de présidence
au conseil!*

Le cardinal Mazarin fut également bafoué et encore plus
persécuté, jusqu'à être forcé de sortir pour un temps de la
France, quoiqu'il l'eût pour ainsi dire sauvée durant son ministère.

Ces procédés ne devaient point étonner le cardinal. Dès son
enfance il se trouva en butte aux tracasseries et aux injustices.
Aux épreuves de l'adversité son âme se fortifia, et il prit pour
devise : *Adversa dant decus !* Il justifia cette vérité de ce beau
vers de Casimir Delavigne :

Sous un ciel toujours pur, le cœur ne mûrit pas.

Effectivement, l'homme qui a de l'ampleur dans les idées,
de l'étoffe, comme l'on dit vulgairement, grandit en face des
obstacles et s'élève à leur hauteur. Que d'idées ne donne pas
la nécessité! Qu'est-ce qui peut entraver le courage du déses-
poir? Quoi de plus propre à rendre l'esprit souple, adroit; la
volonté opiniâtre, en la concentrant, pour arriver à la vengeance, à la vengeance honnête, j'entends, que les vexations
et les injustices? Ce qui, dans l'esprit des gens mal intentionnés,

qui gênèrent le premier élan de l'abbé Dubois, devait faire sa faiblesse, fit sa force. —Voyez plutôt :

Il fit ses études à Brives dans le collége des doctrinaires, jusqu'à la rhétorique exclusivement. Il les termina à Paris dans le collége de Saint-Michel, autrement dit de Pompadour, sous la direction du Père *Antoine Faure*, né à Grandmont, en Limousin, docteur en Sorbonne, archevêque de Rheims et principal dudit collége, d'où il sortit pour être précepteur du duc d'Orléans, depuis régent du royaume. Comprenant dès-lors, avec son tact admirable, l'étendue et la justesse de son coup-d'œil, à quelle fortune il pourrait arriver, il voulut invoquer quelques titres de naissance, *et demanda à sa ville natale des lettres de bourgeoisie, qui lui furent refusées !*

Ce refus était une injustice, parce qu'il ne demandait que la constatation d'un droit qui appartenait à sa famille. La preuve irrécusable résulte des actes authentiques dont l'analyse suit.

Si d'*Alembert* les avait connus, il n'aurait pas émis de doutes sur la profession du père du cardinal. Si un certain *Mongès*.... un je ne sais qui et un je ne sais quoi..... qui a écrit son histoire, s'était donné la peine de prendre des renseignements, il n'aurait pas consigné dans la première page de ce libelle, la supposition que voici : « *On dit que* SON GRAND PÈRE *était Béarnais ;* « *qu'ayant enlevé une somme d'argent, il quitta sa patrie et* « *s'établit à Brives, où il fit une petite fortune ! ! !* »

MENSONGE ET INFAMIE QUE TOUT ÇA. Je le prouve :

Le cardinal Dubois naquit à Brives, le 6 septembre 1656. Il reçut dans son acte de baptême, dressé le 24 du même mois, le prénom de *Guillaume*. Il fut déclaré fils de *Jean Dubois*, docteur en médecine, et de *Marie de Joyet de Chaumont*. Cela ne peut être contesté. Sa mère appartenait à une des familles les plus honorables du Bas-Limousin, car à la même époque elle était divisée en deux branches à *Juillac*, d'où elle était originaire. La branche aînée était représentée par *messire Jean de Joyet*, conseiller du Roi et son lieutenant criminel au siége d'Uzerche, ainsi qualifié dans une procuration donnée devant M. Buffière, notaire, le 10 octobre 1663, à *Juillac*, dans la maison dudit de Joyet, en faveur de *messire Charles de Joyet*, son fils, *sieur de la Chassaigne*, aux fins de vendre une maison sise à Allassac, laquelle fut vendue le 16 octobre 1663, par acte reçu par Rivière, notaire, à M. Jean Dulas, médecin.

La branche cadette était représentée par *messire Chaumont de Joyet*, contrôleur à Juillac, ainsi qu'il appert du contrôle d'une soumission de cautionnement faite par messire François Besse du Peyrat, conseiller du Roi et greffier en chef au bureau des finances de Limoges, seigneur du Clezat, au profit de MM. Lafaye, Buffière, Dupuy, aux fins de paiement d'une provision adjugée au sénéchal d'Uzerche, au préjudice de *dame Françoise de Gentil*, veuve de André de Laroze, mon aïeule maternelle, et de *Eymard Laroze de Bosredon*, son beau-frère, en date du 18 avril 1782 (1).

Voyons maintenant ce qu'était son père :

Leymonerie, dans son histoire de Brive, p. 197, affirme qu'il était *médecin*. Cette affirmation, donnée par un homme qui avait entendu les contemporains du cardinal, est justifiée par grand nombre d'actes publics, notamment par le suivant, reçu par M.ᵉ Lasteyrie, notaire à Allassac, le 28 décembre 1652 : « Comme soit ainsi que haut et puissant seigneur noble « Jean de Saint-Viance, seigneur baron dudit lieu, de la Bas- « tide et vicomte d'Objat et autres places, dès le 28. décembre « 1652, *aye affiermé, à M.ᵉ Jehan Duboys*, DOCTEUR EN « MÉDECINE, autre Jehan Duboys, habitant de la ville de Brive, « et à M.ᵉ Guilhaume Dufour, notaire royal, du village du

---

(1) V. pièces justificatives au dossier *de Larose*.

« Mond, paroisse d'Estivaux, *et à Pierre Duboys, M.ᵉ appo-*
« *thicaire de la ville d'Allassac* et *M. Pierre Aguiré,* juge
« de Roffignac, et aussi habitant dudit Allassac, scavoir, etc. »
Suit l'énumération des droits seigneuriaux, affermés moyennant
la somme totale de 9,000 fr., sur diverses communes, dans lesquelles était comprise celle d'Allassac.

Dans un autre acte, reçu par le même notaire, à Allassac, le
20 février 1655, il est dit que : « *Jehan Duboys,* BOURGEOIS,
de la ville de Brive, subroge en son lieu et place, pour la ferme
ci-dessus, M.ᵉ Jehan d'Alby, de la ville d'Allassac. » Et dans
cet acte de subrogation il parle de *Jehan Duboys, chanoine, son*
frère, pour lequel il fait des réserves, et déclare s'exonérer de
ce que ledit Jean Duboys, chanoine, peut devoir comme héritier bénéficiaire de feu *Joseph Duboys* (1), audit seigneur de la
Bastide.

Cet acte est signé : *du Boys,* contractant.

Ces deux actes sont d'accord avec la note générale donnée par
d'Alembert, pour servir de supplément à l'article du cardinal
Dubois, où l'on lit, al. 2 : « que l'abbé Dubois était fils d'un
médecin qui avait deux frères. »

Voilà bien *Jean Duboys, médecin,* frère de Jehan *du Boys,*
chanoine. Il s'agit de savoir quel était leur père ?

Je réponds encore avec un acte constitutif de rente passé à
Brive, le 4 juillet 1665, dans lequel on lit ceci : « Dans la ville
« de Brive, Bas-Limousin, et maison de *Jehan Duboys, bour-*
« *geois,* FILS A FEU M.ᵉ JOSEPH (Duboys), ADVOCAT EN LA COUR,
« le quatriesme jour du moys de juillet mil six cent septante
« un, avant midi, régnant Louis Roy, pardevant moi notaire
« royal, etc., » s'est personnellement établi M. Jean d'Alby,

---

(1) Ce Joseph était conseiller du Roi au présidial de Brive. Ses titres
de noblesse ont été vérifiés.

advocat en parlement et habitant de la ville d'Allassac, lequel de son bon gré, etc., a vendu une rente constituée et annuelle à « M. *Jehan Duboys, chanoine de l'église collégiale de Saint-Martin de Brive* et y habitant, présent et acceptant, scavoir, etc. Cet acte est signé : *du Boys,* acceptant. Dalby, contractant ; L. Treilhard, présent ; Malpeyre, présent ; et Rivière, notaire.

Le grand-père du cardinal était donc un *avocat ?* c'est incontestable.

Voyons s'il était un *voleur réfugié du Béarn,* comme l'a si imprudemment écrit Mongès, quoique à titre de *dicton* seulement.

Sur les registres de l'état civil de la commune d'Allassac, à la date du 31 *janvier* 1632, se trouve un acte de baptême ainsi conçu : « Le dernier des dits jour, mois et an, a été baptisé *Ca-*
« *therine Duboys,* fille à M. Pierre Duboys, apothicaire de
« cette ville, et de Françoise Dumond. Et a été parrin M. Pierre
« Dalby, juge de Sadro, et mariene *Catherine Duboys,* sœur
« à son frère *Pierre, bourgeois, marchand de la ville de Brive,*
« et .... qu'à cause de la contagion (c'était la fièvre dite *pu-*
« *tride*) qui est à présent à la dite *ville de Brive,* ledit sieur
« Duboys n'a pu assister audit baptême, et Anne Duboys, fille
« audit sieur *Pierre* et à la dite Dumond, a porté en son nom.
« Signés : Dalby, parrin ; Fouchier, curé ; de Molins, présent ;
« Dupuy, présent ; Fouchier, présent. »

Cet acte est suivi d'un autre, inscrit sur les mêmes registres, à la date du 15 mai 1633, qui le complète.

« Le quinziesme jour du moys de may mil six cent trente-trois, a été baptisée Malguerite Dalby, fille à M. Pierre Dalby, juge des jurisdictions de Labastide et de Sadro et de *damoyselle Catherine de Duboys.* A été parrin M. Dominique Dalby, lieutenant de Chanac et de Sadro, et mariene *damoyselle Marguerite de Duroux, sœur à feu M. B. ESTIENNE DUBOYS, vi-*

vant JUGE *de Castel-Nouvel* et *lieutenant de Donzenac* (1). A
été attestée icelle être née le dixhuitième du moys d'apvril dernier. Signés : Dalby, parrin ; *Du Faure,* présent; Cheynialle ;
Duboys ; de Rivière ; David ; Aguiré ; Dupin ; *de Freyssinet ;
du Saillant* et autres.

Je le demande à tout homme de bonne foi, les familles dont
les noms sont indiqués dans ces deux actes auraient-elles consenti à s'allier avec un voleur, ou même à signer des actes de
famille relatifs à ses enfants ? Continuons.

Dans un testament d'un nommé Charbonnel, du village de
Feyrie, paroisse de Saint-Viance, reçu par Aguiré, notaire,
le 12 août 1635, à Allassac, dans la maison de *Pierre Duboys,* apothicaire, il est dit que ce testament est fait en présence
de « M.ᵉ Jean de Molin, notaire royal, et dudit M.ᵉ *Pierre*
« *Duboys,* et *aultre Pierre du Boys,* CYRUGIEN DE LA VILLE
« DE BRIVES, et M.ᵉ Dominique Dalby, lieutenant de Sa-
« dro..... » etc. — et il est signé ainsi :

DALBY-DUBOYS, présent. — DUBOYS, fils, présent.

Dans une obligation passée devant M.ᵉ Rivière, notaire, le
19 juin 1659, à Allassac, par Jean Dumont, lieutenant de la
jurisdiction d'Allassac, en faveur d'*Estienne du Faure, juge
de la salle de ladite ville ;* de Pierre Duboys, apothicaire, et
autres, pour les couvrir d'un cautionnement donné par eux en
sa faveur à *André, sieur de Brons,* Pierre Duboys, indique
sa qualité de *fils,* et renouvelle cette indication dans nombre
d'actes.

Ce Pierre Duboys, d'Allassac, était donc fils de *cet autre
Duboys, chirurgien,* de Brives, témoin au testament de Charbonnel. — Nous avons vu par les actes baptistaires ci-dessus

_____

(1) Castel-Novel et Donzenac sont aux environs de Brive. — Donzenac
est chef-lieu du canton d'où dépend la commune d'Allassac, qui, avant
la nouvelle répartition administrative, était chef-lieu d'un vaste canton.

qu'il avait une sœur appelée *Catherine*, et épouse d'Alby, laquelle avait une sœur *Marguerite*, épouse de Duroux, et un
frère Etienne, juge de Castel-Novel et lieutenant de Donzenac,
et enfin un autre frère marchand à Brives.

Il est donc certain que le père du cardinal, Jean Duboys,
était médecin ; que son grand-père, Joseph Duboys, était *avocat* ; que son aïeul était ou marchand ou juge, selon qu'on
prendra comme père de Joseph Duboys, avocat, Pierre ou
Estienne Duboys ; que son *bisaïeul* était chyrurgien.

Que devient l'absurde supposition de Mongès ? Le cardinal
eut plusieurs frères et sœurs, dont je dois parler pour établir
jusqu'à la dernière évidence que son père était bien médecin.
Sur les actes de l'état-civil de Brives, à la date du 1.ᵉʳ mars 1685,
on lit ce qui suit : « *Mariage de Jeanne de Duboys, fille de
M. Jean Duboys, docteur en médecine, et de demoiselle Marie
de Joyet, avec Guillaume de Vielbans d'Aurussac.* »

De ce mariage provint un enfant, nommé Dominique,
baptisé le 7 octobre 1700. Il eut pour parrain M. Dominique
Dubois, conseiller honoraire au présidial de Brives (1), et pour
marraine dame *Marie de David de la Plaigne.* Cet acte est
signé : *Duboys, maire perpétuel et lieutenant-général de
police.*

Ce dernier était le frère aîné du cardinal, ainsi que l'affirme d'Alembert.

Madame Marie de David de la Plaigne était la femme de
*messire Joseph Dubois, conseiller-d'Etat, secrétaire des
chambres et cabinet de Sa Majesté, directeur-général des
ponts et chaussées de France,* ainsi que cela résulte d'un acte
passé devant M.ᵉ *Patu,* notaire au Châtelet de Paris, le 13 décembre 1746 ; ledit acte portant vente en faveur de messire

---

(1) Voy. quittance du 27 avril 1720, dans laquelle il intervient comme
syndic des dames de Sainte-Ursule.

Jean-Baptiste Dubois , prestre , chanoine de l'église Saint-Honoré de la ville de Paris, d'un domaine situé à Brochard , paroisse d'Allassac (Bas-Limousin).

Dans cet acte, il est énoncé que « tous les biens composant
« le domaine vendu sont détenus à titre de bail par Marie
« Dubois , veuve du sieur Aguiré, et que ladite dame ven-
« deresse en était propriétaire en qualité d'héritière sous bé-
« néfice d'inventaire de deffunte *demoiselle Françoise de*
« *Comjac,* à son décès veuve et héritière de M.e François
« Faucher, avocat en la cour, suivant leurs testaments faits,
« celui du sieur Faucher le 29 février 1700, reçu par *Dufaure,*
« *notaire royal de Brives,* contrôlé au bureau de Brives le
« 16 février 1703, ouvert le même jour par procès-verbal de
« M. le lieutenant ordinaire de Brives, et déposé *audit Faure*
« le même jour ; et celui de ladite veuve Faucher, en date du
« 8 juin 1706..... etc. »

Il est dit aussi que « l'acte du délaissement fait dudit do-
« maine et dépendances à ladite dame veuve Dubois fut passé
« devant *ledit Dufaure,* notaire à Brives, le 8 août 1711 et
« qu'il fut dûment *controllé* audit lieu par les R. P. Jaco-
« bins de Brives..... etc. »

Enfin , il est ajouté que « ladite vente a été faite par ladite
« dame veuve Dubois au *sieur Dubois, chanoine,* son fils,
« pour jouir et faire valoir..... etc. » Suit l'énonciation des charges et conditions de la vente, qui fut insinué au bureau d'Allassac, le 14 octobre 1747, par Clédat.

Ce *Jean-Baptiste Dubois, chanoine de Saint-Honoré,* était donc le fils de *Joseph Dubois, grand voyer de France* (1). Voici, au surplus, son acte de baptême, qui doit être remarqué : « Jean Dubois, fils naturel à *Joseph du Bois,* docteur

---

(1) La charge de grand voyer fut créé par l'édit de 1599.

5

« en médecine, et à Marie de David, né le 18 du mois de
« septembre (1680). Parin Jean *du Bois,* docteur en méde-
« cine (son grand-père), et maraine, MARIE DE LA FILOLIE,
« FEMME A MESSIRE DE FAURE, SIEUR DE PRADAU, ÉCUYER,
« *habitant dans la maison de* LESTANG, *paroisse de Lemeyrac,*
« *en Périgord.*

« Signé : *Duboys,* présent. »

Je crois devoir ajouter au dernier extrait des actes de l'état-
civil de Brive, avant de passer à la branche des Dubois d'Allassac, — « Jean Dubois, fils naturel et légitime à Jean Dubois,
« bourgeois, et Elizabeth de Dalby, habitants de la ville de
« Brive, est né le 2 du mois d'août de l'année 1680, et a été
« baptisé le 3 du même moys ; et ce par moi dans l'église de
« Saint-Martin de Brive.

« Parrin a été *Jean Geofre d'Orussac* et mareine *Marie du*
« *Faure,* habitants de la ville de Brive, présents soussignés :

« *Marie du Faure.*
« *Hibralis, chevalier de Geoffre.*
« *Geoffre, présent.*
« Vigier, vicaire. »

La munificence des frères Dubois pour leur ville natale qui
leur doit ses ponts, la restauration de son église cathédrale, ses
jolies promenades, etc., est trop connue pour que j'aie besoin
de la faire connaître ici par ses objets. Ils dotèrent aussi d'écoles
publiques les paroisses de *Juillac* et d'*Allassac.*

BRANCHE D'ALLASSAC.

Dans une lettre que M. le colonel Delort de la Flotte m'a fait
l'honneur de m'écrire à la date du 2 novembre 1853, datée de
Sourie, sous Issandon, se trouvent les énonciations suivantes
aux deux premiers alinéas : « Jean Cabanis, d'Issandon, pro-
« priétaire à la Prodelie, la Nadelie, les Chabanes et Transac,

« épousa Françoise Dupuy-Lapersonne , fille de Pierre Dupuy
« et de Catherine Dubois , fille de (N) Dubois d'Allassac. Ce
« Dubois , fils de (N) Dubois , habitant de Brive , souche pri-
« mordiale de la famille Dubois. Dubois de Brive eut deux fils,
« dont l'un fut chef de la branche qui précède ; l'autre eut un
« fils , docteur en médecine , qui fut père de Dubois , grand-
« voyer de France , et du cardinal. Le grand-voyer eut pour
« fils le chanoine Dubois , fondateur des places à l'hospice.

« Je vous avais promis copie de la lettre du supérieur de
« Servière. Elle s'est trouvée jointe aux pièces de mon parent
« Cabanis , qui sollicitait une place à l'hospice pour sa fille.
« *Pièces qui ont été enlevées du dossier, on ne sait par qui ,*
« *afin de les détruire probablement.* — Cabanis se propose
« d'actionner M. Lalande , économe de l'hospice , qui en était
« le gardien. »

Je puis, fort heureusement, avec des données authentiques,
sûres, précises et assurées, combler les petites lacunes de cette
lettre , et éviter peut-être le procès dont il y est fait mention.

Dans son testament du 26 janvier 1666, reçu par Rivière,
notaire , en présence de témoins , *Pierre Duboys ,* apothicaire
de la ville d'Allassac , où il a fait branche , déclare avoir été
marié avec *Françoise Dumond ,* (fille de Jean Dumond , lieutenant de la juridiction d'Allassac et plus tard notaire) (1), et
avoir eu de ce mariage trois enfants , savoir :

1. *Anthoine ,* qui suit ;
2. *Anne ,* mariée à *Jean-Guabriel Fougeyron ,* alors décédé,
   quand vivait lieutenant de la vicomté de Comborn ;
3. *Catherine ,* qui épousa *Pierre Dupuy ,* lieutenant de Chanac (2).

---

(1) V. le bail à ferme du baron de Saint-Viance aux *frères Dubois*
(*Jean, Jean* et *Pierre*).

(2) V. le testament de Suzanne de Mazoyer, art. Cabanis.

Anthoine Duboys fut, comme son père, maître apothicaire à Allassac. Il épousa *Louyse de Peyrelade*, dont il eut un fils nommé *Jacques Duboys*, *docteur en médecine*, qui épousa, suivant contrat passé à Allassac, le 24 février 1681, devant Rivière, notaire, Marie de Dalby, fille de Jean Dalby, conseiller du Roi, son assesseur civil et criminel aux siéges de Brive, et de *Guabrielle Dalesme de Rigoulême*, dont la famille a occupé une grande position en Limousin, surtout à Limoges, où elle a rempli les plus hautes fonctions administratives et judiciaires. Il y a de nos jours une place qui porte ce nom.

Le contrat de mariage dont s'agit contient toutes les énonciations de famille que je viens de donner, et se trouve complété par une transaction intervenue à Allassac, le 8 août 1673, devant Rivière, notaire, entre M. Jean Dubois, chanoine de l'église collégiale de St-Martin de Brive, d'une part, et M. Jean Dalby, conseiller du Roi, lieutenant particulier, etc., d'autre part, sur un procès intenté à ce dernier par Jean Dubois, pour avoir paiement des dépenses faites à l'occasion de la réception et installation dudit Dalby, et être remboursé du montant de son cautionnement donné pour le prix d'acquisition de ladite charge d'accesseur, de M. Lescot, suivant acte du 8 août 1662, ainsi que pour avoir décharge du cautionnement de M. Jean Dubois, bourgeois, frère du chanoine, donné pour le même objet que le sien.

Comme motif de ladite transaction entre lesdites parties, l'on dit : « *veu mesme leur proximité.* » Elle est signée : *du Boys Dalby*. On énonce dans cet acte que *Jean Dalby est fils de Pierre Dalby*, quand vivait juge de Sadroc, lequel avait épousé *Catherine Dubois*.

Si l'on se rapporte aux actes baptistaires ci-dessus, il est bien authentiquement démontré que les *Dubois* d'Allassac sont une branche de ceux de Brive.

Dauphine de Dalby, sœur de Marie de Dalby, épouse de Jacques Dubois, épousa *Léonard Dumas, sieur de la Mongerie,* y habitant, fils de Léonard Dumas, quand vivait avocat en la cour et habitant au château de la Viale, paroisse de Crousilia, et de demoiselle *Joséphine de Latour,* suivant contrat passé devant Rivière, notaire à Allassac, le 29 janvier 1701, et signé : Dubois, de Bonneval, *de Guilhaume,* Dumas de la Mongerie, J. Dalesme, de la Bernardie, etc.

Jacques Dubois, docteur en médecine, fit son testament le 10 octobre 1710, déposé ès-mains de M. Meyre, notaire, qui dressa l'acte de suscription le 12 octobre 1710. Il y déclare que de son mariage avec Marie de Dalby, étaient provenus sept enfants, savoir :

1. *Gabrielle ;*
2. *Martialle ;*
3. *Marie ;*
4. *Elisabeth ;*
5. *Guillaume ;*
6. *Louis ;*
7. *Jean,* à chacun desquels il fait des legs particuliers.

Guillaume Dubois, avocat en parlement, fut juge de plusieurs juridictions, notamment de celle d'Allassac. Je n'ai de relatif à sa descendance, que le contrat de mariage de sa fille *Marie,* qui épousa, le 12 septembre 1746, *messire Etienne de Bruchard,* écuyer, seigneur du Chalard, habitant en son château du Chalard, paroisse de Mansac.

Parmi les biens qu'il lui donna en dot, est mentionné le tènement appelé : *de Lille,* dans les appartenances de *la Faurie,* paroisse d'Allassac, qui avait appartenu autrefois à « MESSIRE FRANÇOIS DE DUFAURE, SIEUR DE LILLE, » *et avocat en la cour,* ainsi qu'il est dénommé et qualifié dans l'acte de baptême de François-Louis Chiniac, fils de François, avocat, et de *Jeanne de Dufaure ,* — lequel acte fait en l'église d'Allassac , à la date du 4 octobre 1631 , est signé de *trois Dufaure* et de quatre Alègre (1).

Jean Dubois , sieur de Lagarde , épousa une demoiselle de Malouzieux , fille de François-Joseph de Malouzieux , sieur de Lagane, ainsi qu'il est dit dans un procès-verbal de la communauté d'Allassac, du 7 juin 1761, dressé par Deyzac , notaire.

Une *Guabrielle Dubois* épousa , suivant acte de mariage inscrit sur les registres d'Allassac , à la date du 24 janvier 1769, *Mathieu Dufaure ,* fils de Jacques, et il est dit « *qu'ils étaient au troisième degré de consanguinité.* »

Je doute fort que cette *Guabrielle Dubois* fut la même que Gabrielle, fille de Jacques Dubois et de Marie de Dalby. Dans un acte de dation en paiement, faite à Mathieu Du Faure , le 20 avril 1772 , devant Deyzac , notaire à Allassac , pour le couvrir de partie de la dot de ladite Gabrielle , sa femme , il est dit qu'elle est *sœur de Simon Dubois , pratitien ,* qui fit l'abandonnement dont s'agit.

Comme ce Simon n'est pas mentionné dans le testament de Jacques Dubois , médecin , il me paraît certain que Gabrielle Dubois , épouse Dufaure , n'était pas fille de Jacques Dubois , mais bien de Jean, ou de *Louis ,* ou de *Guillaume ,* fils de Jacques.

Au demeurant , comme la parenté entre la famille *Dubois* et la famille *Dufaure* est indiquée par l'acte de mariage susénoncé , *au troisième degré de consanguinité ,* je puis me dis-

_____

(1) Le 8 juin 1335, *Louis Faure , seigneur de la Faurie ,* fit donation en faveur de *Catherine Faure ,* sa fille , femme de *noble Guion de Mirandol,* seigneur de Mirandol, de la moitié de tous ses biens, à la charge que tous les enfants mâles qui naîtraient de ce mariage, seraient tenus de porter le *nom* et *armes de la Faurie* et *Faure.*

(V. Fonds de D'hozier, *Titres du Faure de Mirandol ,* communiqué avec *Laporte de Lissac.*)

penser de plus amples investigations , car il n'y avait à Allassac qu'une seule et même famille Duboys. Ce qui est décisif, c'est l'acte d'insinuation que voici, à la date du 28 avril 1756 , du testament de Estienne *Dufaure de Lavareille, écuyer,* frère de *Jean, écuyer, garde-du-corps,* par lequel il lègue 250 fr. de pension viagère à *dame Marie* DUBOIS DE LAVAREILLE , femme de Jean Dufaure de Lavareille, suivant contrat du 6 février 1751 , passé devant Lacoste et son confrère, notaires à Brive.

L'on voit bien figurer dans les actes passés à Allassac , d'autres Dubois que ceux dont je viens de parler, mais ils n'étaient pas d'Allassac ; ils étaient de Brive. — Ainsi, dans un bail à ferme d'un bois châtaignier appelé *des ramades,* passé devant Bonnelye, notaire à Allassac , figure comme propriétaire dudit bois, « *messire* JEAN-*Jacques du Bois, chevalier, seigneur* « *baron de Saint-Hillaire* et *Chameyrac, habitant de la ville* « *de Brive,* » lequel a vendu pour neuf années à un sieur Pierre Perical , etc. Il était donc de Brive. Le même *baron du Bois* figure comme témoin avec M. *Jean Dufaure, procureur d'office de la ville d'Allassac,* dans un acte passé dans ladite ville, devant M.ᵉ Bonnelye, entre messire Jean-Baptiste-Chaluy, écuyer, seigneur du Pouget, de Roffignac, et conseigneur de la ville et parcage d'Allassac, et M.ᵉ Bonnefon , à la date du 29 avril 1749.

Ceci m'amène à parler des preuves de noblesse de la famille *du Bois.*

Au fol. 179 de l'Armorial général de France , généralité de Limoges, Angoulême et Tulle, figure « *Joseph Dubois, conseiller du Roi, maire perpétuel de la ville de Brive.* » Ses armes sont indiquées : « d'*argent, à trois arbres de sinople, sur une terrasse de même, celui du milieu plus haut que les deux autres et un chef d'azur chargé de trois étoiles d'or.* »

Au fol. 22, figure Léonard du Bois, sieur du Vert (paroisse de Donzenac). Il porte d'or, à un arbre de sinople et une bordure de gueules chargée de huit boucles d'argent.

Au fol. 112, figure Joseph du Bois, conseiller du Roi au siége présidial et sénéchal de Limoges. Il porte d'or, à un arbre de sinople sur une terrasse de même et une bordure de gueules chargée d'un lion passant d'or en chef et de sept boucles de même posées de trois en chaque flanc et une en pointe.

Au fol. 214, figure Pierre Dubois, bourgeois de Limoges. Il porte d'or à un arbre de sinople et une bordure de gueules chargée de huit boucles d'argent.

Au fol. 294, figure N... Dubois de Jumilliac, écuyer. Il porte d'argent fretté de sinople à un chef de même chargé de quatre pals d'argent.

Au fol. 395, figure Jean Dubois, écuyer, seigneur de Margende. Il porte d'or à trois boucles ondées de gueules.

A la page 6 du nobiliaire du Limousin de Lainé, figurent :

1.º *du Bois,* seigneur du Bois, paroisse de Ladignac — 1543. — D'azur, au chevron d'or, accompagné en chef de trois gerbes de blé d'argent, et en pointe d'un lion léopardé d'or, lampassé et armé de gueules.

2.º *Jean du Bois,* seigneur de Margerie, annobli par lettres du mois d'octobre 1643 et confirmé en février 1667. — D'argent au lion de gueules, tenant entre ses pattes une croix ancrée du même; au chef aussi de gueules, chargé de trois étoiles d'argent.

L'analogie frappante qui existe entre les *écus* qui précèdent, démontre évidemment une origine commune.

Je vais maintenant, mon cher cousin, indiquer un *fief,* ou terre noble, sorti de notre famille pour entrer dans la famille *Dubois.* Il me suffira de relater l'acte d'insinuation du

contrat de vente, pour faire connaître l'étendue de cette alié-
nation.

« Du 11 juillet 1729 et insinuation laïque au bureau de
« Donzenac, à la requête de Bachelerie, seigneur de Bonni-
« phon, d'une vente faite par sieur *Estienne Dufaure, sieur*
« *de Belile,* demeurant à Brive, au profit de *messire Domi-*
« *nique Dubois, conseiller honoraire au présidial de Brive,*
« et de dame Jeanne de la Fageardie, sa femme, demeurant
« audit Brive, de tout le domaine de *Villeneuve,* appartenant
« audit sieur *de Belile,* consistant en maison, granges, sé-
« choirs, prés, terres et bois, avec la rente de 10 cetiers de
« seigle dhue sur partie de ce fonds et la JUSTICE.

« L'autre partie mouvant de la fondalité du seigneur évêque
« de Limoges et du seigneur prévôt de Mazières. — Contrat
« passé à Brive par Serre, notaire, le 26 avril 1725. »

Ce *fief,* situé au village de *Villeneuve,* paroisse de Sadroc,
avait appartenu à « *messire François Dufaure de Ville-*
neuve, » qui se qualifia *conseiller honoraire du présidial de*
Brive, dans l'acte de baptême de François - Xavier Chiniac,
dont il fut le parrain ; inscrit ledit acte sur les registres d'Allassac, à la date du 31 mars 1705.

Depuis cette acquisition, Dominique Dubois se qualifia :
« *écuyer, seigneur de Villeneuve* ; notamment dans un acte
d'acquisition passé à Allassac, devant Bonnelye, notaire, le
10 janvier 1737. Il ajoutait : *Conseiller, secrétaire du Roi ;*
maison, couronne de France. »

BRANCHE DE VARS.

Les *du Boys,* de Vars, semblent tombés dans ce bourg
du Bas-Limousin, arrondissement de Brive, et à une lieue
et demie d'Allassac, comme un *aréolite !* Il est impossible de
savoir d'une manière précise et sûre d'où ils viennent. Dans

l'incertitude, on ne peut que s'arrêter aux suppositions suivantes :

1.ᵉ Ce qui autorise à penser qu'ils descendent des Du Boys de Limoges, qui paraissent avoir été la souche commune en Limousin, c'est que du XIII.ᵉ au XVI.ᵉ siècle l'on voit figurer constamment des *Du Boys* sur la liste des consuls de la ville de Limoges. Quelques-uns même sont *qualifiés* et *titrés*. A côté du nom de Duboys et des plus grands noms de la province du Limousin, figure sur ces listes le nom de *Brun*, appliqué à une très-ancienne famille de haute noblesse, ainsi qu'il appert d'une donation faite en langue limousine « l'an 1213 du Verbe incarné, » rapporté par M. Leymarie, dont voici la traduction : « Que ce soit chose connue à tous présents et à venir, que le *seigneur F. Brun* a de rente sur tous les 20 sols barbarins qui se fabriquent à Limoges, un denier et une poge (demi-obole), et encore la quatrième partie d'une poge; et André du Peyrat, une demi-poge; et J. du Peyrat, le fils de F., une demi-poge; le seigneur Guy du Peyrat, le fils de Guillaume, une demi-poge..... etc. » Suit l'énumération des autres ayant-droits, parmi lesquels sont les seigneurs de *Bré* et d'*Excideuil*.....; « Tous les ci-dessus nommés ont fait don de cette rente qu'ils avaient, au peuple commun du château de Limoges. »

J. Brun est consul en 1240; *Martial, fils de Mathieu Duboys,* l'est en 1510. Or, sur les registres de l'état-civil de Vars, est inscrit l'acte baptistaire dont la teneur suit : « Du 17 mai 1682, baptême d'Anthoine Duboys, fils de Anthoine Duboys, *clerc* et maître chirurgien, et de Jeanne d'Almay. Parrain a été *Anthoine d'Almay, seigneur d'Ayen, du Queyrat*

Signés : *Chastaing,* curé;

de Brun, présent;

de la Porte, présent. »

Ce qui ferait penser que ces du Boys sortent de Brive, c'est la similitude de leur profession avec celle de ces derniers. Dans ces registres épars, composés de feuilles volantes, l'on trouve çà et là des du Boys, toujours qualifiés *bourgeois*, et quelquefois *apothicaires*, chirurgiens, ou même médecins. Leurs alliances, celles du moins indiquées par les actes de mariages retrouvés, sont très-belles. Ainsi :

1.º En 1678, « condition nuptiale fut baillée à *Martial du Boys, bourgeois et apothicaire*, et à damoyselle NOBLE *Catherine de Laporte de Lagrillère* (de Terrasson). Cette famille *de Laporte* eut plusieurs branches. Elle eut des alliances avec la famille *du Faure de Sauvezie*, et avec la famille *du Faure de Mirandol*, ainsi qu'il appert des titres produits le 19 mai 1731, devant d'Hozier, par messire François de la Porte, fils de messire Anthoine de la Porte, chevalier, seigneur de la Porte, de la Retaudie, de Cacreix, de *Lissac* (bourg situé entre Terrasson et Brives), etc., pour établir sa filiation en noblesse, afin d'être reçu chevalier de l'ordre de Saint-Jean de Jérusalem Elle eut aussi des alliances avec la famille *du Saillant*.

Du mariage de Martial Dubois et de Catherine de Laporte provint un fils, baptisé le 19 août 1682.

2.º Le 18 mai 1681, condition nuptiale fut baillée à *Anthoine du Bois* et *Suzanne d'Almays d'Ayen*, duquel mariage provint un enfant dont l'acte baptistaire est ci-dessus relaté.

Cette famille Dalmays est originaire du Périgord, où elle avait la *seigneurie des Farges*. — Elle fut annoblie en 1657, et confirmée dans sa noblesse par arrêt du conseil du 9 mai 1668. — Je dois citer deux ou trois de ses alliances, parce qu'elles touchent à ma famille paternelle. — Dans un acte passé dans la ville d'Allassac, le 29 octobre 1625, devant M.º Aguiré, no-

taire, entre « MM. Borderie, sieur de Chadapaud ; M.ᶜ *Jehan*
« *de Laleu* (1), procureur ou sénéchal d'Uzerche, et damoy-
« selle *Françoise de Dalmays,* agissant comme tutrice de ses
« enfants ; » cette dernière est qualifiée « veuve de feu *Guil-*
« *laume André, sieur de Brons.* »

Dans l'acte de mariage de *Jean de Calvimond, baron de
Saint-Martial,* avec *Margueritte de Roffignac,* passé à Allassac, le 7 février 1664, devant Mayre, notaire royal, l'époux
est dit fils de haut et puissant seigneur Jean de Calvimond, seigneur de Saint-Martial, Cazals, la Benche, la Nadalie et autres
places, et de « dame *Louyse de Dalmays.* »

Enfin, le 22 janvier mil six cent nonante sept, au lieu du
Bas-Ayen, duché de Noailles, et dans la maison de M.ᵉ Hébrard
Dalmais, conseiller-magistrat au siége présidial de Brives, par-
devant les notaires Lasteyrie et Larfeuilh, furent arrêtées les
conditions civiles du mariage d'entre « damoiselle *Anthoinette
Isabeau Dalmais, damoiselle de Pinssat,* fille de feu *messire
Jean Dalmais,* vivant avocat à la cour et juge de la présente
jurisdiction, et d'*Anne de la Bachelerie,* assistée de sieur
d'Antissat, son frère, et de sa mère, avec Jean Lasteyrie, fils
d'Hélies, « *procédant de la permission de ladite damoiselle
Louise de Chiniac, veuve de Jean Lasteyrie, sa grand'mère,* »
habitant de la ville d'Allassac. Ce contrat de mariage porte,
entre autres signatures, celles des parties contractantes et les
suivantes :

« *Jeanne de Cavaniac Pinssat ;*
« *Nizels de Cavaniac ;*
« *Godefroy du Grifoulet ;*
« *Dubois ;*
(Charles du *Griffaullet de Lentilhac* épousa, suivant con-

(1) Une branche de notre famille avait la seigneurie *de Meilhac,* dont
elle portait le nom, et *de Laleu.* Voy. à la 2.ᵉ partie.

trat passé devant Massénat, notaire à Brives, le 6 août 1761, *Isabelle du Bois*, de Brives).

> « *Dufaure de la Varcille* ;
>
> « *Jeanne de Rouvet* ;
>
> « *la de Farge* (c'est-à-dire madame de Farge) ;
>
> « *de Monfrabœuf* ;
>
> « *la de Larivière des Faures* (c'est-à-dire madame *Du-faure de la Rivière*). »

L'on voit, en effet, dans plusieurs actes, notamment dans un contrat de mariage fait le 20 février 1743, reçu par Pouget et Monneyrac, notaires royaux, que « *Noël Aufaure, sieur de Praneuf, habitait au château de la Rivière, paroisse de Beyssac, Bas-Limousin.* »

Le 17 mai 1693, au testament de Jeanne Melon, veuve de Pierre Laguerye, reçu par M.ᵉ Meyre, notaire royal, « *dans* « *le Bary de la grande fontaine près Laville d'Allassac,* » figurent plusieurs témoins, au nombre desquels le notaire men-tionne « *Michel Aufaure,* » c'est ainsi que le nom est écrit, tandis que le nom Aufaure, écrit par le témoin lui-même, l'est ainsi : « *M. Duffaure, présent.* » A côté est écrit le nom de *François Faure,* autre témoin.

Et chose bizarre, qui prouve combien l'on tenait peu, dans ce temps-là, à l'uniformité de l'orthographe de son nom, c'est que dans un bail à ferme, consenti au château de Lamotte-lès-Allassac, le 7 novembre 1690, par Guillaume Gautier, à un sieur Lavigne, figure encore, comme témoin, le même Michel Dufaure, nommé dans l'acte Michel *Oufaure,* et il signe : « *M. Ouffaure.* » Sur les procès-verbaux des ostentions d'Ar-nac, du 15 avril 1659, figurent les noms d'un : *Ouffaure, prêtre d'Arnac,* et d'un autre *Ouffaure, notaire* (1).

---

(1) Leymarie, hist. du Lim., p. 572.

L'on ne sera pas étonné de voir à Pompadour, à Arnac et a Allassac des Dufaure ou Aufaure, si l'on se rappelle que *Pierre du Faure devint baron de Laron* par son mariage avec *Izabelle ou Izabeau de Laron*, vers la fin du xiv.ᵉ siècle (1). Or, dans la famille *de Laron* se fondit celle *de Lastours*, par le mariage d'*Aimar Comtor de Laron*, qui épousa Aolaarz de Lastours, fille et héritière de Gui de Lastours dit le Nain, seigneur de Lastours, de Pompadour et autres lieux.

Aolaarz qui, suivant la remarque de Geoffroi de Vilgeois, était d'une complexion fort délicate, mourut jeune et fut enterré dans le *monastère d'Arnac*, auprès de sa mère Ingalcias de Malemort, fille du seigneur du même nom, et petite-nièce de Saint-Gérald, comte d'Aurillac, qui, animée du même esprit que son mari, avait fait rebâtir à neuf l'église d'Arnac, qu'ils mirent sous l'invocation de Saint-Pierre, et qui, vers le même temps, *établirent à Arnac un monastère*, qu'ils dotèrent et soumirent à l'abbaye de Saint-Martial de Limoges, et sur lequel ils ne réservèrent d'autres droits que celui de le protéger, comme fondateurs, et *la sépulture de leur famille*.

Jourdain, évêque de Limoges, de la maison de Laron, en fit la dédicace aux ides de juillet, c'est-à-dire le 15 du même mois, l'an 1028, peu de temps avant son départ pour la Terre-Sainte. Le pape Benoit IX donna plus tard son approbation.

Les reliques du glorieux saint Pardoux qui reposait dans l'église de Sarlat, et que les fondateurs du monastère d'Arnac placèrent dans cette nouvelle fondation, y étaient très-vénérées des fidèles, dont le concours était immense à chaque ostention (2).

---

(1) V. l'abbé Brizard, hist. de la Maison de Beaumont, p. 611, fond. de G., f.º 129.

(2) Pour ce que dessus, V. de Courcelles, Dict. de la Nobl. — Leymarie, hist. du Limousin.

Notre alliance avec la famille d'Almay est encore indiquée par la signature de *madame de Farge* et de M. Dufaure *de Lavareille*. En effet, il résulte d'un appointement de l'élection de Tulle, rendu le 20 septembre 1700, qui cassa la cotisation de taille de la commune de Lestara et de la *ville de Treignac*, faite par les collecteurs, au nom de *dame Gabrielle de Farge, veuve de Pierre du Montet de la Mouillère, seigneur de Malucen,* qui était frère de Franc-Pierre du Montet de la Moulière, seigneur de *la Bachelerie.*

Or, le fils de ce dernier et d'Aubine du Garreau, eut un fils, Jean, et une fille nommée *Catherine,* qui *est ma bizaïeule maternelle,* car elle épousa Jean de Gentil, père de Françoise de Gentil de Lacour, mariée à André de Laroze, et mère de Catherine de Laroze, ma grand'mère.

Il résulte de ces faits que *Anne de la Bachelerie,* qui épousa Hébrard-Joseph Dalmay, conseiller au siège présidial de Brive, était parente avec madame de Farge.

Elle était aussi parente de M. Dufaure de Lavarielle, car dans une transaction sur procès, constatée par acte reçu Bonnelye, notaire *à Allassac,* le 8 février 1734, il est énoncé que « *Martial Dufaure de Lestang, écuyer, sieur du Pradau,* agit comme mandataire de *Jean Dardonnaux,* prêtre, docteur en théologie, curé d'Aubesaigne, créancier des sieurs Fraysses et Relier, conjoints, d'une rente à lui cédée par feu sieur *François Dufaure de Lavarielle et demoiselle* MARGUERITE BACHE-LERIE, *beau-frère et belle-mère dudit sieur Dardonnaux.* » C'est à cette alliance qu'on doit rapporter évidemment :

1.º L'acte de baptême de Michelette Dufaure, fille de François et de Margueritte de Bachelerie, du 25 octobre 1669. La marraine fut Michelette Dufaure, femme de Jean Dufaure, avocat en parlement et lieutenant de Combonn, que remplaça Mme *de Nouvillars,* « mère de la mère à la baptisée. » *R. de V.*

2.º L'acte de baptême de Guillaume de Bardicon, fils de Jean, sieur de Cessat, commune d'Allassac, et de *Margueritte de Dufaure*. Le parrain fut « *noble* Guillaume de Fayolle, écuyer, sieur de Champagnac; » et marraine Marie de Mazelle, femme au sieur Chevalier du Bousquet. — Cet acte est du 20 décembre 1652. *R. de D.*

3.º L'acte de baptême de Baptiste-Joseph de Saint-Jean de Jumilhac, fils de messire J.-B. de Jumilhac, chevalier, seigneur de Saint-Jean Ligoune et autres places, et de dame *Guillaumette Bachelerie de Neufvillars*, né le 27 février 1669. Il eut pour parrain son frère Baptiste-Joseph, pour lequel porta « *messire François Dufaure de Lavareille*, avocat en la cour. *R. de Brive.*

4.º Jacques Du Boys, fils d'*Elie du Boys*, qui signait ainsi notamment dans une quittance reçue au bourg de Vars, par Lasteyrie, notaire, le 30 mai 1720, avec M. Du Roy de Chaumareix, épousa une demoiselle *de Moussac*, famille plus connue sous le nom *des Ruaux :* Elie des Ruaux, écuyer, sieur de Moussac et du Breuil, est ainsi qualifié au fol. 38 de l'Armorial général de France, généralité de Limoges et Tulle, où ses armes sont indiquées : de sable semé d'étoiles d'or et un cheval se cabrant d'argent et brochant sur le tout.

5.º Jean du Boys, fils d'autre Jean, épousa, le 24 octobre 1797, « damoyselle Catherine de Laroze, » ma grand'mère maternelle.

FAMILLE CABANIS.

Les alliances de cette famille, à Allassac, sont avec les familles Dalby, de Mazoyer, de Roffignac, Rivière des Borderies, Dubois et du Faure.

Elle doit son illustration à *Pierre-Jean-Georges Cabanis*, l'écrivain de mes affections, né le 5 juin 1757, à Cosnac, dans le Bas-Limousin , où son père habitait depuis qu'il avait acheté la terre de Salagnac , sise dans la commune de ce nom.

D'une imagination ardente et fière , dit M. Mignet, de l'Académie Française (1), Pierre-Jean-Georges Cabanis avait une indépendance outrée de caractère. Il avait aussi un excellent cœur et toutes ces grandes qualités qui lui gagnèrent la sympathie de tous les grands hommes de son temps. L'Empereur Napoléon I.er lui-même , alors général et membre de l'Institut, recherchait avec amabilité les entretiens d'un homme aussi respecté, qui était l'un de ses plus spirituels confrères à l'Institut et pouvait être l'un de ses soutiens les plus accrédités au conseil des Cinq-Cents. A son retour d'Egypte, il lui avait fait une visite à Auteuil.

Comme médecin , comme philosophe , comme littérateur, Cabanis se plaça au premier rang. C'est qu'il avait , selon l'expression du célèbre Mirabeau, son ami, un puissant génie.

Comme homme politique , il ne se laissa pas égarer par les entraînements de la révolution. Au contraire il fut de ceux que ces égarements avaient pénétré d'horreur pour l'anarchie. Lorsque la République sortit des ruines pour entrer dans sa période d'organisation et de légalité , il fut nommé successivement professeur d'hygiène aux écoles centrales et de clinique à l'école de médecine, devint membre de la classe des sciences morales et politiques à l'Institut et reçut la mission de siéger au conseil des Cinq-Cents, où il fit son beau rapport du 29 brumaire an vii , sur l'organisation des écoles de médecine.

Bientôt le Directoire ramena les violences et les désordres de la République, de la Convention. Seulement tout y fut plus faible et moins grand. Au lieu de la dictature inexorable du co-

---

(1) Notice historique sur la vie et les travaux de Cabanis , lue à la séance du 15 juin 1850.

mité de salut public, on vit s'élever une dictature mitigée, qui transporta et ne tua point; et l'anarchie sanglante de 1795 fit place à l'anarchie énervante de 1799. Cabanis fut de ceux qui s'entendirent pour arracher la France à ce régime sans liberté, sans sécurité, sans grandeur. Il s'associa à l'entreprise du 18 brumaire, concertée entre son ami Sieyes et le général Bonaparte. Ce jeune et glorieux capitaine avait séduit Cabanis, comme tout le monde.

Le lendemain du 18 brumaire, Cabanis rédigea, au nom du Corps-Législatif, la proclamation qui recommandait au peuple français la révolution d'ordre qu'on venait d'accomplir. « Ceux-« même, y disait-il, qui voulaient le plus sincèrement le main-« tien de cette constitution (celle de l'an III) ont été forcés de « la violer à chaque instant, pour l'empêcher de périr. De « l'instabilité du Gouvernement est résultée l'instabilité plus « grande encore dans la législation; et les droits les plus sa-« crés de l'homme social ont été livrés à tous les caprices des « factions et des événements. Il est temps de mettre un terme « à ces orages..... Il est temps que la grande nation ait un « gouvernement ferme et sage, et qu'il soit procédé à la réor-« ganisation définitive et complette de toutes les parties de l'é-« tablissement public. »

Ce vœu fut réalisé par la constitution consulaire, à laquelle Cabanis avait accordé toute son approbation, et qui le fit entrer dans le Sénat conservateur. — L'Empereur, Napoléon I.er, le fit *comte*.

Il avait épousé, peu de temps après la terreur, *Charlotte de Grouchy*, sœur de la femme de Condorcet, *Sophie de Grouchy*, aussi célèbre pour son esprit que pour sa beauté. L'excellente compagne qu'il se donna unissait aux dons heureux de la personne les qualités les plus rares du caractère, une douceur noble, une raison élevée, un esprit agréable, des grâces modestes, un dévouement affectueux, qui firent le bonheur de Cabanis et répandirent un charme infini sur le reste de sa vie.

Cette vie ne fut malheureusement pas longue. Quoique jeune encore, Cabanis sentait approcher sa fin. Des malaises profonds, des lassitudes accablantes, des insomnies douloureuses, des fièvres soudaines l'avaient averti de quelque grand désordre intérieur. Ce désordre, causé par une dimension extraordinaire du cœur qui poussait le sang avec une violence extrême à la tête, éclata d'une manière terrible au printemps de 1807. Cabanis se promenait avec le docteur Richerand dans son jardin d'Auteuil, lorsqu'il fut subitement renversé par un coup d'apoplexie. Le secours opportun qu'il reçut d'un médecin si habile et d'un disciple si dévoué le sauva cette fois. Mais une seconde attaque l'emporta dans la journée du 5 mai 1808, à Rueil, près Meulan.

Cette grande perte causa une extrême désolation. Les habitants des villages d'alentour suivirent longtemps ses restes, qui furent transportés au *Panthéon* avec une pompe éclatante, au milieu des hommages publics des corps de l'Etat, et, ce qui valait mieux, parmi les bénédictions reconnaissantes, les afflictions profondes, les respects sincères qu'avait mérités cet invariable serviteur de la pensée et de la bonté humaine.

De son union avec Charlotte de Grouchy était provenue une fille, qui a épousé M. Jaubert, ancien directeur général de l'octroi de Paris. Elle est encore vivante.

Le père de Cabanis, Jean-Baptiste Cabanis, homme d'un esprit supérieur et d'un caractère austère, après avoir étudié le droit à Toulouse, avait tourné ses talents vers l'agriculture, et avait transformé en magnifique jardin la vaste terre, presque inculte, de *Salagnac,* sise paroisse de Cosnac, qu'il avait achetée, selon M. le colonel Dehort de Laflotte, et qui, suivant

M. Mignet, de l'Académie (1), lui avait été apportée en dot par
sa femme. Des fonds marécageux et produisant à peine des
aunes s'étaient changés en belles prairies. Par des semis ha-
biles, et à l'aide de la greffe dont il avait perfectionné l'art,
il fit prospérer les plus riches vergers d'arbres à fruits à côté
des bois les plus vigoureux de chênes et de châtaigniers. Tur-
got, devenu intendant du Limousin, remarqua bien vite cet
agriculteur inventif qui unissait à la savante culture des champs
le goût des lettres et l'amour du bien. Il se lia avec lui d'une
étroite amitié.

Outre la propriété de Salagnac, le père de Cabanis avait
celles de Chabannes, de la Pradelie, de la Nadalie, de Transac,
et le *moulin* Cabanis; le tout situé commune d'Issoudun, berceau de la famille Cabanis, qui, depuis plusieurs générations,
se distinguait au barreau et dans les charges secondaires de la
magistrature.

En 1742, en effet, suivant quittance reçue par Bonnelye,
notaire, M. *Pierre Cabanis,* avocat en la cour, était juge de
Saint-Cyr-Laroche. Il demeurait au bourg d'Issandon. Le frère
de ce dernier, *Jean Cabanis,* docteur-médecin, habitait à *Allassac,* où il épousa, suivant acte de mariage inscrit aux registres, à la date du 2 juillet 1736, Marie Rivière, fille de Pierre
Rivière des Borderies, et demoiselle Antoinette Dufaure.

Ce Jean Cabanis était fils d'autre *Jean Cabanis,* qui avait
épousé Françoise de Dalby, fille de Jean et de Suzanne de Mazoyer, ainsi qu'elle le déclare dans son testament, fait à Allassac le 22 octobre 1666, devant Rivière, notaire, et avait pour
beau-frère messire Louis de Roffignac, seigneur de Laprade,
qui avait épousé autre Françoise de Dalby le 11 janvier 1654,

(1) Notice historique sur la vie et les travaux de Cabanis, lue à la
séance publique du 15 juin 1859.

suivant contrat reçu par Aguiré, notaire. De nombreux actes notariés, où il paraît comme témoin, constatent sa résidence à Allassac.

Ce Jean Cabanis, deuxième du nom, était fils de Léonard Cabanis, qui avait épousé « *damoyselle de Porcher,* » duquel mariage étaient provenus deux enfants, *Pierre* et *Jean Cabanis,* ainsi qu'il le déclare dans son testament, fait au village de la *Pradelie,* le 7 novembre 1646, devant M. Aguiré, notaire, en présence de MM. Dumond, Porcher, Dalby et Dulas, témoins et parents, du moins les trois premiers ; car, dans une subrogation consentie en faveur *d'Etienne Dufaure, juge de la Salle, demeurant à Allassac,* il est dit que Léonard Cabanis avait une subrogation en faveur de M. Jacques Dumond, du lieu de la Borde, *son beau-frère.*

Ce même Léonard Cabanis « étant sur son départ pour aller aulx champs et voyaige loingtain » donna procuration, le 4 décembre 1653, devant M. Rivière, dans la ville d'Allassac, à « *Jean Proudel Faure, son cousin germain,* » en présence de *Jean Faure,* clerc dudit Allassac, qui signa : *Dufaure.* »

Sur les registres des anciennes insinuations de la ville de Brive se trouve, à la date du 21 mai 1766, l'analyse du testament « de *Joseph Cabanis, sieur de Laguerenne,* bourgeois de Bonnefon, paroisse d'Issandon, » par lequel il institue Léonard Cabanis son héritier et petit-fils, et lui substitue Marie Cabanis, sa petite-fille. Il lègue l'usufruit de ses biens à *Jeanne Dufaur,* sa brue.

Quoique à la date du 16 octobre 1687, dans une procuration passée devant M. J. Dufaur, notaire royal à Toulouse, soit nommé comme témoin *François Cabanis,* du lieu de Chabanes, au Bas-Limozin, élève apothicaire, je présume que la brue dudit testateur était Jeanne Dufour ; car sur la même feuille du registre des insinuations, se trouve celle du contrat de mariage de « *sieur J.-B. du Four, sieur de Labastide,* du village du Four, paroisse de Varetz, et de demoiselle Jeanne de Larnaudie, fille à M.ᵉ Bertrand, seigneur de Costant, paroisse d'Orliaguet. »

La famille Cabanis, d'Issandon, eut une autre alliance à Allassac : ce fut avec la famille du Boys. Jean Cabanis épousa Françoise Dupuy, fille de Pierre Dupuy et de Catherine du Boys ; cette dernière, fille de *Pierre,* oncle du cardinal premier ministre. Cela résulte des pièces qui précèdent et d'un acte de vente de droits successifs fait dans la ville d'Allassac, le 13 juillet 1746, devant M.ᵉˢ Bannelye et Roze, notaires royaux, « par *Pierre Cabanis,* juge de Saint-Cirq Laroche, et *demoiselle Louise Cabanis,* veuve de feu *sieur Jean Delord,* du lieu de Sourie, paroisse d'Issandon, agissant comme héritiers bénéficiaires de feu sieur *Jean Cabanis,* médecin, leur frère, de tous les droits composant l'hérédité de ce dernier, en faveur des sieurs Léonard Lasteyrie, sieur du Cheyral, Pierre Lasteyrie et Guillaume Clédat.

M. Léonard Cabanis représente aujourd'hui cette famille à Labrousse, près d'Issandon.

FAMILLE DE FOUCAULD.

Je crois devoir, mon cher cousin, terminer cette première partie de ma notice par une mention spéciale de la famille de Foucauld.

A cet effet, je rappelle que son alliance avec la famille du Garreau, résulte des contrats de mariage précédemment indiqués ; que son alliance avec la famille du Montet de la Mouillère résulte du mariage de Meymi Montet, écuyer, co-seigneur de Sarrazac, en Périgord, chef de la famille de ma bisaïeule Catherine du Montet, avec *Marguerille de Fayolle,* d'une branche de la famille de Foucauld, qui eut trois branches principales, savoir : celle de Malembert, celle de Dussac et celle du Bos, qui étaient représentées à Saint-Yrieix ou dans les environs, en 1789, par 62 *enfants!* dans les trois familles.

De la branche de Malembert descendait M. Charles de Foucauld, chef de bataillon dans les gardes-du-corps, chevalier de la légion-d'honneur, décédé l'année dernière. C'était un homme d'une honorabilité parfaite, et qui avait le sentiment des convenances extraordinairement développé. Il avait épousé mademoiselle Louise d'*Eyparsac*, et par suite de ce mariage, il habitait à Allassac depuis 1830, époque à laquelle il donna sa démission, pour rester fidèle à ses opinions. Il eut de son mariage cinq enfants, dont trois seulement sont encore vivants. Ce sont : MM. Aymard, Jules et Mlle Azélie, mariée maintenant.

C'est Aymard de Foucauld, mon excellent ami, capitaine au 6.e régiment de hussards, âgé seulement de 29 ans, qui continue la noblesse toute militaire de sa famille. C'est un officier d'avenir, brave et sérieusement intelligent, jeune homme du monde parfaitement distingué ; il a toutes les qualités de gentilhomme qu'avait son père, et tout le tact, toute la finesse d'esprit de sa digne et excellente mère, qu'ont pleuré tous ceux qui avaient eu le bonheur de la connaître, quand la mort l'eut frappée à un âge encore peu avancé.

Elle aimait à faire le bien et savait toujours oublier qu'elle l'avait fait. Son souvenir ne s'effacera jamais de mon cœur, parce que dans son affection de mère, elle me confondait avec ses enfants ! Elle me le disait quelques mois avant sa mort, dans une lettre concernant le plus jeune de ses fils, Jules, qui a hérité à Allassac de la sympathie générale qu'avaient ses parents; et ce sentiment si précieux pour moi m'a été rappelé par mademoiselle Azélie, sa fille, femme remarquable sous beaucoup de rapports, qu'on connaîtrait mieux et plus vite, si elle s'enveloppait plus rarement dans son manteau de patricienne, et se complaisait moins à exercer dans la solitude et le silence la vaste intelligence dont elle est douée.

Cette famille de Foucauld est une des plus anciennes de France ; elle est remarquable par ses alliances, par ses services et surtout par sa fidélité au trône. J'ai dit que sa noblesse est toute militaire, ce qui me permet d'ajouter qu'elle aurait pu prendre pour devise : *Mon Drapeau et mon Roi.*

§ 5.

ASCENDANCE PATERNELLE.

Comme exorde de l'exposé de ma filiation masculine, je vais, mon cher cousin, vous donner le portrait de mon père, qui a le bonheur de faire le mien quand je suis près de lui, et qu'il veut bien causer avec moi. Je vous ferai connaître ensuite l'origine de notre *nom* et de notre *famille*, la position qu'elle a occupée, d'abord, sous le nom de *Fabri* ou *Fabry;* plus tard, sous celui de *del Faure*, *de Faure* et *du Faure* dans le Haut et Bas-Limousin, spécialement dans le Bas; plus spécialement encore dans l'arrondissement de Brive et le canton d'Allassac, au chef-lieu duquel la branche aînée réside encore. Cela fait, il ne me restera plus qu'à établir notre noblesse et indiquer nos alliances avant de conclure.

Au physique, mon père est d'une taille moyenne; mais plutôt grand que petit; robuste sans embonpoint; d'un tempérament sec et nerveux. Son visage, dont les traits sont fins et d'une régularité parfaite, est gai et modeste tout ensemble. Avec une humeur douce, il a les yeux perçants et pleins de feu; l'action prompte et vive, les manières engageantes et agréables. Au moral, il a l'esprit simple, mais droit; l'imagination passive très-développée, ce qui le rend judicieux, prévoyant et modéré, persévérant dans la réalisation de ses projets. Sa physionomie, quoique ouverte, est dominée par un certain sérieux qui le fait paraître pensif quand il est livré à lui-même. Il accueille toujours avec bienveillance les observations qu'on lui soumet, mais il les juge ; et, la part faite par sa raison, il a une volonté de fer. Il est arrivé à l'âge où l'on ne rit plus qu'avec ses enfants ; il aime les siens avec passion, et il a pour eux la vertu du sacrifice.

ORIGINE DU NOM DE DU FAURE (1).

Le nom de *Faure*, *del Faure*, *de Faure*, *du Faure* qu'a porté notre famille à *Allassac*, où elle existe depuis des siècles, dérive du mot latin *Fabri* ou *Fabry ;* cette origine est certaine, elle résulte de la reconnaissance féodale qui suit, à la date de 1535.

TEXTE.

Pro Johanne alias *Johannist Fabri* villæ de *Allassaco*.

Actum ubi supra die et anno prædictis et quibus supra præsentibus, personnaliter constitutus *Johannes alias Johannist Fabri de Allassuco*, pro se quatenus ipsum tangit ac vice et nomine *domini heliæ Fabry*, presbyteri, ejus fratris, absentis, qui gratis se recognovit tenere a prædicto domino præsenti, tanquàm a domino fundali et directo et juridico, justicià bassâ, videlicet quandam vineam sitam in pertinentiis loci de *Soudrio* et in territorio de Bordeo, continentem tria jornalia hominis fossuro, cùm circà ; confrontat cùm vineâ Johannis alias *Johanno de Trolhio* et cum vineâ Marguarita dicta Marguy Chasteneta, et cùm itinere publico quò itur de *Allassaco* versus locum de *Soudrio*, et se debere quintam partem fructuum.

Item plus recognovit *Joannes dictus Fabri* a prædicto domino tamquam a domino fondali a directo quandam vineam

(1) Selon M. Lapaume, dans son livre sur l'*Origine et Valeur des Noms*, p. 477, t. I, les noms de *Dufare*, *Dufaure* et *Duphare* signifient : *seigneur de la citadelle* ou *forteresse sur mer*. Je lui en laisse toute la responsabilité.

sitam in pertinentiis parrochiæ prædicta villa de Allassaco et in territorio *del Chassan,* alias *del Pouzadour,* continentem vigenti jornalia hominis fossuro , cùm circà , et confrontat cum terrâ Johannis Peninal et cum vineâ Johannis *la Chieza alias Joudy* et cùm terrâ Johannis *Monyrat alias Prado,* et cùm vineâ *Jacobi de Aula.*

Plus quoddam pratum situm in dictis pertinentiis et territorio continens unum jornale hominis falcaturi, cùm circà , confrontat cum nemore communi dicto villæ de Allassaco et cum prato *Bernardi Fabri* et cum terrâ Johannis Peninal , et se debere ad rentam prædictæ vineæ et prati septem gerlias et tres pintas vini boni et mesurabilis ad mensuram de Allassaco, consuetudine generali , quatenùs vinea de Bordlo et non de aliis, de quâ quidem vinea, quandam Johannis Fabri alias Pujol acquisiverat titulo emptionis à Giraldo *Chieza alias Joudy,* duo jornalia et mediam gerbiam ; et etiam *dominus Petrus Fabri,* frater prædicti recognoscentis, eodem titulo acquisiverat certam partem prædictæ vineæ, circà tria jornalia hominis , pro quâ solvit aliam mediam gerliam vini. Faciet fidem de investitione dicturam acquisitionem pro me ad decem diebus.

TRADUCTION.

Pour Jehan ou Jehannist Faure de la ville d'Allassac.

Aux jour et an susdits, et présents les témoins ci-dessus nommés, s'est personnellement constitué Jehan ou *Jehannist Fabri d'Allassac,* lequel agissant tant pour lui qu'au nom de *monseigneur* ou *messire Elie Fabri,* prêtre, son frère, d'ici absent, lequel a volontairement confessé tenir, comme mouvant de la fondalité directe du seigneur ici présent, qui a basse justice, savoir une vigne située aux appartenances du lieu de la *Sudrie* et dans le (territoire) tènement de *Bordoux,* d'une contenance

environ de trois journaux (1), fossure d'homme; confrontant
avec vigne de Jean de Treuil, avec vigne de Marguerite dite
Marguy femme de Chastanet, et avec le chemin public qui va
d'*Allassac* à la *Sudrie,* et devoir la cinquième partie des
fruits (2).

Le dit *Jean Fabri* a aussi reconnu tenir comme mouvant de
la fondalité directe du seigneur susnommé, une vigne située
aux appartenances de la même paroisse d'Allassac, et dans le
territoire *du Chassan,* autrement dit *du Pouzadour,* contenant
vingt journaux, fossure d'homme, environ, et confrontant avec
terre de Jean Peninal et avec vigne de Jean la Cheize appelé
aussi Joudy, et avec terre de Jean Mouneyrac, appelé aussi Pra-
deau et avec vigne de *Jacob de La Cour.*

Il a de plus reconnu tenir aux mêmes conditions de mouvance, un pré situé dans les appartenances et territoire sus-
indiqués, contenant environ un journal, fauchure d'homme,
et confrontant avec le bois dit le Bois communal de la ville
d'Allassac; avec pré de *Bernard Fabri* et avec terre de Jean
Peninal, et devoir pour la rente de ces pré et vigne sept gerles
et trois pintes (3), mesure d'Allassac, comme cela se pratique
généralement, mais seulement pour la vigne, et non pour les
autres, que JEAN FABRI, appelé aussi PUJOL, avait achetée de
Géral Chieze, autrement dit Jourdy, contenant deux journaux,
et d'une redevance spéciale d'une demie gerle. — *Messire
Pierre Fabri,* frère de celui qui vient de faire la précédente
reconnaissance, avait acquis, au même titre, une partie de la
vigne dont s'agit, trois journaux environ, pour laquelle partie

(1) Journal, c'est une mesure de terre encore employée dans le pays.

(2) C'est ce que dans le droit féodal on appelait droit de *quint.* C'était
un droit seigneurial utile.

(3) Gerle et pinte sont des mesures de vin encore usitées dans la ville
d'Allassac.

il paye aussi une demie gerle de vin. Le dit reconnaissant donnera foi d'investiture pour ladite acquisition dans dix jours.

PRO BERNADO FABRI DE ALLASSACO.

Actum ubi supra die et anno prædictis de quibus supra presentibus personnaliter constitutus *Bernardus Fabri,* villæ de Allassaco, pro se quatenùs ipsum tangit ac vice et nomine *domini Stephani Fabri,* presbyteri, absentis, a quo promisit ratificari facere, qui gratis recognovit tenere a prædicto domino, tanquàm a domino fundali et directo et juridico videlicet quandam vineam sitam in pertinentiis loci de Soudrio et territorio de Bardlot continentem dua jornalia hominis fossuro, cum circà, confrontat cùm vineâ Bardini de Trolhio et cùm vineâ CHARLOTTE FAURESSA UXOR BERNARDI FABRI, et cum vineâ magistri Johannis Chabiran, et se debere quintam partem fructuum.

Plus quasdam vineam et terram simul emptas sitas in pertinentiis prædictæ villæ et in territorio vocato *al Bos communal,* continentes duo jornalia hominis fossuro, cùm circà, confrontant cum terrâ et prato *Durandi de Podio,* et cùm terrâ *Simonis de Podio,* et cum terrâ ipsorum recognoscentium, se debere mediam gerliam vini mesuræ prædictæ villæ.

Plus quandam vineam sitam in dictis pertinentiis et territorio continentem duas cesterialas terræ, cùm circà, confrontat cùm nemore communi de Allassaco et cùm vineâ Petri alias Peyrisco Delmon, et cùm terrâ CHARLOTT alias CHARLE DEL FAURE, et se debere unam denariam.

Plus quoddam pratum situm in pertinentiis prædictæ villæ et in territorio del Bos communal, continens unum jornale hominis falcaturi, cùm circà, confrontat cum nemore communi dictæ villæ et cùm prato et terrâ Johannis Peninal et cum prato Johannis alias *Johannist Fabri*, et se debere novem pintas vini.

Et fuit recognitum, salvâ consuetudine, quatenus vineam de Bardlot et cum protestatione.

POUR BERNARD FABRI D'ALLASSAC.

Aux jour et an susdits, présents les mêmes témoins, s'est personnellement constitué *Bernard Fabri*, de la ville d'Allassac, agissant tant pour lui que pour *messire Etienne Fabri*, prêtre, absent, par le quel il se porte fort et a promis de faire ratifier, lequel a volontairement reconnu tenir du seigneur susnommé, comme seigneur foncier et direct avec droit de justice, une vigne située aux appartenances du lieu de la Sudrie et territoire de Bardoux, contenant environ deux journaux, fossure d'homme, et confrontant avec vigne de *Bardon de Treuil*, avec vigne de CHARLOTTE FAURESSA, épouse de *Bernard Fabri*, et avec vigne de M.ᵉ Jean Chabiran, et devoir le cinquième des fruits.

De plus, il a reconnu tenir aux mêmes conditions une vigne et une terre achetées en même temps, situées dans les appartenances de la présente ville d'Allassac, et dans le territoire appelé du bois communal, contenant environ deux journaux, fossure d'homme et confrontant avec terre et pré de *Durand du Puy*, avec terre de *Simon du Puy* et avec terre des reconnaissants susdits (1), et devoir une demie gerle, mesure d'Allassac.

Il a encore fait une reconnaissance pour une terre située aux mêmes appartenances, contenant deux cétérées (2) environ, et confrontant avec le bois communal d'Allassac; avec

---

(1) Bernard et Etienne Fabri.

(2) Cétérées, mesure de terre.

vigne de Pierre, autrement dit *Peyri Delmon*, et avec terre de CHARLOTT, appelé aussi CHARLE DEL FAURE, et devoir un denier.

Et enfin pour un pré situé aux appartenances d'Allassac et territoire du Bois communal, contenant environ un journal, fauchure d'homme, confrontant avec le bois communal de ladite ville d'Allassac, avec pré et terre de Jean Peninal et avec pré de *Jean Fabri*, et devoir neuf pintes de vin.

Et a été faite la présente reconnaissance pour perpétuer la coutume, mais seulement en ce qui touche la vigne de Bardoux et sous toutes réserves contraires.

Suivent deux autres reconnaissances, où se trouvent indiquées, comme confrontations, des terres de *Jehan Fabri*, autres que celles déjà nommées.

Ces reconnaissances furent reçues par M.e de Barril, notaire. L'expédition que j'ai transcrite fut délivrée par son fils au syndic des religieux de l'abbaye de Saint-Pierre de Vigeois.

Le 7 novembre 1641, cette copie a été produite dans un procès intenté par ledit syndic contre les époux Rivière. Dans l'avenir d'audience, on mentionne la communication qui a été faite à l'adversaire de cette *coppie* « *escripte en latin.* »

Il est à remarquer, au point de vue de la proposition que je veux établir, d'une part, que le mot *domini* précède les noms de *Elie et Etienne Fabri*, et le nom du seigneur Foncier seulement, ce qui indique bien une position hors du commun ; d'autre part, que, pour désigner *Charlotte Fabri*, femme de *Bernard Fabri*, on dit *Fauressa* (la femme de Faure). La traduction du mot *Fabri*, ou *Faure*, s'annonce déjà dans la première syllabe du mot *Fauressa*. Ce diminutif, appliqué à la femme comme il est appliqué au fils aîne dans la ville d'Allassac comme dans toute la partie du midi ou le *droit écrit*, c'est-à-dire le *droit romain* a été suivi jusqu'en 1792, année où a commencé et duré jusqu'en 1804 ce qu'on appelle improprement le *droit intermédiaire;* car la plupart des principes de notre droit actuel ne sont pas nés français, et que l'époque de 1789 à 1804 n'est, à mes yeux, qu'une époque de démolition, d'observation, d'essai et de reconstruction ; ce diminutif, dis-je, est l'expression charmante du grand principe d'autorité du chef de famille à Rome. Dans cette république, éminamment aristocratique, on avait compris qu'il fallait que la famille eût une constitution forte pour que la république durât; aussi, étudiez cette législation admirable qui régit la famille romaine, vous y trouvez ces grands principes conservateurs : « *Dicat testator et lex erit ; » « uti super pecuniâ tutelâ ve suœ rei legassit pater familias, itâ jusesto.* »

Là, le chef de famille est tout; sa femme et ses enfants ne sont que des accessoires dépendants du chef principal. — Jamais on ne les désigne, ces accessoires, comme individualité juridique et sociale, tant qu'ils ne sont pas *sui-juris*, c'est-à-dire qu'ils ne sont pas devenus leurs maîtres. Tant que cette situation juridique ne leur est pas acquise, on dit la *femme d'un tel;* les *enfants d'un tel.*

C'est ce diminutif latin qui a passé dans notre langue limousine, pleine de ressources et de génie, qui a l'honneur d'être employée par les auteurs de la gaie science, alors qu'ils chantaient les belles châtelaines de *Gimel* et de *Ventadour,* tout en poussant les chevaliers à la guerre.

Vous venez de voir que le latin dit : *Margarita Chastaneta,* le patois dit : *la Tchastaneta,* pour désigner la femme de Chastanet.

Ce sont ces idées de famille, ces habitudes de langage, qui ont fait écrire, par le notaire, dans l'acte ci-dessus, *Charlotta Fauressa.* Il n'avait pas besoin d'ajouter : *uxor Bernardi Fabri,* ce qui constitue un pléonasme,

Le mot *Fauressa* fait pressentir, ai-je dit, la traduction du nom *Fabvri* par celui de *Faure?* Faisons-un pas de plus, et vous trouvez la traduction complète : « *Charle alias del Faure?* La voilà bien? Mais pourquoi le notaire a-t-il employé la particule *del?* Par la même raison qu'il l'a employée devant les noms *Chassan* et *Pouzoudour;* par la même raison qu'il a mis la particule *al* devant le nom *bos communal.* — C'était pour dire : *du Chassan, du Pouzadour, du bois communal,* qu'on désigne, *en patois,* par ces mots : *der Tchassan, der Paouzadour, der bos cuminar.*

Le mot *del* est l'article italien que nous traduisons par l'article *de* ou *du* (1).

Le mot *der* est un article qui nous vient de la langue celtique, sinon de la langue allemande ; car l'article de cette dernière est :

Der, pour le masculin.

Die, pour le féminin.

Das, pour le neutre.

Del Faure est donc le même nom que *du Faure?* Ce qui doit lever tout doute, c'est qu'en marge de l'acte notarié où je puise en ce moment mes éléments de discussion, est écrit : « JEHAN « FAURE, *pour les trois pièces* (2) *suivantes et davantage.* »

Il y a plus encore : 1.° L'ancien archiprêtré *de Gimel* était la vicairie fondée par *Jean de Gimaziana,* jadis curé de Bassighnac, diocèse de Tulle, POUR UN PRÊTRE PARENT, le 7 mai 1481, à Saint-Martin-la-Méane (Mediana : entre les rivières la Doustre et la Dordogne), et à laquelle on donna le nom de VICAIRIE DEL FAURE (3).

---

(1) Tristan-L'Hermite. — *Toscane française,* p. 274.

(2) *Pièce,* ici, signifie pièce de terre L'on dit communément en limousin *une pièce,* pour désigner un héritage de peu d'étendue et isolé.

(3) Pouillé (Nadaud), p. 229.

J'établirai que les Dufaure de la Roche-Canilhac et de Saint-Martin-la-Méane sortent d'Allassac, et notre parenté avec les familles de Gimazane et de Gimel.

2.° Au folio 91 du dossier des *Faure* en Limousin, qui est à la bibliothèque impériale, extrait d'un portefeuille in-folio à dos rouge, du cabinet de messire de Gaignière, cotté, intitulé : *Extraits de titres originaux de Limousin tirés de plusieurs châteaux et maisons,* on lit : « *noble homme Bertrandus* « *Fabri; castellanus de Murato, seigneur de Meyras,* » et au fol. 99, quoiqu'il s'agisse du même *Fabri,* on dit : « *noble Bertrandum Faure.* »

Enfin, dans un hommage rendu par noble Bernard Fabri aliàs de Belloforti, à monseigneur d'Escorailles, le 20 décembre 1428, par devant de Couderc, notaire, il est désigné dans le corps de la pièce par les mots : « *nobilis Bernardus Fabri alias de Bello Forti,* » et au dos, dans le résumé de l'acte, par les mots : « *Bernard Faure dict de Belfort,* » et plus bas par le nom « *de Beaufort.* »

Dans cet hommage, il est fait mention d'une manse appelée « *de la Fabria.* » Plus loin, j'aurai occasion de parler du ténement *des Faures* dans la commune de Saint-Bonnet, contigue à celle d'Allassac.

Pour clore cette discussion sur l'origine de notre nom, j'ajoute à l'appui de mon opinion celle de : 1.° François Duchêne qui, en parlant de *Jean Fabri,* le chancelier de France, né en Limousin, à Roussines, écrit qu'il est indifférent de l'appeler *Faber,* ou *Fabri,* ou *Faure* (1);

2. De l'abbé Brizard, l'historien le plus consciencieux et

(1) Hist. des chanceliers et gardes des sceaux de France, p. 838; comm. de Jean Fabri, des *Inst. de Just.*, édit. de 1680, qui est à la bibliothèque de la cour de Cassation.

le plus complet de tous ceux qui ont écrit des généalogies, lequel rapporte que « *le* 13 *octobre* 1405, *noble Pierre-* « *Adeimar de Lostanges épousa Jeanne de Laron, fille de* « *noble Pierre Faure* (Fabri), BARON DE LARON, *d'amoiseau,* « *et d'Isabelle des Molins* (1) ».

L'abbé Brizard indique où se trouvait l'original où il a copié les lignes que je viens de transcrire : c'était au château de la Baccanaille, en Limousin, où il avait été vu par M. le *marquis de Lambertie*, dont le chef de la famille, *Pierre Donnet*, écuyer, sieur de Lambertie, seigneur du Rouveix-de-Pompadour, paroisse d'Arnac, était beau-frère de *Jean Dufaure;* car il épousa « *Suzanne du Teilhet de Lamothe*, de Brive, suivant contrat passé devant Lacoste, notaire, le 28 janvier 1756, insinué le 30 du même mois, » et Jean Dufaure épousa « *Cécile* du Tilhet de la Mothe, dont le père était conseiller en l'élection de Brive, suivant acte passé le 14 novembre 1763, devant Lacoste, notaire, insinué ledit contrat, le 26 du même mois (2) ».

Ce qui prouve que cet original a existé ou existe encore, et que ce *Pierre Faure* (*Fabri*), *baron de Laron*, était bien de la famille des *Fabri* du Bas-Limousin, c'est le passage suivant formant le fol. 129 du fonds de messire de Gaignières : « *Jo-* « *hannes de Molendinis*, filius Petri burgensis, nobiliacensis « fuit pater *Isabellæ de Laronte, sive de Molendinis*, quæ « nupsit *nobili Petro Fabri, domicello ;* eorum filius fuit « *Nicolaus de Laronte*, domicellus. »

Quoiqu'il en soit du lieu d'habitation de la famille de *Laron ou de Molins*, son alliance avec la famille *du Faure* est constante d'après les documents ci-dessus que confirme le nobiliaire

---

(1) Hist. de la maison de Beaumont, p. 611.
(2) Registres d'insinuations du bureau de Brive, années 1756 et 1763.

limousin (*M. S.*, t. ii, de l'abbé Nadaud), que M. le supérieur du grand séminaire de Limoges me fit communiquer par M. l'abbé Arbelot, dont les connaissances spéciales et très-étendues facilitèrent mes recherches.

3.º De Lainé, dans ses recherches généalogiques et historiques de la Noblesse de France, à l'art. *de Faure,* seigneurs de Massabrac, Desplas, co-barons de Marquefages, dans le Haut-Languedoc et le comté de Foix. La maison *de Faure,* dit-il, EN LATIN FABRI, est placée, par son ancienneté, ses possessions et ses alliances, au rang des familles les plus distinguées. — La terre de Massabrac, seigneurie à haute, moyenne et basse justice, *qu'elle possède de temps immémorial,* comme le prouvent les nombreux hommages qu'elle a rendus, est le témoignage irrécusable de cette ancienneté. — Elle avait ses entrées aux États de Foix. — Hors des emplois, toujours dans ses terres, elle y a vécu dans la simplicité de l'honneur et la considération qui s'attache à la vertu. — Seulement, lorsque le trône a cru devoir utiliser sa fidélité, elle s'y est portée avec un zèle et un désintéressement qui l'ont honorée.

Le château fort de Massabrac ayant été pris et pillé par les religionnaires du Carla, vers 1750, *une grande partie des anciens titres de cette maison y périt!* Néanmoins, ceux qu'elle a sauvés de ce désastre ou qu'elle a pu recueillir depuis, *justifient d'une possession de* 400 *ans de noblesse,* à partir d'*Arnaud de Faure,* qui fit hommage au roi Charles VII, à Toulouse, le 15 décembre 1457. — Au xii.ᵉ siècle, les *Fabri* existaient dans la vicomté de Camborn, qui comprenait *Allassac* et *Voutezac; car Joannes Fabri, chancelier d'Archambaud, vicomte de Camborn, fut témoin à un acte fait en faveur du monastère d'Obazine, au mois de mars* 1229, ainsi qu'il appert de l'acte relaté ci-après, rapporté par M. de Gaignières.

4.º De l'auteur du Dictionnaire véridique des Origines, qui, en parlant de la maison *du Faure d'Encuns, de Ribannet,* dit, à la page 42 du tome II, que « le nom de cette ancienne famille était originairement *Fabri.* »

5.º Enfin, la même origine du nom de *du Faure* est indiquée dans le Dictionnaire public des *noms féodaux,* entrepris pour le compte des archives ; car, à l'article *Fabri,* il dit : « *Fabri alias Faure.* »

Il est bon de remarquer que la particule *del* est souvent employée comme signe indicatif de la noblesse, de même que les particules *de, du, le.....* etc. L'on voit, par exemple, et pour ne pas sortir de la famille, que dans le jugement de maintenue de « *Guillaume Gimel, dit Paluel,* » rendu par Legendre, au vol. in-fol., p. 299, de la Recherche de la Noblesse dans la généralité de Montauban, que le contrat de ce Guillaume Gimel avec *Anne del Cayron,* en date du 26 août 1558, est visé sous cette forme, ainsi qu'une transaction du 25 janvier 1608 passée entre « *Jean de Gimel de Paluel,* » fils de Guillaume, et damoiselle Domeuge de Paluel, sa sœur, ainsi que plusieurs autres titres, et l'on maintient « lesdits *Gimel et del Cayron* dans leur noblesse. »

ORIGINE DE LA FAMILLE FABRI DU LIMOUSIN.

Si je voulais me placer, mon cher cousin, pour vous indiquer l'origine et les alliances de notre famille, à la hauteur qu'indique la raison philosophique et religieuse, je pourrais le faire en deux mots : en vous disant que nous descendons de l'auteur commun, et que nous sommes tous, sur la terre, parents collatéraux, par rapport à ce degré primitif de l'échelle ascendante ; mais il faut, pour être sérieux, que je me place au point de vue historique, au point de vue pratique, au point de vue du droit romain, qui ne voit la famille que dans la *Gens,* com-

posée des *Agnats* et des *Cognats*; au point de vue du droit français, qui comprend dans la famille la ligne directe ascendante
à l'infini et la ligne collatérale limitée au douzième degré ; *au
point de vue relatif,* enfin , car *tout est relatif dans ce monde.*

La noblesse elle-même n'est que relative..... au temps, à ses
causes, à ceux qui l'invoquent. En disant qu'elle n'est qu'une
vertu connue, Cicéron aurait dû ajouter qu'elle n'est qu'une
vertu *relative.* La noblesse dans un pays, en effet, n'est pas
toujours ce qu'on appelle noblesse dans un autre. La noblesse
d'épée s'apprécie différemment que la noblesse de robe, et celle
du temps semble regarder avec supériorité , et quelquefois ,
même, avec dédain, la noblesse actuelle qui sort brillante et
pure d'une haute action d'éclat. En France, plus d'un blason
est sorti de la boutique d'un artisan, et la noblesse de l'Empire,
aussi glorieuse dans ses causes que l'ancienne, est sortie un peu
de partout.

Et puis, il ne s'agit pas d'invoquer une origine, il faut pouvoir l'établir ; or, la difficulté des preuves limite souvent et
rapproche le point de départ d'une généalogie.

Voilà pourquoi, sans doute, les plus grandes familles actuelles, celles-là , même, dont les représentants directs , par
la position qu'ils ont conservée, se croient seuls en droit de
rappeler de vieux souvenirs , d'évoquer le passé pour leur plus
grand bien dans le présent, s'arrêtent pour établir leur ascendance, comme point de départ, à un de leurs membres qui s'est
distingué. Elles ont raison. Sans doute, le cachet du temps est
beau , et l'on doit s'en servir quand on le peut, car il est à la
famille ce que le parfum d'antiquité est au bon vin ; mais en
réalité du vin est souvent bon sans être vieux , et la noblesse,
la vraie, j'entends, n'a pas besoin d'ancêtres, pas plus que la
vérité. *Junot,* depuis duc d'Abrantès, s'adressant à un *Montmorency,* se posait fièrement et se faisait de même la question

et la réponse que voici : « *Nos aïeux?* disait-il , *c'est nous qui* « *les sommes !* »

Junot pensait donc que la noblesse n'est qu'une *supériorité relative?* On ne peut nier, néanmoins, que le *temps* ne soit une de ses qualités ; car si on disait au prince *Menschikoff, aliàs Menzikoff,* qui vient de faire tant parler de lui comme ambassadeur à Constantinople de Sa Majesté l'Empereur de toutes les Russies, que le premier auteur de la puissance de sa famille a été *un garçon pâtissier* (1), il ne manquerait pas de répliquer avec une juste fierté : *Mais depuis...?*

Ces quelques réflexions préliminaires vous feront comprendre , mon cher cousin , que ce n'est point par ostentation que j'ai suivi les Fabri du Limousin , jusqu'en *Italie.* C'est uniquement pour être vrai. — Aussi je me bornerai à citer textuellement ou à analyser les AUTEURS ET LES ACTES NOTARIÉS OU JUDICIAIRES sur lesquels je m'appuie. — J'agis tout comme si je faisais le procès à notre rôture, et que je fusse désireux de le gagner, devant des juges sévères mais justes.

Cela dit, j'arrive à l'histoire, en vous demandant, toutefois, la permission de vous faire une question qui me paraît avoir quelque importance : — le nom de *Fabri* ne vous apparaît-il pas , tout d'abord , avec une physionomie étrangère, avec un certain air pérégrin qui contraste vivement avec les noms tirés de la langue originaire de notre pays? Évidemment si , n'est-ce pas ?

Ce n'est pas un nom de terre; ce n'est pas un nom tiré d'une profession ; c'est un nom tiré d'une qualité ou un nom essentiellement propre, ainsi que j'espère le démontrer avec les citations suivantes :

1.re — « Contrat de mariage de *noble homme Bernard de*

---

(1) D'Alembert, Eloges des Académiciens , t. iv, p. 246.

« *Beaufort* (de Bello Forti), damoiseau du lieu de la Roche au
« diocèse de Limoges, accordé le 28 *août* 1407, avec noble et
« honeste personne *Jeanne*, damoiselle, fille de noble homme
« *Hugues aliàs Gouy de Malafaida*, damoiseau, de la ville
« de Brives, au diocèse de Limoges, qui en faveur dudit ma-
« riage donne à ladite future épouse, sa fille, tout ce qu'il avait
« reçu en dot de *Marie de Coursso*, sa femme, fille de *Guy*
« *de Coursso*, chevalier, et mère de ladite future épouse. Et
« pour ce contrat, il est dit que les articles dudit mariage
« avaient été passés le 10 *juillet* 1407, en présence de *Bertrand*
« *de Maumont*, *seigneur de Sancto Vito*; de Jean Robert,
« seigneur de *Linerac*; de Pierre Foucher, seigneur de Sainte-
« Fortunade; de Geniot de Saint-Amand; Geraut Philippe;
« *Géraut de Beaufort*; d'Oliot de Malafaide et de Jean Reg-
« nault, de Brive (1). »

2.ᵉ — « Testament de noble *Jeanne de Malafaide*, fille de
« noble homme Hugues de Malafaide, vivant damoiseau, *femme*
« *de noble homme* BERNARDI FABRI *aliàs* DE BELFORT, fait le
« *dernier septembre* 1407, par lequel elle ordonne sa sépulture
« au tombeau dudit *Bernard* son mari, auquel elle laisse le
« soin de ses obsèques.

« Cet acte passé *in villâ de Glatonis*, au diocèse de Limoges,
« en présence de *noble* et honeste femme *Dauphine Fabri*,
« *dame de Perato* (2). »

3.ᵉ — « *Petrus Fabri de Peyrato*, comme procureur et
« et maître des biens dotaux de *Jeanne de Masvalier*, donne
« quittance le 9 *mars* 1439, à noble *Aimeri de Corsonio*,

(1) Extrait d'un portefeuille, in-f.º à dos rouge, du cabinet de messire
de Gaignières, cotté, intitulé : Extraits de titres originaux de Limousin,
tirés de plusieurs châteaux et maisons. — *Dossier des Faure en Limou-*
sin, — f.º 245.
(2) *Id*. f.º 242.

« *aliàs de Romaneto*, de eo quod debebat ratione dotis ipsius
« Johannæ uxoris dicti Petri (1). »

Il est à remarquer que *Bernardi Fabri aliàs de Belfort*,
désigné dans le testament de Jeanne de Malafaide, est bien le
même que *Bernard de Beaufort* (de Bello Forti), désigné dans
son contrat de mariage; c'est par trop évident pour que je vous
prie de comparer les *prénoms*, la *date* du mariage, 28 *août*
1407, avec la *date* du testament, *dernier septembre* 1407, et
les *surnoms;* donc les *Fabri*, du moins en Limousin, portaient
aussi le nom de *Belfort*. Cette première donnée acquise d'une
manière sûre, assurée, précise, me servira quand j'établirai
avec tous les auteurs, moins un qui doute, que *Jean Fabri*,
évêque de *Tulle* en 1371 et cardinal en 1372, était le neveu du
Pape Clément VI (Pierre Roger), et le cousin-germain du
neveu de ce dernier *Pierre Roger de Beaufort* (Petri Rogerii
de Bellifortis), Pape sous le nom de Grégoire XI (2).

Elle me servira aussi pour rendre acceptable sans conteste
l'exactitude de l'opinion émise par plusieurs auteurs dans la
4.ᵉ citation, à laquelle j'arrive.

4.ᵉ — « La Toscane dispute à notre province du Limou-
« sin (3) d'avoir donné commencement à la très-noble et an-
« cienne famille *de Beaufort-Canillac*. Les historiens *Fran-
« cesco Buonamici* et *Paulo-Mini* authorisent cette opinion,
« ainsi que les archives de l'abbaye de *Saint-Godenze*, dans
« les montagnes *de Mugello*, près lequel monastère paraît en-

---

(1) *Id.* f.ⁿ 97.

(2) Son nom est écrit de Bellifortis dans son testament rapporté dans
le Spicilège d'Achery et dans l'Appendice du *Museum Italicum*.

(3) J.-B. *l'Hermite de Soliers*, dit Tristan, des anciens comtes de
Clermont d'Auvergne, chevalier des ordres du Roy, et l'un des gentils-
hommes servants de Sa Majesté. — *Traité de la Toscane française*,
art. *Belforte*, p. 167 et suiv.

« core l'ancien château *de Belforte,* selon ces auteurs , qui
« disent que la tour des *Ubaldini,* depuis passée dans la fa-
« mille des *Strozzy,* par succession maternelle , appartenait
« et était habitée par les seigneurs de ce nom, et *que depuis*
« *le couronnement de Grégoire XI, elle fut appelée la* Tour
« du Pape.

   « *Paulo-Mini* assure que , quoique ce souverain pontife
« soit né en Limousin , il était d'extraction florentine , et
« que ses prédécesseurs, passés en France pour diverses af-
« faires, s'y arrêtèrent : *l'un desquels épousa la sœur de*
« *Clément VI.*

   « *Egli, dit-il, è Fiorentino se ben nato in Limoges di*
« *Belfort Castello del Mugello, i cui antecessori transferiti*
« *in Franciâ, per negotii si erano accasati con unâ sorellâ*
« *di Clemente sesto alhora monaco simplice di san Bene-*
« *detto.* »

Il est vrai que pas un de nos historiens ne contredit ce sentiment, et que le pape Clément VI fut moine en l'abbaye de
la Chaise-Dieu , et ne porta jamais d'autre nom que celui de
Roger.

Non-seulement ce sentiment n'est pas contredit, mais il est
même confirmé, involontairement sans nul doute, par *Baluze,*
en son histoire de Tulle. Quand je dis histoire, en parlant du
livre de cet auteur, je suis bon prince à l'égard de ce travail,
qui n'est, à vrai dire , qu'une compilation , sans suite et sans
système , de notices biographiques , de généalogies tronquées ,
de malices et de traits d'érudition.

Si ce travail était complet , il mériterait le nom de : *Digeste*
de Baluze sur le Bas-Limousin. Mais il est incomplet, et il
ne mérite que celui de *réunion de pages.* Encore, si cette réunion avait été faite consciencieusement, mais non. Je ne sau-
rais , toutefois, accuser cet auteur de *mauvaise foi,* comme le

firent ses adversaires dans la question relative à l'origine de la maison du duc de Bouillon, ce qui lui valut, soit dit en passant, le retrait de sa pension et la disgrâce du Roi ; mais je l'accuse d'inexactitude dans son histoire de Tulle. Il avait notamment, pour donner un exemple, *fait passer condamnation de médiocrité à l'illustre famille de Cosnac!* Aussi, dans sa Vie des Papes à Avignon, il avoue s'être trompé, *faute de renseignements.*

En ce qui touche les Fabri, il semble avoir pris à tâche de les faire disparaître de l'histoire du Bas-Limousin, ou de rendre douteuse leur alliance avec la famille Roger. — Comme je discuterai ces deux points d'une manière toute spéciale, *in de cursu,* je me borne présentement à vous citer les passages de Baluze qui confirment le sentiment de Paulo-Mini.

5.ᵉ — « Erat eo tempore clarissima in Lemovicibus gens « Malomortensis, cujus multa mentio sub regno *Roberti,* « *Henrici* et *Philippi,* reperitur in carthulariis monasteriorum « Tutelensis, Usercensis, Vosiensis et alibi. »

« *Ea* (gens) *nomen suum mutavit ante tempus istius Phi-* « *lippi, cum Petrus, cognomen Bellifortis,* filius Hugonis « de Malamorte duxisset uxorem *Aimilinam* filiam Ade- « mari II, vice comitis Lemovicensis, quorum filius *Gauzber-* « *tus Belfort vivebat anno* 1110. — Idem tamen vocatus « de Malamorte in cartulario Tutelensi et Usercensi, in quo « *Hugo filius petri Bellifortis* et Aimilinæ monacus Usercen- « sis vocatur *Hugo de Malamorte.* »

« *Deinceps vero ea gens retinuit vetus nomen* (1). »

Traduisons. — Baluze dit donc, qu'au temps des rois de France Robert, Henri I.ᵉʳ et Philippe I.ᵉʳ, brillait en Limousin l'illustre famille des Malemort. — Qu'elle changea son nom

(1) P. 166.

avant le règne de Philippe, lorsque *Pierre, surnommé de Belfort,* fils de Hugues de Malemort, eut épousé Aimilie, fille d'Adémar II, vicomte de Limoges, duquel mariage il eut un fils nommé *Gaubert Belfort,* vivant en l'an 1110. — Que ce fils Gaubert est appelé de Malemort dans un cartulaire où est mention de Hugues fils de Pierre de Belfort et d'Aimilie d'Adémar. — *Qu'ensuite cette famille reprit son ancien nom.*

Quel était cet ancien nom? Of the ist question.

Selon Baluze, c'était : — *de Malemort.*

Selon d'autres auteurs, c'était : — *de Belfort.*

C'est lui-même qui est obligé de dire que son opinion est contraire non-seulement à celles des historiens de l'époque qui s'en étaient expliqués, mais encore aux traditions conservées par le peuple des environs de Brive. — « Etiam, dit-il avant d'écrire l'histoire de l'abbé de Vart, qui était d'une des branches de la famille, « inter observationes istas ponam con-
« futationem fabulam *Castro Malamorte* propè Brivam curre-
« tiam, quòd ita vocaturo fuisse ᴀɪᴜɴᴛ propter cæsa illic duo
« millia Brabanconum sive cotarellorum, *cum anteà* ʙᴇʟʟᴜᴍ
« ꜰᴏʀᴛᴇ, sɪᴠᴇ ᴅᴇ ʙᴇʟꜰᴏʀᴛ, *vocaretur* (1).

« Destruenda vetus fabula de nomine Castri Malomortensis,
« Quod anno primùm 1177, ità primùm vocatum fuisse *non-*
« *nulli scribunt,* cum antè *Bellum forte, sive de Belfort*
« vocaretur, quia tùm illic cæsa sunt..... etc. »

Vous le voyez, il est obligé d'avouer *qu'on disait de son temps,* « *aiunt,* » que le nom primitif était *de Belfort;*

Que quelques auteurs l'ont écrit « nonnulli scribunt, » et il a bien soin de ne pas les nommer, ces écrivains, ni d'indiquer leur nombre.

Et savez-vous ce qu'il dit pour établir son opinion contraire?

(1) P. 3, al. 3.

c'est que Gaudefroid de Vigeois ni Adhémar de Chabannes n'en parlent pas !

En voilà une manière de raisonner et de conclure? C'est incroyable !

Si Baluze apportait des preuves qui traduisissent sa négation en fait positif contraire, cela se comprendrait ; mais il procède par une négation personnelle, simple, fondée uniquement sur le silence de deux chroniqueurs ! Et il a l'audace de dire : « *Ville fable que tout çà !* »

Mais, d'abord, l'abbé de Vigeois et Geoffroid de Chabannes ont pu ignorer ce fait conservé par un dicton populaire et consigné dans des ouvrages imprimés ou tout au moins manuscrits et livrés à la publicité ; ils ont pu ne pas vouloir relater ce fait, quoique l'ayant consigné dans leurs notes ; mais, en vérité, leur silence n'est pas la négation du fait, la preuve de sa non-existence.

Ensuite, quels sont les points d'histoire plus sûrs que ceux conservés par la tradition ; que ceux qui ont tellement frappé l'imagination du peuple de toute une contrée, qu'il en a conservé le souvenir et les a transmis de génération en génération ?

Comment ! des bandes de brigands, les *Brabançons* dit *Coteraux*, les *Routiers* (1) ravagent une des plus belles provinces de France, le Limousin ; ils se ruent et se rassemblent dans la partie la plus fertile, le Bas-Limousin, qui a eu tant à souffrir de toutes les guerres de l'Aquitaine. Ils détruisent les moissons, pillent et incendient les maisons; tuent les hommes et violent les femmes ; une armée de ces pillards, composée de vingt compagnies, disent les chroniques manuscrites de Limoges, établit

---

(1) La marche de ces dernièrs a été fort spirituellement tracée dans un feuilleton publié dans l'*Écho de la Corrèze*, par M. le comte Horace de Vielcastel.

son quartier-général au *château de Belfort*, se répand dans les campagnes par petits détachements, va jusque sous les murs de Brive et inspire une terreur universelle.

Enfin Isambert, abbé de Saint-Martial de Limoges, attristé des cris de détresse qui s'élevaient de tous les côtés, profite de la cérémonie du jour des Rameaux, à laquelle le peuple si croyant de nos campagnes était allé en foule, peint sous les couleurs les plus sombres tous les malheurs du pays, parle d'églises dépouillées, profanées, de monastères envahis ; excite tout le monde à prendre les armes pour combattre des scélérats qui, disent les chroniques, « méprisaient la volonté de Dieu et se faisaient les servants du Diable. »

La noblesse du Limousin, excitée par les exhortations du clergé, se réunit, va prier Gérard, évêque de Limoges, vieillard aux cheveux blancs et aveugle, retiré depuis quelque temps dans l'abbaye de Grammond, de l'accompagner, de bénir ses armes et ses enseignes ; le prélat consent à sortir du cloître où il vivait dans la paix et la prière, et à suivre son troupeau ; l'abbé Isambert l'accompagne, tenant à la main une croix que Guillaume Vidal avait apportée de la Terre-Sainte avec les os de sa femme, morte dans ce pélerinage, et qu'on regardait comme les reliques d'une sainte ; les autres combattants portent une croix rouge sur la poitrine.

L'armée de ces nouveaux croisés, formée principalement des habitants des campagnes qui marchaient sous les bannières de leurs seigneurs, grossis en route des soldats improvisés de Saint-Germain-les-Belles, de ceux de Tulle et de Brive, parpartagée en quatre corps et commandée par Adémar V, vicomte de Limoges, Archambaud V, vicomte de Comborn, Olivier de Lastours et Eschivat de Chabanais, rencontre les Brabançons entre *Brive et le château de Belfort*, le jeudi-saint, 21 avril. Le combat dura depuis six heures du matin jusqu'à onze. Des deux côtés l'acharnement est le même, et la victoire reste au peuple, qui vit tomber sous ses coups, sur le champ de carnage, 2,500 aventuriers avec leur chef *Guillaume*, surnommé le *Clerc* parmi les siens, parcequ'il avait été moine et avait assisté au siège de Rome, sous les ordres de l'Empereur Frédéric.

Une vraie bataille, enfin, a lieu; le nombre des morts dont les cadavres jonchent les alentours du château de *Belfort* est si considérable, que l'armée donne à ce château le nom de *Malemort* (Malamorte). Ce nom lui est conservé par les descendants de ces braves défenseurs de la propriété, de la famille, de la religion; et c'est cette glorieuse et pieuse légende que Baluze ose traiter de vieille fable! c'est indécent.

Au demeurant, cela ne doit pas étonner de la part de cet auteur, dont la légéreté des affirmations est restée proverbiale dans le pays, où pour dire de quelqu'un qu'il est « *un vieux blagueur,* » on dit : « *co ei hun vier Baluzo!* (1) »

Dans d'autres circonstances, il prête beaucoup d'autorité à la notoriété publique; mais ici il s'en moque. Il me paraît, en cela, avoir singé le prince des orateurs romains, qui, plaidant pour Milon contre Claudius, invoquait le témoignage du peuple en le divinisant presque : *vox Dei!* s'écriait-il, *vox populi,* l'entendez-vous! Il pense que la voix du peuple est la voix de Dieu! Qu'elle sublime comparaison, si elle était juste.? — Mais écoutez-le, plaidant pour *Rabirius*, et faisant ce sublime plaidoyer qui força César à être juste et lui fit tomber des mains la sentence de mort que le dictateur avait rédigée avant de monter sur le siège de juge! On lui oppose la rumeur publique qui accuse Rabirius d'avoir pris le parti de Pompée..... et il répond : « *vox populi..... fallax vulgi judicium!!!* Voyez-

_____

(1) Traduction : « Co ei — hum vier Baluzo. »
Ce est (c'est) un vieux Baluze. »

vous? la voix du peuple n'est plus ici le jugement infaillible de
Dieu, non, c'est, comme le dirait l'illustre M. Thiers, *le jugement trompeur de la vile multitude.*

Ce qui reste de cette courte discussion, c'est que le nom primitif de la famille, connue après le combat dont nous venons
de parler sous celui de Malemort, était *de Belfort*, et que ceux
qui le portaient étaient connus dans le Bas-Limousin depuis les
premiers siècles du christianisme.

Maintenant, Baluze ajoute ce qui est vrai, à savoir que cette
famille de Belfort ou de Mallemort forma plusieurs branches
« *plures igitur erant rami gentis Malamortensis* (Bellifortis),
« ET VARIA COGNOMINA (1) ».

Un de ces surnoms variés, appliqué à une de ses branches,
était celui de *Fabri,* ou plutôt le nom de *Belfort* n'était que le
cognomen du nom de *Fabri,* par suite d'alliances, ainsi que
cela résulte du testament de Jeanne de Malafaide, femme de
Bernardi Fabri alias de Belfort, fait le dernier septembre
1407.

Baluze dit encore (2) que « Anno 1415, Nicolaus de Belli-
« forti, dominus Limolii (Limeuil), *Bertrandum* executorem
« sui testamenti constituit, quod editum a seipso in tomo se-
« cundo historiæ genealogicæ gentis Arvernæ. »

Je me résume, et je dis, d'après les citations précédentes,
qu'on peut affirmer que les *Fabri de Belfort,* du Bas-Limousin, sont originaires d'Italie et sortis du *château de Belfort,*
dans les montagnes *del Mugello.*

Voyons l'origine des *Fabri* seuls. — Pour eux, l'Hermite
de Solliers est plus positif : *il affirme que les Fabri de* PISE
sont venus d'abord à HYÈRES *en Provence, puis en Auver-*

(1) Voy. p. 166.
(2) Voy. p. 215.

gne et en LIMOUSIN , OU ILS SE TROUVAIENT PARENTS DES PLUS
NOBLES FAMILLES (1).

Le célèbre Gassendi exprime la même opinion dans la vie
qu'il a écrite d'une manière si consciencieuse de *Claude Fabri
de Peyresc.*

César de Nostre - Dame (2), en parlant du siége de Marseille en 1524 et de la prise de cette ville en 1526, dit :
« Au temps que ces choses advinrent (ce fut la même année),
« fut élevé en la dignité de sénateur souverain *Foulques ou*
« *Fulco Fabri ,* sorti certainement d'une fort ancienne et
« bonne race , *depuis plus de trois siècles, connue à la ville*
« *d'Hyères.* » Donc avant l'an 1200?

L'Hermite continue (3). « La ville de Pise , autrefois
si florissante en la Toscane , n'a jamais borné son pouvoir
dans l'étendue de ses murailles ; et sitôt que le déclin de l'empire romain a donné jour à la liberté des Pisans, *qui for-
maient une de ses colonies ,* on les a vus porter leurs armes
au delà des mers.

Ils se sont aussi *croisés,* par diverses fois, contre les infi-
dèles , qui occupaient la Terre-Sainte, et ont eu de graves dé-
mêlés avec les Gênois qui les avaient secondés en cette dévote
expédition (4).

Saint-Louis, au retour de son premier voyage d'Afrique,
les rencontrant en la ville d'Acre, pacifia leurs différents. Et,
parmi ces braves chrétiens, *Hugues, fils de Jean Fabri,* citoyen de cette même république de Pise , — « Memorant enim

---

(1) Art. Fabri, p. 555, liv. I, II, III, édit. de 1661.

(2) Nostradamus, *Hist. et Chronique de Provence,* p. 737 et 749.

(3) Art. Fabri, p. 343 et suiv.

(4) Brochure de Miciarelli, — relatée dans mon Mémoire pour J. Lom-
bardi contre les frères Diab, — mentionne des Fabry, qui habitent en ce
moment aux environs de Chypre.

« Hugonem Fabrium inter nobiles Pisanos militiæ illi sacræ
« adscriptos, fuisse à sancto principe in provinciæ oras deduc-
« tum, cùm ex Oriente rediens appulit Areas, sivè Hieras,
« albiam silicet antiquorum (1). » — parut d'une vertu assez
particulière à Sa Majesté pour l'appeler à son service. Il suivit
le roi jusques au débarquement que ce monarque fit en la ville
d'Hyères, le vendredi 3 juillet de l'an 1254.

Cet *Hugues Fabri* tomba malade à Hyères. Saint-Louis le
recommanda aux habitants, et quand il eut recouvré la santé,
il « accorda les chefs du chasteau avec les commandants de la
ville. » Il parut si judicieux en cette occasion, et ses avis
furent si généralement suivis, que tout le corps de la ville le
jugea digne de se charger de sa conduite. On lui donna la dignité de bailli et chastelain de la forteresse.

L'importance de la place lui fit penser d'en faire avoir la
propriété au prince, comte de Provence. L'acte de vente en
fut passé au palais et château de Tarascon le 18 des calendes
d'octobre 1257. — En exécution de cet acte, les seigneurs
d'Agoult eurent pour les droits de dame Mabilia Deareia,
leur mère, les terres du Claret, du Vernel, du Curbans et de
Maisons.

Après la vente, le *prince Charles*, comte de Provence, donna
le gouvernement de cette forteresse à Hugues *Fabri*, et il y
avait, au xvii.ᵉ siècle, une porte de son nom, appelée par corruption *Cafabri*.

« Les armes de ce *premier Hugues Fabri* paraissaient en-
« core naguère en la même ville d'Yerre, représentant *un lyon*
« *de sable sur or, armé et lampassé de gueules timbré d'un*
« *casque à l'antique, croisé de la grande croix d'or fleuron-*
« *née* (comme la portaient les bandes sacrées et les chevaliers

(1) Gassendi, loc. cit.

« croisés), *les visières grillées paraissantes sous les bras de*
« *la croix, le même casque revêtu d'un mantelet de sable,*
« *enrichi d'or et timbré, pour cimier, d'un gros mufle de*
« *lyon de sable, lampassé de gueules.* »

« Ce *Hugues,* pendant son séjour à Hyères, épousa Marie,
fille d'Ycar de Solliers (*ex stirpe Solleriensi conjuge junctâ*),
seigneur en partie de la même terre et neveu de Guidon de
Soulliers, chancelier du comte Raymond Bérenger. Il eut de ce
mariage trois fils, nommés *Guillaume, Ycard* et *Paul Fabri.*

Guillaume, qui fonda une chapelle de l'église de la Fer-
lede-les-Soulliers, et un hôpital à Yères, mourut après plusieurs voyages outre-mers, laissant un testament à la date du
7 octobre 1304, dans lequel sont nommés *Bertrand* et *Guillaume*, ses enfants.

Guillaume II.ᵉ eut deux enfants, *Antoine* et *Raymond.* Ce
dernier fut l'un des chefs de la milice de la ville d'Yères, lorsque
ses habitants se préparaient à soutenir le siége contre les princes
de la maison de Hongrie et de Duras, qui faisaient la guerre à
la Reine Jeanne, comtesse de Provence. Cet acte de département
de milice est du 7 avril 1376.

Ce *Raymond* eut un fils nommé aussi *Raymond* ou *Monet*,
seigneur de Saint-Julien d'Asse, qui fut comme son père très-
considéré *du roi René de Sicile, prés duquel il avait été élevé
en la Cour de Louis II.*

Raymond ou *Monet* épousa Delphine de Bras et en eut deux
enfants : *Antoine* et *Amédée.*

Amédée épousa Louise Degobert qui lui donna deux enfants :
Fouquet et *Guillaume Fabri,* tous deux élevés dans les armes,
quoique *doctes* dans la science du droit. Ils se trouvèrent ensemble aux guerres du *Piémont ;* et, au retour de cette expédition, quittèrent tout-à-fait le bruit des armes pour le tumulte
du barreau.

Ils ont tous deux fait branche : l'aîné en *Provence et l'autre en Auvergne* (1).

Je passe sous silence la branche de Provence, qui est assez connue dans l'histoire des Parlements, de la Magistrature, du Clergé, de l'Armée et du Barreau ; — et je suis avec L'Hermite et Gassandi, la branche d'Auvergne, ou plutôt *Guillaume Fabri* dans son voyage en Auvergne. — Vous verrez tout-à-l'heure le fondement de cette distinction.

« La seconde des branches de cette famille (2), qui a com-
« mencé par *Amédée Fabri*, père de Fouquet et de Guillaume,
« s'est formée, en Auvergne, par ledit Guillaume le cadet (*qui-*
« *dam natu minor à magno avunculo Elzerio Portaniero,*
« *Brissoniensi, viro litterato, adoptatus concessit* JURIS DIS-
« CENDI CAUSA *Aureliam et Avaricum;* DUCTA QUE UXORE AR-
« VERNATO IN EA REGIONE PEDEM FIXIT) lequel étant adopté
« par son oncle Elzias Portanier, seigneur de Brisson, homme
« de lettres, et qui le fit héritier de tout son bien, l'obligea
« aussi à suivre sa profession. Il fut étudier aux lois en la ville
« d'Orléans, *et delà passa en Auvergne où il se maria ;* quit-
« tant en considération de son oncle les armes de Fabri pour
« prendre celles de Portanier.

« Ce seigneur laissa de son mariage *Hugues*, grand jurisconsulte, et *Jean Fabri,* père d'un autre *Jean II.e*, duquel est encore sorti un *Jean III.e*, père d'un autre *Jean IV.* du nom de *Fabri,* maître des requêtes et père de deux héroïnes de ce temps : *Madelaine,* femme de messire Pierre Seguier, duc de Vilmor, comte de Gien, commandeur des ordres du Roi, pair, chancelier et gardes-des-sceaux de France ; — et *Marie Fabri,* qui épousa messire Philibert de Pompadour, lieutenant du Roi en Limousin.

_____

(1) P. 349 et 354.
(2) P. 354 et 353.

« Reliquit porro præter Hugonem, jurisconsultum celebrem,
« filium alium nomine Joanem, patrem Joannis alterius à quo
« procreatus Joannes alius parens fuit Joannis illius, qui jam
« libellorum supplicum magister, heroïnas habet germanas,
« tùm *Madalenam Petro Seguiero,* per illustri Franciæ can-
« cellario ; tùm *Mariam* viro generoso *Philiberto Pompado-*
« *rio, Lemovicum Pro rege, nuptas.* »

J'ajoute seulement ici, avec Tristan L'Hermite (1), « que l'*E-*
« *glise n'a pas moins élevé le mérite des grands personnages*
« *de ce nom de* FABRI, *qu'ont fait les parlements et les ar-*
« *mées.* »

« *Jean Fabri, évêque de Tulle en Limousin,* fut fait cardi-
« nal, prestre, du tiltre de Saint-Marcel, par le pape Gré-
« goire XI, l'an 1371. — Bobert Frison, en son *Traité des*
« *Cardinaux français,* dit *qu'il était proche parent du même*
« *pape, ce qui me fait présumer que Guillaume Fabri passa*
« *plutôt en Auvergne, l'an 1494, pour y voir ses* PARENTS *et*
« ALLIÉS, *que pour y faire* UNE NOUVELLE ALLIANCE, *vu même*
« *que depuis longtemps auparavant, les seigneurs de ce nom*
« *de Fabri* ÉTAIENT CONNUS DANS L'AUVERGNE ET LE LIMOUSIN
« *et* SE TROUVAIENT PARENTS DES PLUS NOBLES MAISONS. »

La *présomption* émise par Tristan l'Hermite sur le but du
voyage de Guillaume Fabri en Auvergne, *est fondée; l'affirmation* qu'il fait de l'établissement antérieur des Fabri en Auvergne et en Limousin, ainsi que de leurs alliances avec les
grandes familles de ces deux provinces, *est vraie.* En voici les
preuves :

FABRI EN AUVERGNE.

Le nom de Fabri a été honoré en Auvergne, dit Bouillet, par
les personnages suivants (1) :

---

(1) B. Dict. — Nob. d'Auv. lettre F.

Guillaume Fabri, comte de Brioude, en 1209.

Le chapitre noble de Brioude était le plus célèbre de France; et les preuves de nobilité qu'on y exigeait étaient très-grandes. La cause de cette exigeance se trouve dans le but même de l'institution. Or, voici comment il fut fondé. — Un guerrier de la province viennoise (*Dauphiné*), pour échapper aux édits de proscription rendus contre les sujets romains qui refusaient d'abjurer le christianisme, avait cherché un refuge dans les montagnes d'Auvergne. Mais des soldats envoyés à sa poursuite l'atteignirent à Brioude, où ils lui tranchèrent la tête (1). Le corps de ce martyr de la foi, recueilli par les chrétiens de Brioude, fut déposé dans une basilique qu'ils lui érigèrent vers la fin du IV.ᵉ *siècle*, et qui, dès-lors, devint l'objet d'une grande vénération parmi les fidèles.

C'était l'époque des fréquentes irruptions des *Francs*, des *Vandales* et des autres barbares qui venaient se partager les débris de la puissance romaine. Pour protéger la contrée de Brioude et particulièrement la basilique de *Saint-Julien*, où *accouraient en pèlerinage les habitants des provinces voisines et des pays éloignés*, *une milice se forma parmi la noblesse du voisinage*.

Cette milice qui se recruta de ce qu'il y avait d'hommes les plus influents par leur crédit, leur naissance et leur fortune, ne cessa point d'avoir les armes à la main, tant que la Gaule fut agitée et que l'Eglise de *Brioude* pût redouter des ennemis.

Tel fut le principe des preuves de nobilité qu'on exigeait pour admettre dans la communauté des *chanoines* qui remplacèrent les *chevaliers*, lorsque le calme fut rétabli.

---

(1) Laîné. — Dict. de la Nob. t. iv, p. 2 de l'avant-propos des Ch. de Brioude.

Il fallait donc que ce *Guillaume Fabri*, qui était *comte* de ce chapitre en 1209 , fût d'une famille puissante?

Oui, sans doute, car les autres *Fabri* d'Auvergne accusent également, par leurs *titres* ou leurs *professions*, une naissance distinguée.

Un autre *Guillaume Fabri*, en effet, était *chevalier,* en 1284 ;

Benoît Fabri, seigneur de Jussac, grand-maître de l'artillerie du Louvre, de 1307 à 1315 , fut payé, par le Trésor, des ouvrages qu'il avait faits, comme il se voit par l'inventaire de Robert Mignon (1) ;

Eustache Fabry (2), chevalier, seigneur de Jussac, fut bailli des montagnes d'Auvergne, de 1310 à 1318 ;

Alazie de la Fabrie, fille d'Eustache Fabri, était mariée avec *Rigaud de Conquans*, avant 1355 ;

Guy Fabry, écuyer, fut garde des sceaux du duché d'Auvergne en 1426. — Celui-ci pouvait être le même que *Guy de Fabrègues*, trésorier du duc de Berry en 1369 ; mais, dans ce cas, il devait être fort âgé en 1426 ;

Eustache Fabri, deuxième du nom, vivait en 1448. Vers le même temps, le nom de *Fabri* brillait sur plusieurs siéges épiscopaux. — Je fais une *récapitulation,* pour que la *prétention* de la noble maison des *Fabri* de Provence soit plus saisissante, mise en regard de l'opinion de ceux qui pensent qu'elle est étrangère aux Fabri de la généralité de Limoges, en ses cinq élections : *Angoulême, Bourganeuf, Brives, Limoges, Tulle* (3).

---

(1) P. Anselme. — Généalogie de France, t. viii, p. 127.

(2) Notez que Fabri est écrit indifféremment : *Fabri* ou *Fabry*, avec *i* ou *y*.

(3) V. Géographie ou Description générale du Royaume de France, par Dumoulin, t. vi, p. 104 et suiv.

1.° *Pierre Fabri* était évêque de Marseille en 1361;

2.° *Jean Fabri* était évêque de Tortose en 1362, et de Carcassonne en 1370;

3.° *Jean Fabri* était évêque de Tulle en 1371;

4.° *Adhémar Fabri* était évêque de Genève en 1385;

5.° *Pierre Fabri* était évêque de Lectoure en 1485.

Eh bien! la maison des *Fabri de Provence* réclame tous ces prélats comme siens (1). — Vous êtes à même déjà de juger du fondement de cette prétention et de ses motifs.

Je continue l'exposé sommaire des Fabri d'Auvergne, pour ne plus y revenir.

Le sceau de *Guillaume Fabri,* chevalier, mentionné ci-dessus, comme vivant en 1284, représentait 3 *fleurs de lys,* ce qui semble indiquer qu'il avait été revêtu d'une charge officielle. Il acheta, en 1270, du comte d'Augoal, *la terre de Lacombe,* située dans la Basse-Auvergne, près de Gannat (2).

Cette terre a appartenu plus tard aux *de Faure,* seigneurs de Chazours, *de la Combe* et *du Breuil,* branche représentée grandement à Paris par *Guillaume Faure, seigneur de Marsinval, de la noble et ancienne famille des Faures en Auvergne,* selon l'expression du P. Cagniet (3).

De son mariage avec *Magdelaine le Bossu* (selon le P. du Molinet), et *Marguerite le Bossu* (selon le P. Cagniet), sœur de Jean *le Bossu,* seigneur de Charenton, maître de la chambre des comptes de Paris, Guillaume Faure eut 14 *garçons! —* Le septième, *Jean Faure,* seigneur de Marsinval, commissaire ordinaire des guerres, et qui avait la direction parti-

---

(1) Bouillet, *loc. cit.*

(2) Dict. des Noms Féodaux.

(3) V. la Vie de *Charles Faure,* petit-fils de *Guillaume,* par le P. Cagniet, — D. par le P. du Molinet. — Ces Vies ms. ne se trouvent qu'à la *Bibliothèque Sainte-Geneviève.*

rulière du *Régiment de Piémont*, eut de son mariage avec
Marie Jaulnay, fille d'*Étienne Jaulnay, premier médecin de
la Reine, Louise de Vaudemont, femme de Henri III*, 6 garçons et 7 filles!

Il vivait, dit son historien, dans une grande union avec sa
femme. — Dans la profession des armes qu'il embrassa, conformément à sa condition, jamais il ne fit rien de contraire aux
vertus chrétiennes, et s'il servit son prince avec courage et fidélité, il ne servit pas Dieu, qui est le maître des Princes, avec
moins de zèle et de fidélité. — Sa charité pour les pauvres
était sans bornes, et c'était une *maxime* dans sa maison de *ne
jamais les renvoyer sans leur donner l'aumône*. Il voulait
qu'on les traitât avec respect; défendait à ses domestiques de
les faire attendre. Il leur faisait porter la charité par ses enfants
et voulait *qu'ils se découvrissent en la leur donnant*, pour les
accoutumer de bonne heure à respecter Jésus-Christ dans la
personne de ses membres.

On ne peut rien ajouter au soin qu'il prenait de l'éducation
de ses enfants, et l'on peut dire qu'il ne négligeait rien pour
leur en donner une bonne. — Il les conduisait lui-même dans
les études des belles-lettres, et quoiqu'il leur donnât des précepteurs, ce n'était que pour remplacer le vide de ses absences.
Il les tenait toujours occupés sans les contraindre; consultant
leur génie et ne leur laissant apprendre, pour développer leur
mémoire, que de bonnes maximes, des choses utiles à la vie;
les prenant par leur naturel et sachant entretenir en eux l'amour de l'étude par l'éloignement de toute contrainte. — Il
veillait à leurs mœurs avec une sollicitude excessive; ne voulait que les domestiques les approchassent que pour les servir.

Comme on le connaissait d'une vertu très-intègre; plein
d'honneur et de probité; d'un esprit droit et naturellement ennemi de la dissimulation et du mensonge qu'il ne pouvait ja-

mais souffrir, il fut extrêmement considéré de tout le monde. Il remplit toujours sa charge avec beaucoup d'honneur et de distinction. — Quelques années avant sa mort, *il eut l'honneur de recevoir, à Saint-Germain-en-Laye, au nom du Roi*, LE SERMENT DE FIDÉLITÉ DES ENFANTS DE FRANCE.

Il mourut en 1613, âgé de 46 ans. C'est à Luciennes, près de Saint-Germain-en-Laye, que naquit *Charles Faure*, le troisième de ses sept garçons, et qui devint abbé de Sainte-Geneviève et supérieur général des chanoines réguliers de la congrégation de France, célèbre par ses talents et ses vertus, mort à Paris, le 4 novembre 1644, âgé de 50 ans.

Le premier de ses frères, *Etienne*, était mort au berceau. Le second, *Claude*, avait d'abord pris le parti de l'épée, comme le plus conforme à ses inclinations, à sa naissance et aux emplois de son père, qui le considérait comme l'appui de sa maison, et comptait beaucoup sur lui pour soutenir sa famille. Il servit quelque temps dans le régiment de Piémont, en qualité de lieutenant ; mais à la suite d'une révélation inexplicable, il se sentit appelé à une autre vie, et entra *aux Carmes* sans avoir prévenu sa famille de son dessin. Le jour où il y entra, un de ses amis qui allait le voir, le trouvant sur le point de sortir, lui demanda où il allait. — « Je vais, lui répondit-il, au « *faubourg Saint-Germain*, où j'ai un rendez-vous, et où je « suis attendu par une très-bonne compagnie, si vous voulez « en être, venez avec moi. » — Son ami le suivit volontiers, mais quand ils furent devant la porte des *Carmes*, c'est-ici, dit *Claude Faure*, qu'est mon rendez-vous ; suivez-moi si Dieu vous inspire. — En entrant, il ôta son épée, et la donnant au portier, devant le Prieur, qui l'était venu recevoir : — « *Tenez, mon père*, lui dit-il, *je laisse ici mes propres volon-* « *tés avec mon épée.* »

Quelle belle pensée ! ces dernières paroles qu'il prononça

en jeune homme du monde , avant d'entrer dans la voie qui le mena au martyre , à Lyon , ne vous semblent-elles pas , mon cher cousin , traduire admirablement la noblesse , la dignité , l'indépendance de la vie militaire s'effaçant devant la résignation de la vie religieuse qui donne la vertu du sacrifice ?

Oh ! il l'eut bien grande , lui , cette vertu ! La peste dévorait Lyon ; il demanda qu'on lui permit d'aller soigner les pestiférés. Il fut atteint de la peste et tomba de fatigues , le 15 janvier 1629. Et comme si le ciel eût été appaisé par cette victime sainte , on vit tout d'un coup le terrible fléau cesser. Le *peuple* se persuada que c'était un miracle et l'effet des prières d'un si saint homme.

Les *casuistes* discutèrent beaucoup pour savoir s'il méritait le titre de *martyr !* — Les uns disaient qu'il était mort *martyr de la charité ;* les autres soutenaient qu'il n'y avait que des *martyrs de la foi !* Étrange discussion en présence d'un événement si frappant , si puissant , qu'il aurait dû imposer silence à toute controverse , et commander au droit-canon ou théologique si ce droit était contraire à la glorification d'un si grand acte de courage et de dévouement. — Tant il est vrai que la tête seule est incapable de comprendre le sublime , sans être secondée par les aspirations du cœur. — Voyez le peuple , il ne fait jamais de grandes choses *par raisonnement ,* mais bien par instinct , par entraînement , par enthousiasme ! Allez maintenant , froids casuistes , qui représentez une religion d'amour , de reconnaissance , discuter sur le cadavre d'un homme qui est mort pour l'amour de Dieu , et demandez-vous s'il est mort pour la *foi* ou pour la *charité !* — Est-ce qu'il serait mort ainsi s'il n'avait pas eu la foi la plus vive ? Est-ce qu'il ne se sacrifia pas pour sa foi ? — Est-ce que la *charité* existerait sans la *foi ?* — Dites-moi de faire la charité ; de secourir mes semblables , *que je ne connaîtrais pas ;* si je n'ai pas la foi , que je ne croie ni en Dieu ni au Diable ; que je me fasse de tout le centre et le milieu ; que j'ai *philosophiquement* acquis l'habitude de n'avoir, pour tout ce qui n'est pas moi , qu'un cœur de rocher, et vous verrez comme vous serez reçu !

Il est à regretter qu'on ne connaisse pas le fait qui porta *Claude Faure* , en religion P. Archange de Sainte-Marie , à quitter l'épée pour le froc. — Celui qui détermina la vocation de son frère *Charles* est connu et bien merveilleux. Un jour qu'il était à la campagne de son père , tout jeune encore , survint un orage des plus violents ; le tonnerre tomba , le jeta par terre , le couvrit tout de feu et passa visiblement par-dessus lui , sans lui faire le moindre mal , laissant seulement une forte odeur de soufre sur ses habits.

Comme *saint Bernard,* dont un frère était aussi officier de guerre , il fut le troisième de sept enfants mâles. Comme *saint Nortbert,* archevêque de Magdebourg , il fut épargné par la foudre, et il mérita avec ce dernier le nom « *d'enfants du tonnerre sacrés.* »

Gilberte de Faure de la Combe, née en 1673 , fut reçue à la maison royale de Saint-Cyr au mois de février 1686 , *sur preuves de noblesse remontées à* 1500.

François de Faure, écuyer, seigneur de Chazours, *de La Combe,* et du Breuil, fils de *Pierre de Faure,* écuyer, seigneur des mêmes lieux , rendit hommage au roi en 1688 ; et *Louis de Faure, comte de Chazours,* capitaine d'infanterie et chevalier de Saint-Louis , fut convoqué à l'assemblée des nobles de la châtellenie de Gannat , en 1789.

Celui-ci n'a laissé de dame *Marie du Plessis de Trédoual,* son épouse, qu'une fille unique, *Marie de Faure de la Combe de Chazours,* mariée le 26 octobre 1813 avec *Jean-François de Sartiges de Laprade.*

Les armes de cette branche, données par Bouillet , sont :

d'argent, au cœur de gueules, percé de trois flèches de sable.

Pierre de la Faurie ou de la Fabrie rendit hommage au seigneur de Thiers, en 1304, à cause d'un tènement, domaine ou mouvance sis en la paroisse de Peschadoire.

Louis Victor du Faure, chevalier, seigneur de Montjoie (*Mons-Jovis*), sénéchal du Rouergue, fit foi et hommage au Roi en 1723, à cause de la seigneurie de Vandègre, paroisse de Luzillat, près Riom.

FABRI EN LIMOUSIN.

Anno 1092. — *Donum Girberti Carbonarias.* « Notum sit « omnibus quod apud Gibiacum juxtà supra dictas mansas « dedit aliam mansam *Fabri*, Girbertus de Carbonarias Deo « et sancto Martino in præsenti Tutelensi capitulo. Regnante « Philippo Rege (1). »

C'est une particularité à la famille Fabri, de laisser son nom aux villages ou aux domaines sur lesquels elle avait un droit de propriété ou des droits seigneuriaux utiles. Vous verrez bientôt l'indication du *tènement des Faures* dans les communes de Saint-Bonnet et de Sadrot ; le village de la *Faurie,* dans la commune d'Allassac ; le village des *Faures,* dans le canton de Beynat, depuis le mariage de *Jean du Faure,* fils d'autre *Jean,* avocat à Brive, avec *Jeanne de Chabrignac,* fille du juge de Beynac ; les *manses de Peyrat et de Cessat* appartenant aux *Fabri de Peyrato* et aux *Faure-Cessat.*

Anno 1229. — *Donum vice comitis Combornii Archambaud.* « Joannes Fabri, clericus, cancellarius vicecomitis « Combornii, présent au mois de mars 1229 à un acte passé « par Archambaud, vicomte de Comborn, en faveur du mo- « nastère d'Obazine (2). »

(1) Baluze, *Hist. de Tulle,* p. 436.
(2) Voy. Marv., t. i, p. 263. — De Gaignières, fol. 546 du 3.ᵉ vol. in-fol. des titres originaux du Limousin.

La vicomté de Comborn comprenait, à cette époque, les paroisses d'*Orgniac, Estivaux, Perpezac,* ALLASSAC, VOUTE-ZAC, SAINT-GERMAIN-LES-VERGNES, Vigeois, Chamboulive, SADROC, Saint-Pardoux, Lartige, *Saint-Martial* et *Saint-Bonnet,* et avait justice haute et basse, double siége, ressort et juge d'appel, fiefs, arrière-fiefs, hommages et autres droits féodaux (1).

Ce *Joannes Fabri* devait avoir un certain âge en 1229, puis-qu'il était *clerc,* et que le *terrible* Archambaud avait consenti à le prendre pour le chancelier de sa vicomté, rivale de celle de Turenne, du duché de Ventadour, trois terres féodales où les seigneurs, qui les tenaient en franc-aleu, agissaient en Rois. Il fallait aussi qu'il appartînt à une famille distinguée et noble, pour avoir pu acquérir le titre de clerc et recevoir la charge de chancelier. D'où la conclusion que la famille Fabri était dans le Limousin, et spécialement *dans la vicomté de Comborn,* dès le XII.ᵉ siècle.

Continuons.

Anno 1239. — *Etienne Fabri,* damoiseau, seigneur du Mas-Milhaguet, au diocèse de Périgueux (2), sénéchal de *Hugues de Lusignan,* comte de la Marche (dont partie dépendait de la généralité de Limoges) et d'Angoulême, seigneur de Faugères et de Villebois (Vialebos), appelé plus tard le duché de la Va-lette, rendit hommage pour sa terre du Mas-Milhaguet, assise en la paroisse de Ronhac, au devoir d'un épervier à chaque mutation des seigneurs de Villebois et des possesseurs du *repaire noble de Mas-Milhaguet,* par acte passé au château de Ville-bois, le quatrième dimanche de carême *l'an* 1239.

Cet *Estienne* eut pour fils *Girard Fabri,* damoiseau, sei-

(1) Voy. Marv. *Hist. du Bas-Limousin.*

(2) Il y a le bourg du Mas-Milhaguet, près du monastère de Baubon, commune de Cussac, arrondissement de Rochechouart.

gneur du Mas-Milhaguet, qui avec sa femme *Almoïse de Sal-vaing*, dame de Roussines (cette maison de Salvaing est aussi connue en Dauphiné), firent leur testament, par forme de partage, le 17 *septembre* 1284 (1), par lequel ils instituèrent leurs héritiers *Elie et Jean Fabri*, damoiseaux, et *Pétronille Fabri*, damoiselle, alors veuve de *Guillaume de la Broude*, damoiseau, seigneur de Vermes, au diocèse d'Angoulême, et voulurent qu'*Elie Fabri*, leur aîné, eût pour son partage ledit repaire du Mas-Milhaguet; que *Jean Fabri*, leur fils puîné, surnommé le *premier jurisconsulte gaulois*, par Corlieu; le *père du droit*, l'AIGLE PÉNÉTRANT et la LUMIÈRE DES LOIS, par Gozon, qui devint plus tard, en 1323, *chancelier et garde des sceaux de France*, eût la terre de Roussines, à la charge de donner à Pétronille, leur fille, une somme de deniers pour la part qu'elle pourrait prétendre dans leur succession, attendu que cette terre excédait en valeur celle du Mas-Milhaguet, puis ils assurèrent leur sépulture en l'église de *Saint-Etienne du Peyrat*, en la chapelle de Sainte-Radegonde.

Ce partage causa un différend, dans la suite, entre les deux frères. *Elie Fabri*, qui était l'aîné, se plaignait de ce que *Jean Fabri*, son frère, avait eu pour sa part la terre de *Roussines*, dont le prix excédait notablement celui du Mas-Milhaguet. Il ajoutait encore que son père et sa mère avaient fait de grandes dépenses pour le faire étudier, au moyen de quoi il était parvenu à des honneurs et à des dignités considérables qui lui avaient acquis de grands biens.

Jean Fabri répondait que son partage n'était pas si avantageux, parce qu'il avait été chargé de payer une soulte à sa sœur. Enfin, par l'entremise de quelques amis et parents communs,

---

(1) V. du Cange, gloss. lab. édit. 1734, t. vi, col. 393, au mot *Septimus*.

ils transigèrent par acte passé à Villebois, le 28 *décembre* 1324.

C'est de cet acte de partage que j'ai extrait le passage qui précède et que voici textuellement. « Helias allegabat et præ-
« ponebat se esse dotaturus, cùm esset major natu dictorum
« *Geraldi* et *Almoïdis*, quandoquidem dictum *reparium de*
« *Manso-Milhagueti* erat multo minoris pretii quàm terra de
« *Rossinis*; allegabat etiam dictus *Elias* fratrem suum germa-
« num per multos annos fuisse in scholis et multas esse pecu-
« nias sibi datas à dictis parentibus per totum tempus studiorum
« ejus, indè etiam factum erat ut idem *Joannes* jàm erat locu-
« pletior propter honores et dignitates ex eis adeptos, quod
« impensum in studiis factum erat in magnum sui præjudi-
« cium. »

Ne vous semble-t-il pas, mon cher cousin, en lisant ces lignes, que par un dessein de Dieu, qu'il ne nous est pas permis
de pénétrer, tout se reproduit dans les familles, comme dans la
nature? A des distances éloignées, à des intervalles de plusieurs
siècles, on voit dans des familles devenues étrangères en quelque sorte les unes aux autres, par l'oubli, l'absence de registres
généalogiques, le défaut de relations, les *mêmes situations,* les
mêmes *traits,* les mêmes *passions* et les mêmes *qualités* se re-
produire? Que les Romains avaient raison de crier honte au
chef de famille qui ne tenait point ou tenait mal ses registres (1).

Je n'ai point lu que *Jean Fabri* fût marié, et pourtant j'ai
consulté :

1.° *Nadaud;* Mém. ms. t. iii, p. 255;

2.° *Moreri,* 1759;

3.° *L'abbe,* All. chronol. l. ii, p. 237;

4.° *Catel,* Mém. hist. p. 294;

5.° *Pontas,* Dict. des cas de consc.;

_____

(1) Cicero in Verrem.

6.° *Simon*, Bibl. des aut. du droit ;

7.° *Ant. Bonneau*, Traité des Mat. crim. 1.ʳᵉ part. tit. 8 ;

8.° *Pasquier*, Recherches de la F.ᶜᵉ ;

9.° *Jean-Albert Fabricius*, Bibl. medio et infimo latinitatis, t.vi, 414 ;

10.° *Brodeau*, sur l'art. 20 de la Cout. de Paris ;

11.° *Du Cange*, loco citato ;

12.° *Du Moulin*, sur Paris, §. 1, glos. 5, au mot *fief*, n.° 63;

13.° *Viguier*, Cout. d'Ang. édit. de 1720, p. 3 ;

14.° *Jean Fabri*, lui-même, in præmio institutionum, v.° Favius; — Favius, §. idem, si quis in fraudem, n.° 27; — Inst. de actio; §. idem lex corn., et §. seq. in fin.; — Inst. de publico judice, etc. ;

15.° Enfin, *François Duchêne*, loco citato, qui affirme que ce grand jurisconsulte, que les Italiens, avares cependant d'éloges à l'adresse des *Transmontains*, comparent à Bartolle et à Balde, fut *seigneur de Montberon*, et qu'il en porta la qualité. Il va plus loin, il pense que les seigneurs de ce château, qui paraissent après lui dans les titres en sont descendus.

Il y a un autre point sur lequel je n'ai point d'idée arrêtée : c'est celui de savoir si *Jean Fabri*, qui fut *chancelier de la Cour de Limoges*, en 1300, et qui ordonna de commencer la date des contrats au 25 mars et non à Pâques, comme c'était auparavant l'usage (1), est le même que *Jean Fabri* qui fut *chancelier de France*, en 1323?

Quant à *Élie Fabri*, frère de ce dernier, il épousa à la *Tour-Blanche*, le six février 1331, *Andrée*, dame des *Cloîtres* et de la *Bernarie*, fille de *Jean*, seigneur des mêmes lieux, et de *Bourgette de Lamothe*, damoiselle. Il eut pour fils

---

(1) Hist. de Limoges, du Haut et Bas-Limousin, par Barny de Romanet, p. 396.

Ithier Fabri, damoiseau, seigneur du Mas-Milhaguet, des Cloîtres et de Bernarie.

Cet *Ithier* vendit la terre de Mas-Milhaguet à *Pierre*, seigneur de Chaptamard, au mois de mai 1361. Il est encore nommé en un registre de la Chambre des Comptes de Paris, coté F. F., entre ceux qui firent hommage, en la salle du château d'Angoûlême, le 18 août 1363, à Édouard, roi d'Angleterre, en qualité de duc de Guienne, lorsqu'il donna la principauté d'Aquitaine à Édouard, son fils.

Élie Fabri fit son testament le 29 octobre 1391, par lequel il institua son héritier universel *Jean Fabri*, son petit-fils, fils d'*Ithier Fabri*, damoiseau, seigneur de Bernarie, probablement décédé du vivant de son père.

Jean Fabri, damoiseau, alors seigneur de Bernarie, rendit pareillement son hommage, du vivant de son aïeul, au roi d'Angleterre, le 19 août 1363 ; et, étant devenu seigneur de la terre des Cloîtres, il la céda à *Élie*, seigneur de Chaptamart, en échange de celle de Milhaguet, qu'*Ithier Fabri*, son aïeul, avait vendue à *Pierre*, aïeul d'*Élie* de Chaptamart, par transaction du 10 décembre 1432, par suite d'une action en retrait lignager qu'il avait exercée de cette terre.

Il épousa *Catherine de Vaux*, damoiselle, dont il eut *Guillaume Fabri*, dit le Jeune, seigneur de Bernarie, sénéchal de Villebois. Ils transigèrent ensemble pour leurs partages, le 10 mai 1450.

Guillaume Fabri eut une fille, *Jeanne Fabri*, dame du Mas de Milhaguet, mariée à *Pierre de Ruspides*, damoiseau (1). Il fit son testament le 4 mars 1470, par lequel il institua ses héritiers *Jean* et *Louis Fabri*, ses enfants. Il vivait encore en 1478.

---

(1) C'est probablement de *Respides*, v. p. 142 ; Registre de Boussac, documents des Faures.

Jean Fabri, l'aîné, s'allia avec *Catherine de Grimouard,* et
en eut *Jean Fabri,* seigneur de Bernarie, qui épousa *Magde-*
leine le Roy, duquel mariage est issu *Jean Fabri,* seigneur de
la *Combe* et de *Sainte-Guetière,* qui de *Gabrielle Martin* a
laissé entre autres enfants *Estienne Fabri,* seigneur de *Sainte-*
Guetière, maître d'hôtel du Roi, et messire *François Fabri,*
qui fut premièrement religieux de Saint-François et prédicateur
du Roi et de la Reine, puis évêque de Glandèves, et ensuite
évêque d'Amiens et l'un des plus savants et des plus éloquents
prédicateurs de son temps.

« Enfin, dit Duchêne (1), « cette famille des FABRY ou des
« FAURES, car il est constant que ce n'est que la même famille,
« subsiste encore dans l'Angoûmois et *quelques provinces voi-*
« *sines où elle a toujours tenu rang entre* LES NOBLES, et dont
« les *armes,* qui se voient dans l'église des chanoines réguliers
« du PAYRAT, au-dessus de Villebois ou de la Valette, dans une
« chapelle dont le *Faures* sont reconnus fondateurs, sont :
« *d'azur, au lion couronné d'or, au franc cartier d'her-*
« *mines.* »

Anno 1261. — *Guillaume Fabri,* chanoine et pénitencier
de la cathédrale de Limoges, fonda, *en* 1261, une vicairie dé-
diée d'abord à Notre-Dame des Trois-Rois, puis à la Sainte-
Vierge. Elle avait pour patron l'Aquilaire de la cathédrale,
de 1400 à 1614 (2).

Anno 1304. — Jean Fabri, chancelier de la cour de Limoges (3).

Anno 1335. — *Louis Fabri ou Faure, seigneur de la*
Faurie (1), fit une donation, le 8 *juin* 1335, en faveur de

(1) Loc. cit.
(2) Nadaud, Pouillé, p. 34.
(3) V. Supra. loc. cit. p. 396.

Catherine Fabri, sa fille, femme de noble *Guion de Mirandol,* seigneur de Mirandol, de la moitié de tous ses biens, à la
charge que tous les enfants mâles qui naîtraient de ce mariage
*seraient tenus de porter le nom et les armes de la Faurie et
de Faure* (1).

Anno 1350. — *Hugo Fabri,* Tutelensis, rerum theologi-
carum peritiâ et vitæ integritate clarus, abbas Cluniacensis, ab-
dicatâ dignitate, quòliberius Deo serviret, ordinem chartasien-
sem professus. Floruit sub Clemente VI, 1350 (2).

Anno 1316. — Eâ tempestate vivebat vir clarissimus, *Hugo
Fabri,* monachus primò sancti Martialis, Lemovicensis, posteà
vero abbas Cluniacensis. Illum auctor vitæ Clementis papæ VI,
ait fuisse origine Tutelensem. — Extat autem in armorio ecclesiæ Tutelensis, vetus membrana scripta Tutelæ anno MCCCXVI
(1316) die Mercurii in festo beati Michaelis, in quâ *Bernardus
Fabri,* Burgensis Tutelensis DEDIT *conventui Tutelensi quin-
decim solidos Turonenses* RENDUALES IN PAROCHIA SANCTI-
GERMANI LAS VERGNAS (3), pro anniversario faciendo in monasterio Tutelensi in crastinum beatæ fidis et pro faciendo
festo de beatâ fide in eodem monasterio.

Ex eodem instrumento liquet eum habuisse filium nomine
Johannem, monachum sancti Martialis Lemovicensis.

---

(1) Il y a le village de la Faurie, paroisse d'Allassac, à 10 minutes de
marche de celui de la Chapelle, dont *messire François du Faure,* habitant d'Allassac, était greffier en 1592. — *Voy.* Reconnaissance féodale
au seigneur Elie de Roffignac du 6 novembre 1592, reçue par Fauchier,
notaire royal, à Allassac.

(2) Jugement de maintenue de noblesse du sieur *Laporte de Lissac,*
du 19 mai 1731.

(3) Auth. Collino, édit. 1660. — Bosquet ex codice Bibl. Victorinæ.

Les *du Faure* actuels, de Voutezac, sont encore désignés sous le nom
de *Dufaure-las-Vergnas* (Dufaure le Juge). — Voy. ci-dessus, l'étendue de la vicomté de Camborn.

Hunc ego *Bernardum* existimare licet fuisse patrem abbatis Cluniacensis anno 1347, et quadriennio post abdicavit et obiit pridiè Kal. Augusti, sepultus in prio ratu vallis sanctæ Mariæ ordinis Chartusiensis (1).

Anno 1342. — *Pierre Fabri de Glatons* (*noble damoiseau*), du diocèse de Limoges, fut chargé de procuration par *Guillaume Roger*, seigneur du Chambon, pour recevoir quittance de la dot de sa fille, ladite procuration reçue Lebon, le 16 décembre 1342 (2).

Anno 1354. — *Petrus Fabri* de Bessos, légataire de F. Gouffier de Lastours, seigneur dudit lieu de Bessos, de Linars (3).

Anno 1367. — *Joannes Fabri, episcopus Tutelensis et cardinalis. Puto* illum, ait Baluzius (4), fuisse filium *Petri Fabri,* domicelli, *loci de Glatonibus,* haud procul à Malamonte loco natali Papæ Gregorii XI.

In veteri instrumento condito anno 1376, die sabbati, antè purificationem beatæ Mariæ Virginis, nominantur *Joannes Fabri,* decanus Aurelianensis, et *Petrus Fabri, frater ejus sororii domini, Joannis de Malamonte domini castri superioris de Gimello.*

Joannes evasit Decanus ecclesiæ Aurelianensis anno 1344, et anno 1370, VI. idus Augusti, *Urbanus papa V,* eum fecit *episcopum Tutelensem.* Anno vero sequenti *Gregorius XI* eum fecit *presbyterum cardinalem* tituli sancti Marcelli, die sextâ mensis junii. — Obiit autem Avenione anno 1372, die sextâ martii.

---

(1) Baluze, *Hist. de Tulle,* p, 197.

(2) Nadaud, *Nobiliaire du Limousin,* t. ii; et Baluze, *Hist. de la maison d'Auv.,* t. ii, p. 604.

(3) F. de G., fol. 49.

(4) Baluze, *Hist. de Tulle,* p. 206, 506 et 722.

Vous savez, mon cher Cousin, que ce fut au xii.ᵉ siècle que
le duc de Ventadour fit don de la *manse de Maulmont*, qui
plus tard devint le château de Maumont, à un *Roger*, que quelques historiens disent n'être, lors de cette donation, qu'un
paysan; mais dont, à coup sûr, les descendants ont noblement
purgé la roture, si roture il y a eu à l'origine; car c'est de cette
famille des *Roger*, seigneurs de Rosiers et du Chambon, au
château de Maumont, *sinon au Château-Haut de Gimel*, que
naquirent deux des trois papes limousins : *Pierre Roger*, fils
de Guillaume Roger, seigneur de Rosiers, et de Marie du Chambon, qui fut garde des sceaux de Philippe de Valois et couronné pape en 1342, en présence des Princes du sang de France
et de plusieurs seigneurs du royaume. Il acheta de la reine
Jeanne de Naples la souveraineté d'Avignon, moyennant
80,000 florins d'or, et mourut le six décembre 1352.

Son neveu, *Pierre Roger de Beaufort* (de Bello Forti) né en
1329, fils du comte de Beaufort, seigneur de Rosiers, qui était
en grande faveur à la Cour du Roi de France et à celle du duc
de Normandie, fut aussi pape sous le nom de *Grégoire XI*, en
1370. — Il fit 20 cardinaux, dont 8 limousins et 5 de ses parents.—Au nombre de ces derniers, se trouva *Joannes Fabri*,
son cousin germain, *consanguineus germanus, id est ortus ex
amitâ quâdam Gregorii sociata vinculo jugali cum patre
istius cardinalis* (1).

Dans le *Dictionnaire des Noms féodaux*, fait pour le compte
des Archives, il est dit, à l'article *Fabri*, que : *Jean Fabri*,
Pierre, son frère, enfants de *Jean Fafri*, avaient des droits
de *censives*, des *rentes sur le mas de Chambon* et des vignes
en la seigneurie de la Roche; — qu'*Etienne Fabri*, fils
d'*Étienne*, avaient des vignes, bois, censives en la paroisse de

---

(1) Ex prima vita P. Gregorii, p. 426.

Saint-Germain-Laval. Or, il résulte d'un passage de Grégoire de Tours (lib., cap. 29) que la terre, en Bas-Limousin, a été longtemps régie comme sous la domination romaine, et que la population se divisait, à une époque assez avancée, en propriétaires libres, en possesseurs de terres censives et en esclaves. L'esclavage ou le servage aboli, les droits de censives furent maintenus, et ces Fabri, dont il est ici question, étaient donc des propriétaires libres.

Ce fut Grégoire XI qui fit cesser ce qu'on appelait, à Rome, la *captivité prédite par Isaïe*, en transférant dans la ville de Saint-Pierre, le 13 septembre 1376, le Saint-Siége, qui était à Avignon, lors de son couronnement.

Il mourut, en 1378, et tous les historiens s'accordent à dire qu'il mérita par ses talents et ses vertus les éloges de la postérité.

Anno 1361. — Avant ces deux papes, Clément VI et Grégoire XI, la famille Fabri du Limousin avait eu le bonheur d'en compter un autre parmi ses alliés. C'était le pape Innocent VI (Étienne Aubert), né à Beyssac, dans la vicomté de Pompadour, élevé sur le Saint-Siége en 1352, et mort en 1362.

Quelques mois avant sa mort, par bulle du 10 *janvier* 1362, il fit passer un de ses neveux, *Jean Fabri*, qui était alors évêque de Tortose (1), à l'église de Carcassonne (2), en remplacement de *Stephani Alberti* (Etienne Aubert), autre neveu d'Innocent VI.

Après avoir rappelé que *Stephanus Alberti*, neveu d'*Innocent VI*, remplaça à Carcassonne *Gaufredus de Vairalis*, qui

---

(1) Nob. du Lim., t. II. Nadaud, Mém. ms. t. p. 22. Gall. Christ., t. 2. VI, col. 190-193.

(2) L'année ne commençait alors qu'à Pâques. — Ainsi, dans les actes où il est mention de *Jean Fabri* en février 1361, on ne doit l'entendre que de 1362.

passa au siége de Toulouse, Baluze (1) ajoute : « Et eo mox
« creato cardinale , *Joannem Fabræ,* sic nominatum in veteri
« catalogo episcoporum Dertusensium, quem inveni inter *sche-*
« *das* Hyeronimi Pujadesii, *virum non mediocri sanguinis ,*
« *proximate conjuctum cum papâ Innocientio , ut ipse tes-*
« *tatur in litteris quas anno* **M. CCC LXI** (1331) *nonis feb-*
« *ruaris scripsit ad regem el reginam Aragonum , ut eis*
« *commendaret hunc episcopum propinquum suum.* »

« Tandem ab eodem Papa factus est Episcopus Carcasso-
« nensis anno 1362. IV. idus Jammarii, ut monuimus in no-
« tis ad concilia Galliæ Narbonnensis, p. 59. »

Il est certain que ce *Jean Fabra* était le même que *Jean
Fabri.* — Ce mot *Fabra* ne se trouve que dans le *vieux catalogue* dont parle Baluze, qu'il trouva parmi les scèdes (*las
cédas*), c'est-à-dire les minutes du notaire Jérôme Poujade.
Une lettre a bien pu être changée dans ce catalogue, puisque
M. Marvaud , en son histoire du Bas-Limousin , après avoir
écrit *Fabri,* en parlant de Jean Fabri , évêque de Tulle , écrit
Fabis dans l'énumération des évêques de cette ville. Ce qui
lève tout doute, ce sont l'affirmation de *Nadaud,* le plus sa-
vant prêtre, peut-être, du Limousin, et la lettre d'Innocent VI
au roi et à la reine d'Arragon. La famille du Faure s'est conservée dans la vicomté de Pompadour (2).

Du reste , on est d'accord sur son prénom , sur sa qualité
d'évêque. Or, Nadaud , en parlant de lui comme Limousin,
ajoute : « Le pape *Urbain V* lui écrivit le 19 octobre 1364, et
« à l'inquisiteur de Carcassonne, pour l'informer exactement
« de la foi de quelques seigneurs accusés d'hérésie. — Etant

---

(1) Hist. de Tulle, p. 190-193.

(2) Voy. plus loin , art. du Faure de Praneuf, de la Rivière, ou Faure,
à l'art. de l'ostension d'Arnac.

« allé faire une visite au monastère de Notre-Dame-la-Grasse,
« en son diocèse, on ne lui ouvrit la porte qu'après qu'il eut
« déclaré par écrit, le 10 mai 1365, qu'il ne venait point pour
« *faire la visite* ni en *entamer l'exemption,* mais en pèleri-
« nage et par dévotion (1) ».

« Le 12 janvier 1366, il ratifia quelques statuts pour les
« enterrements des chanoines. Il assista au concile de Lavaur,
« tenu depuis le 21 mai jusqu'au 3 juin 1368. — Le 11 juin
« suivant, il sacra le maître-autel du monastère de Mon-
« taulieu.

« *Le 2 avril 1369, il prêta* 500 *florins d'or à* Louis,
« *fils du feu roi de France, Jean, et frère de Charles V,*
« *régnant.*

« Le 15 juin suivant, il fut payé de 700 livres. — Au mois
« de septembre suivant, « *venians omni modum promeritus*
« *est ab Ludovico, ci-dessus frère de Charles V,* et son lieu-
« tenant en Languedoc , quæ illata fuerunt ipsius regis legatis
« ad quosdam urbis Occitaniæ muniendos deputatis (2). Il
« mourut l'année suivante, 1370. »

Nadaud ajoute encore (3) que *Pierre Fabri ,* limousin,
évêque de Riez en 1352, assista au concile d'Apt en 1365,
et mourut en 1369 (4); qu'un *Jean Fabri,* limousin, était *lec-
teur de droit* (5) dans l'université de Montpellier; qu'un autre
Jean Fabri, juriste, avait des rentes sur la paroisse Vosède,
voisine de celle de Roussines ; enfin, que *Jean Fabri,* évêque

---

(1) Ce chapitre était exempt de la jurisdiction épiscopale ; si un évêque
venait. on lui liait les mains en signe de *convention* (reconnaissance) du
droit d'exemption.

(2) Col. 902.

(3) Mém manusc. t. 5, p. 235.

(4) Du Tems, clergé de France, t. i, p. 82.

(5) C'est-à-dire *professeur :* il lisait le droit pour l'expliquer.

de Tulle, dont j'ai déjà parlé, était *docteur ès - lois;* qu'il était doyen de l'église d'Orléans en 1370, quand Urbain V lui donna l'évêché de Tulle.

Si nous quittons le xiv.ᵉ siècle, nous retrouvons encore durant tout le xv.ᵉ siècle, dans le Bas-Limousin, avec des titres et des qualités qui dénotent une famille distinguée :

Anno 1407. — *Bernardi Fabri alias de Belfort* épousa Jeanne de Malafaide le 28 août; cette dernière fit son testament la même année (dernier septembre 1407), en présence de *Dauphine Fabri, dame de Perato,* qui fut la confidente intime et seule de ses dernières volontés (1).

Le 20 août précédent (1407), discretus vir magister *Johannes Fabi,* clericus, habitator villæ sive loci de Rupis Adulphi, au diocèse de Clermont, en qualité de procureur de noble et puissant seigneur *Estienne d'Albret,* seigneur Montetri de Gelati, de Rupis Adulphi, et de Murato et de dame Marie de Chaslus, sa femme, par acte du 20 août 1407 (2).

Anno 1439. — Le 9 mars, *Petrus Fabri de Peyrato,* comme procureur et maître des biens dotaux de *Jeanne de Masvalier,* donne quittance à noble Aimeri de Corsonio, alias de Romaneto, de eo quod debebat ratione dotis ipsius Johanæ uxoris dicti Petri (3).

Le 26 mai 1439, honeste femme *Petronille Duratona,* veuve de feu *messire Joannes Fabri,* du lieu de *Saint-Paul,* procureur de Jean de la Roche, damoiseau, dudit lieu de Saint-Paul et de Marie de Sainte-Marie, sa femme (4).

Annis 1442 et 1446. — Noble homme *Bertrandus Fabri,*

---

(1) F. de Gaignières, titres originaires du Limousin, dossier des Faure, fol. 245 et 242.

(2) *Idem,* fol. 89.

(3) *Idem,* fol. 97.

(4) *Idem,* fol. 54.

castellanus de Murato, seigneur de Meyras, et *Albertus Faure*, son frère, sont nommés dans les actes des 8 octobre et 11 août, précédemment analysés (1).

Anno 1498. — *Petrus Fabri*, archidiaconus majoris ecclesiæ Petragorisensis, rector de Vico 1498, frater *nobilis Joannis Fabri, scutiferi parochiæ sancti Pauli*, quorum frater *Joannis Fabri, Dominus de Bosco Vigerii et de Podio du Chabat*, patrui verò *Antonius Fabri*, archidiaconus Ecclesiæ majoris Petragor, canonicus sancti Frontonis *Ludovicus Fabri*, canonicus ahenti monasterii (2).

C'est ici, mon cher Cousin, que nous arrivons à *Allassac*, positivement.

Voilà *Jean Fabri*, seigneur du tènement ou du *Bois de la Vigerie* et autres lieux, frère de noble *Jean Fabri*, chevalier de saint-Paul; or, d'une reconnaissance féodale, passée le 4 novembre 1625, au château d'Isle, près Limoges, « pour la moitié « d'un certain pré *sis et situé au territoire de la Vigerie, en la* « *paroisse d'Allassac*, à présent appelé des *Prats-Yvers* » par M. Vincens Clédat, bourgeois de la ville d'Uzerche, en faveur du révérend père en Dieu, messire Raymond de la Marthonie, seigneur évêque de Limoges, à cause de sa châtellenie d'Allassac et paréage dudit lieu, comme curé primitif d'icelle paroisse, reçu ladite reconnaissance par Tardieu, notaire et tabellion royal, héritier et *garde-ceddes* de feu M.ᵉ Jean Tardieu, son père, il appert *que le tènement de la Vigerie était situé sous Allassac*(3).

Voilà noble *Bertrandus Fabri*, châtelain *de Murat ;* Or, dans une reconnaissance féodale contenue au *même registre* (4)

---

(1) V. § . — De l'origine du nom de *du Faure*, p.

(2) F. de G., fol. 137.

(3) On dit encore : « *à las Vigearias* »

(4) Jusqu'au règne de François I.ᵉʳ, les actes notariés ont été écrits en latin, et les *minutes*, depuis le commencement du xivᵉ. siècle jusqu'au xviiᵉ, étaient écrites sur des registres paraphés.

que la précédente, faite le 10 février 1624, à ALLASSAC, *pour certaines maisons*, sises et situées en ladite ville, on lit que l'une d'elles, appelée de l'*Aulmonerie* et à présent *de Porchier*, « confrontait avec la maison qui a appartenu à Mathieu « et François Lechaud, APPELÉE DE MURAT, » que tiennent à présent MM. Hélies Porcher et Pierre Goudal.

Il y a plus : ce *Joannes Fabri*, seigneur de la Vigerie, l'était aussi *de Podio;* or, l'on voit figurer, comme témoin, au contrat de mariage de Jean Grenier avec Jeanne Gauthier, passé au lieu de la Brudye, paroisse d'*Objat* (contiguë avec celle d'Allassac), Bas-Limousin, en la maïson de MESSIRE JEAN DE NAUCHE, docteur en théologie, prestre et curé de Perpezac-le-Noir, *le 17 janvier* 1741, FRANÇOIS DUFAURE, SIEUR DEL PIQ.

Et si l'on pensait que les mots *del Piq* ne sont pas la traduction des mots *de Podio*, on admettra bien que les mots *del Peuch* en sont la traduction fidèle ; or, dans une obligation passée en *la ville d'Allassac*, pardevant Meyre, notaire royal, *le* 27 *juin* 1711, Pierre et Catherine Sauvezie, du village de la Sauvezie, se reconnaissent débiteurs solidaires de la somme de 540 francs envers FRANÇOIS DUFAURE, SIEUR DU MAS, habitant en sa maison DEL PEUCH, paroisse de Ligneyrac ; ladite obligation passée en présence de *Jean Dufaure*, du lieu du Saillant; de Jean Regnier, et signée : « *Le Mas de Dufaure.*— « Du Faure. — Regnier. — Meyre. »

Si on accepte cette dernière traduction « *del Peuch*, » c'est dans la commune de Ligneyrac qu'était située la seconde seigneurie de *Joannis Fabri*, et, dans ce cas, rappelez-vous que Jean Robert, *seigneur de Lignerac*, a signé le contrat de mariage de *Bernardi Fabri aliàs de Belfort*, ainsi que *Bertrand de Maumont, seigneur de Sancto-Vito;* or, la branche des *Maumont* (Roger), seigneurs de *Saint-Vic*, avait aussi la seigneurie du Chastenet et *du Mas* (1) ; et je l'établirai plus tard avec tous les auteurs, moins un qui doute, les *Fabri* ont été alliés aux *Roger*, seigneurs de *Maumont*.

Si on s'en tient à la première traduction « *del Piq*, » c'est en la paroisse d'Allassac, et l'on voit, à la date du 8 mai 1743, un bail à ferme d'un pré et d'une terre appelés *las Caux*, consenti à Allassac, devant M.ᵉ Bonnelye, notaire royal dudit lieu, en faveur de Jean Lagueyrie, vigneron, par MESSIRE FRANÇOIS DU MAS, *écuyer, sieur de la Madelaine*, habitant du lieu *del Piq*, présente paroisse d'Allassac. Cet acte est signé du notaire, de Lasteyrie et de FRANÇOIS DU PEYRAT, bailleur.

C'est bien le même prénom que plus haut : « *François ;* » c'est bien le même nom de terre : « du Mas ; » mais au lieu du nom de : *Dufaure*, après le prénom *François*, il y a le nom de : *du Peyrat*. Y a-t-il dès-lors identité ? Sans aucun doute ; car, d'une part, vous avez vu au folio 97 des recueils de titres originaux de M. de Gaignières, que « PETRUS FABRI DE PEYRATO » donne quittance à *Aimeri de Corsonio*, de ce que ce dernier lui devait pour la dot de sa femme *Jeanne de Masvalier* (2), le 9 mars 1439 ; au folio 242, que *Dauphine Fabri, dame de Perato*, assiste au testament de *Jeanne de Malafaide*, femme de *Bernardi Fabri alias de Belfort*, le dernier septembre 1407 ;

D'autre part, il résulte d'une reconnaissance féodale (3) faite le quatrième juillet 1698, en la ville d'Allassac, Bas-Limousin, par-devant M.ᵉ Meyre, notaire royal, que la famille Fabri

---

(1) Laîné, Nob. du Lim., p. 35.

(2) Dont la famille a produit depuis 1506. V. Laîné, Nob. Lim., p. 35.

(3) Inscrite au feuillet 20 du registre de 1698. — Sur le même registre, au feuillet 18, on voit une reconnaissance féodale faite par *Anthoine Lasteyrie*, comme « *mary de Marie du Faure*, sa femme. »

a eu le *tènement du Peyrat*, commune de Saint-Bonnet, limitrophe de celle d'Allassac.

« Cette reconnaissance a été faite au château noble de Cha-
« nac, par *François de Boussac*, écuyer, seigneur *du Vert*,
« demeurant ordinairement en son château du Vert, paroisse
« de Donzenac, en faveur de *messire Gabriel-Nicolas de la*
« *Reynie*, conseiller ordinaire du Roy en son conseil d'Estat
« et direction de ses finances, seigneur de *Chanac*, *Genouil-*
« *lac*, *Saint-Bonnet-Lenfantier*, *Jayac* et *Archiniac*, sei-
« gneur de la ville et paréage d'Allassac, absant, mais damoi-
« selle de la *Seinie*, demeurant ordinairement au lieu noble de
« *Respides*, paroisse de Saint-Germain de Langon (1), et M.ᵉ
« Joseph Laurent, procureur au siège présidial de Limoges,
« pour ledit seigneur, présants, stipulant et acceptant avec les
« autres contractants, par laquelle reconnaissance ledit de
« Boussac a « recognu et confessé tenir et vouloir tenir à l'ad-
« venir dudit seigneur, *les tènements des Faures et du Mon-*
« *teil ;* celui des *Faures composé de la tierce partie du bourg*
« *de Saint-Bonnet-Lenfantier*, sur lequel est deub de rante
« fontière et directe, en toute fondalité et directité et justice
« haute, moyenne et basse sur ledit tènement, avec les autres
« contenantiers, solidairement, huit cestiers de seigle ; une
« emine froment ; deux cestiers advoine ; *le tout mesure de*
« *Comborn ;* quarante-six sols, huit deniers d'argent ; trois
« gelines et journal d'homme ; une vinade et une paire de
« bœufs ; » confrontant ledit tènement des Faures aux appar-
« tenances des villages de la Borde, Genouillac, Peyrat et
« Cessat. »

Si vous doutez encore, voici un nouveau document : le testament de *Jeanne Des Plas* (et les de Faure, du Haut-Lan-

_____

(1) V. art du Faure du Mas-Milhaguet.

guedoc et du comté de Foix, ont été seigneurs de Massabrac, de la Figaride, de Niac, du Casse del Mont, *D'Esplas*, de Las-Nauses, co-barons de Marquefage), veuve de feu Pierre-Meyre, en date du 29 juin 1694, reçu par Meyre, notaire royal, au Barry de la grande Fontaine-les-Allassac, est signé par *Léonard Dufaure-Peyrat*, clerc.

Enfin, je vous rappelle les reconnaissances féodales de 1535, rapportées au paragraphe précédent, où figurent : *Joannes Fabri de Allassaco; Elie Fabri*, son frère, prêtre; Bernardus Fabri de Allassaco ; *Stephanus Fabri*, son frère, prêtre; *Pierre Fabri dit Pujol* et *Charles del Faure*. Cette pièce est décisive.

Je crois vous en avoir dit assez, mon cher cousin, pour justifier en la forme et au fond l'affirmation de l'Hermitte de Solliers, sur l'existence des seigneurs du nom de *Fabri*, en Limousin ? Je vous les ai montrés aux quatre points cardinaux de cette province et à tous les points intermédiaires possibles, voir même spécialement dans la vicomté de Comborn et à Allassac.

Seulement cet historien, avec les autres cités plus haut, affirme encore que ces Fabri *viennent d'Italie*. Quand ils ne viendraient que du Limousin, ils viennent d'assez loin, car ils remontent au xi.ᵉ siècle, et d'après une donation faite en 987, à l'église de Cahors, dans laquelle donation est comprise une vigne « *quam vocant Faurore, in vocabulo Padriciuco* », on pourrait même *prétendre* qu'ils étaient à cette dernière époque, si reculée, à côté du Limousin, à quelques lieues, *dans le Quercy;* mais ce serait une prétention hazardée, et en cette matière il ne faut rien que de positif. Je m'arrête donc à 1092 et je me demande s'il est vrai que les *Fabri* viennent d'outre-monts.

Je fais d'abord une première remarque, c'est que dans les monuments anciens écrits en latin et même dans les actes des notaires, le nom est écrit *Fabrii-Fabriorum*, au pluriel, ou *familia Fabria*, et dans les actes plus récents ou dans quelques auteurs, *Fabra*, *la Fabrie*, etc. — D'où je conclus que le mot *Fabri* est italien ; que le mot *Fabry*, avec la lettre *y*, est le mot italien francisé avant d'avoir subi la métamorphose nationale entière en celui de Faure, puis enfin le baptême féodal en celui de *du Faure*. Et la preuve me semble résulter de l'emploi de l'article *del*, QUI EST L'ARTICLE ITALIEN, devant le nom de *Faure*, ainsi que vous l'avez vu dans l'acte de fondation de la *Vicairie del Faure*, du 7 mai 1481 ; dans la reconnaissance féodale de *Bernardi Fabri de Allassaco*, pour une terre confrontant avec autre terre *de Charle del Faure*.

Je l'apperçois encore cette preuve dans ce fait puissant, que l'idiôme patois du Bas-Limousin est en quelque sorte un mélange de latin, de grec, d'italien et de français, mais où l'italien, avec la prononciation qu'il entraîne, domine. C'est que, d'une part, la civilisation hellénique pénétra dans le Limousin, quand *Massilia*, la belle fille phocéenne, fut devenue la Reine du midi. Ses marchands qui venaient de chercher l'étain d'uxissana (ouessant), traversant le Bas-Limousin pour entrer de là dans l'Arvernie, apprirent aux populations, dans leurs fréquents voyages, la culture et le commerce, et échangèrent l'étain pour le fer et le plomb. Les *Lemovici* apprirent d'eux les richesses de leur sol, l'art d'extraire leurs mines ; ils firent un premier pas dans la civilisation grecque et essayèrent leurs lèvres à la prononciation de cette belle langue, dont tant de mots sont restés dans le pays. D'autre part, le Bas-Limousin entra, quoique d'une manière incomplète, dans la grande unité politique des Césars ; la langue latine fut le lien qui, après moins de deux siècles d'occupation, réunit là, comme partout, sous le même joug, les tribus dispersées des indigènes.

Dans les parties les mieux favorisées par leur position et la fertilité du sol, on a découvert quelques restes des élégantes *villas* des maîtres du monde : là fut au moins la demeure de quelques familles gallo-romaines.

Enfin *Florus*, Gall. 1, 4, c. 6, parlant du commerce que faisaient en Bas-Limousin les marchands d'Italie et de Rome, s'exprime ainsi : « Tunc enim referta Gallia negotiatorum erat « *plena* civium romanorum, et nemo Gallorum sine cive ro- « mano quidquam gerebat negotii. » Voilà bien la Gaule *remplie de Romains*, qui étaient en quelque sorte les tuteurs des habitants.

En tout cas, comme je tiens fort peu à sortir de France, ce n'est que par acquit de conscience que je citerai deux passages d'où l'on peut inférer l'origine Italienne de la famille *Fabri*, en dehors des preuves ci-dessus.

Le premier est tiré de l'histoire des familles nobles de Toscane, par le *P. D. Eugène Gamurrini, moine cassinien* (1), où il est établi par des faits que les *Fabii* sont originaires de Toscane, et qu'ils *ont passé souvent en France* pour des ambassades.

Le second est tiré de l'histoire de Limoges, du Haut et Bas-Limousin, par Barny de Romanet, où il dit (2) que « *les « Limousins restèrent constamment fidèles aux Romains, « leurs vainqueurs ;* — que CAÏUS FABIUS, *lieutenant de « César*, força DUNACUS, chef *gaulois, de se retirer, assié- « geant Limoges.* »

Quoiqu'il en soit, et pour rester en France, je pourrais affirmer, en indiquant les alliances des *Fabri du Limousin*, que *Lachenaye-des-Bois* donne dans son Dictionnaire de la noblesse (3), que les alliances des *Fabri*, de Pise, en Toscane,

(1) Pag. 1 à 18, notice sur les familles *Fabienne* et Licinienne.
(2) Page 322.
(3) Page 88.

branche de Provence, descendant de *Pierre Fabri*, frère de Hugues, sont avec les maisons d'Avezan, d'Estaing, de la Farre, de Beauvoir, du Roure, de Lussan, de Polignac, d'Aché, de Mortemar, DE GIMEL..., etc., et personne ne pourra contester que la branche des Fabri, à laquelle j'appartiens, ne porte bien le *nom de Gimel*. Je vais le prouver.

BRANCHES DE LA FAMILLE DU FAURE
EN BAS-LIMOUSIN.

Toutes les branches des *Du Faure*, dont je vais indiquer seulement l'existence et la meilleure situation que chacune d'elles a eu, ne pouvant les suivre dans toutes leurs ramifications, faute de documents, et aussi pour ne pas sortir des limites d'une notice, se sont formées dans l'arrondissement actuel de Brive.

Leur *origine commune* ne peut être mise en doute en face des actes de l'état civil ou notariés qui existent, et leur *origine première* me paraît être invinciblement démontrée par la re-reconnaissance féodale de 1535, faite à Allassac par les frères *Fabri ou Du Faure*, dont j'ai déjà parlé.

Dans cette reconnaissance, en effet, après *messires Elie* et *Etienne Du Faure* (domini Elias et Stephanus Fabri), figure un autre Du Faure ainsi désigné :

« *Johannes Fabri aliàs Pujol.* »

Or, Lachenaye-des-Bois, rapportant la généalogie des *Fabri*, dit au tome VI, p. 277 de son Dictionnaire de la Noblesse, que *Jean Du Faure*, sénéchal d'Armagnac, testa en 1372; qu'il fut père de *Jean*, deuxième du nom, qui testa en 1444; que ce dernier fut père de *Gratien*, son fils aîné, et de *Jean, seigneur de Pujol*.

Il ajoute que la postérité de ce Jean du Faur, seigneur de

Pujol, a fini dans les *premières filiations* et à Bernard du Faur, mort évêque de Cahors.

Au tome xv, p. 403, le même auteur explique que le nom de *Pujol* doit s'écrire sans *s* à la fin. C'est ainsi, en effet, qu'il est orthographié dans la reconnaissance.

En admettant comme vraie l'extinction de la postérité de ce Jean du Faur ou du Faure de Pujols, dans les *premières générations,* on irait encore au delà de la date de la reconnaissance dont je parle, car le testament du père de Jean du Faur de Pujol est de 1444, la reconnaissance est de 1535. Dans cet espace de quatre-vingt-onze ans qui existe entre ces deux dates, il n'est pas possible de placer la génération de *Jean Fabri de Pujol* et les premières générations de sa descendance; on peut donc constater la présence de ces descendants à Allassac en 1535.

Pour prouver qu'ils n'en ont pas complètement disparu, je crois devoir me borner, mon cher Cousin, à faire observer qu'une foule de familles que les généalogistes croient éteintes existent encore, ce dont je citerai des exemples *in de cursu,* et que les *armes* de la famille, conservées sur le cachet en cuivre d'une antiquité incontestable, que vous m'avez donné, sont bien identiquement les mêmes que celles des *Pujol,* des *Fabri,* des *Du Faure de Saint-Loup,* dont la description est donnée par Lachenaye-des-Bois, et que celles des « *Du Faure de Poujol, de Rouffilhac, de Prouillac,* dont parle Laîné en son nobiliaire de Montauban. »

C'est-à-dire : « *d'argent au lion de sable couronné, armé et lampassé de gueules.* »

Sur le même cachet, à côté de ce premier écu, s'en trouve un autre « *au fond d'azur, avec un loup courant d'argent sous un chevron d'or surmonté de deux étoiles d'argent en face.*

Les deux écus sont surmontés d'une couronne de *comte*. Cette identité de *nom et d'armes* me paraît autoriser une affirmation absolue de l'origine première que j'indique aux diverses branches de la famille Dufaure.

BRANCHE DE GIMEL ET DE LARON.

Lachenaye-des-Bois et Moréri , en leurs ouvrages généalogiques de la noblesse de France , affirment que les *Fabri* ont été alliés aux *Gimel* et aux *Laron*. Plusieurs auteurs, après eux, répètent ces affirmations, mais sans préciser suffisamment l'alliance.

Je vais le faire ici, et je touche à un point d'histoire qu'il s'agit de fixer ; car on est encore à se demander à qu'elle branche des du Faure du Bas-Limousin appartient le cardinal Jean Fabri qui fut évêque de Tulle? Ce qu'est devenue l'illustre et très-ancienne famille de Laron?

Voici mes preuves : — Vers la fin du xiv.ᵉ siècle le nom de *Fabri* se traduisait dans le Bas-Limousin , je l'ai déjà établi, par les noms suivants : « *Faure, del Faure , de Faure , le Faure , du Faure;* » — et vers la fin du xvi.ᵉ, il était complètement remplacé par ces derniers.

Ainsi « le 11 novembre 1592 , *messire François du Faure ,* « greffier de la Chapelle-Sainte-Croix, habitant à Allassac, » figure, comme témoin, dans une reconnaissance féodale reçue par Fouchier, notaire royal, au château de Roffignac, à Allassac, et consentie par divers au profit d'Élie de Roffignac, seigneur dudit château, comme tenanciers du tènement de Saint-Germain-las-Vergnas, mouvant de la fondalité de Roffignac.

Dès-lors comme aujourd'hui, le peuple de la ville et de la commune d'Allassac; celui des communes environnantes ne prononçait le nom de *Dufaure* qu'en le faisant suivre du nom de *Gimel.* Le plus souvent, même, il ne désigne ma famille que par ce dernier. Et chose étrange, dont je n'ai jamais pu me rendre compte, dans la ville d'Allassac comme dans le bourg de Gimel, le peuple attache encore à ce nom des légendes toutes mystérieuses et terribles !

A Gimel, pour ne citer qu'un exemple, les vieillards apprennent de nos jours, aux enfants qui grandissent, en leur montrant les ruines des deux châteaux, car il y avait le château haut et le château bas, que, dans ces tours, *Blanche de Gimel* dévorait les enfants nouveau-nés ! qu'elle forçait les femmes enceintes à bien se nourrir, afin d'avoir des enfants d'une chair tendre et bonne ; car elle poussait la cruauté jusqu'à choisir ses innocentes victimes ? — Pour expier tous les péchés qu'elle aurait commis de la sorte, elle fit, toujours selon la légende, abandon à l'église, de la forêt de Chadon !

A Allassac, mon grand-père..... mon grand-père (*Élie Du Faure*), qu'on ne désignait, hors sa présence bien entendu, que par ces mots : « *Lou vier Gimel,* c'est-à-dire *le vieux Gimel,* » était l'objet de la *légende de la poule aux œufs d'or.* Il passait « *pour avoir une poule qui lui pondait des louis d'or !* »

Lou vier Gimel o uno pouletto qué ly pound d'aous louis d'or.

Voilà le dicton populaire. Et dans son imagination méridionale, ce peuple, si bon du reste, lui supposait des intelligences avec le diable, et prononçait son nom pour épouvanter les enfants. C'était à ce point, qu'on disait « *qu'il gardait ses propriétés dedans son lit !* »

Qu'elle traduction énergique de la crainte qu'il inspirait ? Dans un pays où le peuple aime sa terre et les fruits qu'elle produit par dessus tout.

Au moment où j'écris, quelque bonne femme frissonne,

peut-être, en filant sa quenouille dans les veillées communes, qui se tiennent, en temps d'hiver, dans le faux-bourg de la Grande-Fontaine-les-Allassac, au récit de cette légende reproduite sans cesse et malgré la bonté, la charité, la condescendance proverbiales de mon excellent père !

Que voulez-vous, mon cher Cousin, il y a des familles qui ont leurs destinées comme des individus; elles marquent dans les siècles comme un individu marque dans sa vie, et le peuple qui reçonnaît si lentement à un nom certaines qualités, le droit de bourgeoisie ou de noblesse, est tout aussi long à le dépouiller de son prestige de puissance et de richesse que lui a donné une position qui n'est plus.

Il fut un temps où les *vicomtes de Gimel* étaient de petits rois, tant leurs droits seigneuriaux, purement honorifiques ou utiles, étaient étendus, et se partageaient la puissance sur le Bas-Limousin avec les vicomtes *de Comborn*, *de Ventadour* et *de Turenne*, depuis l'époque où le Bas-Limousin devint la terre des *alleux*, après le débordement de l'Austrasie sur le midi, qui suivit la guerre d'extermination, de sept ans de durée, entre *Guaifre*, représentant les ducs d'Aquitaine, et *Pépin-le-Bref*. Les grands fiefs rallièrent autour d'eux les petits propriétaires de terres allodiales, qui, dès le IX.ᵉ et le X.ᵉ siècles, devinrent bénéficiers.

Ces vicomtes de Gimel étaient renommés par leur intrépidité dans les combats, et leur château soutenait des sièges en règle ; aussi, en montrant les hauteurs qui le dominent, vers le midi, c'est-à-dire les *Côtes-du-Mas*, d'où l'armée royale le bombarda et força les ligueurs à capituler, après quatre mois de résistance, les habitants du lieu disent : « c'est de là qu'on tua les terribles barons ! » Depuis ce combat meurtrier, et qui fut la Saint-Barthélemy du Bas-Limousin, les Côtes-du-Mas sont appelées *Lieu-des-Décharges*. Dans la rivière la Gimelle, qui coule au pied de la montagne, fut trouvé un éclat de bombe qui pèse 3 kilos. Je l'ai.

C'est en 1593 que ce siège du château de Gimel eut lieu. Le roi Henri III s'était rendu en Limousin pour poursuivre les ligueurs. Il séjourna avec son armée six semaines en Bas-Limousin, dont *huit jours à Allassac* (1). Les ligueurs, affaiblis, se retirèrent dans le château de Gimel.

M. de Chambert, lieutenant général commandant le Limousin en l'absence de madame la duchesse d'Angoulême, nommée gouvernante, se rendit à Brive avec M. de Thiermery, conseiller d'Etat. Il y convoqua tous les consuls des villes voisines et les syndics des paroisses du Bas-Limousin. L'assemblée s'y tint dans la salle d'audience du présidial. M. de Chambert proposa de faire le siège du château de Gimel, et demanda une contribution à chaque ville et paroisse pour les frais de l'expédition. Brive offrit d'y contribuer pour 81 écus. Le château capitula et un reste de ligueurs en fut chassé.

Il fut un temps aussi ou les *du Faure* avaient à Allassac et dans les communes voisines, une grande position de fortune. La famille avait des *fiefs*, ainsi qu'il appert d'un contrat de bail du 11 novembre 1655, reçu par Lasteyrie, notaire. Elle avait un *petit château* avec ses tours rondes et ses escaliers de pierre en forme de spirale, situé, avec le jardin y attenant et ses dépendances, dans le bary de la Grande-Fontaine, confrontant avec la rue publique par le devant, et par le derrière avec le ruisseau qui descend des gorges du Mont-Rond et du pré dit de l'Étang, par le haut avec la maison de Jean Valery, et par le bas avec une autre maison de Jean Pouget, notaire.

C'est ainsi que ce château est désigné dans l'acte de vente qu'en consentit, le 10 janvier 1664, *Etienne du Faure,*

(1) Leymonerie, hist. de Brive, p. 121 à 126.

juge de la salle d'Allassac et *lieutenant de Saint-Bonnet*, à Mes Anthoine Meyre, sergent royal, et Martin Meyre, praticien, son fils, par acte passé devant Me Agairé, notaire.

De la famille Meyre, la propriété de ce château passa aux mains de M. l'abbé Gourdon, puis à M. Juge de Laferrière, et appartient aujourd'hui au père de mon excellent ami Alfred Nauche, de Vigeois. Je préfère que ce soit lui à tout autre, car l'on souffre moins d'être privé d'une chose qui a un prix d'affection, quand elle est possédée par des personnes qu'on aime et d'une famille alliée.

Mais que les temps sont changées pour ces deux familles de Gimel et Du Faure! A Gimel, il n'y a que les ruines de deux châteaux qui font mal au cœur, car en les contemplant, je ne faisais pas comme Volney sur les ruines de Palmyre, oh! non : il n'y voyait que des ruines, lui, il était sceptique; tandis que moi, par instinct, ce muet confident de la providence, je croyais y voir autre chose. Avec les *preuves irrécusables* de tant de puissance passée et de faiblesse actuelle, de richesses et de pauvreté, d'orgueil et de résignation; je me demandais si tous ces revirements de fortune, ces changements de position étaient dus au hazard ou à une cause première et intelligente, qui assigne à chaque personne son rang et son emploi; à chaque famille le moment de son élévation et l'heure de son déclin; qui règle, s'il est permis de comparer les petites choses aux grandes, le sort des maisons comme il règle le sort des empires.

Je m'arrêtai à ce dernier sentiment, sans doute parce que dans la situation d'esprit où j'étais, l'on pense comme l'on sent; et ce sentiment, amenant une idée d'expiation quelconque, m'affligea.

Tout en m'inclinant devant les desseins de Dieu et sans vouloir tenter l'avenir par un acte d'imprudence, j'éprouvais le besoin d'exhaler ma tristesse et ma fierté ; car si nous avons à déplorer la perte de nos richesses , l'*honneur*, ce bien suprême, nous reste. Nos ancêtres ont toujours été fidèles à leur première devise, qu'il prirent dans les camps : « *Honor domus mea* » qu'ils n'oublièrent point , en prenant plus tard , au barreau , dans les parlements et sous la pourpre épiscopale, cette autre également avouable ; « *Deus et Lex.* »

L'honneur est leur demeure. Ils ne la quittent pas, car c'est une île escarpée et sans bords où l'on ne peut rentrer dès qu'on en est dehors.

Dieu est leur maître ; la loi est leur règle de conduite.

Sous ces deux bannières , l'on ne peut faiblir sans se déshonorer, mais en compensation , l'on peut-être pauvre sans honte, et dire avec vérité ce que disaient nos pères : « *Pauvreté n'est pas vice* (1). »

C'est dans ces circonstances que la croyance à la puissance d'un nom me vint. Je me rappelais qu'après les désastres qui amenèrent sa chûte, Napoléon I.ᵉʳ disait « *Qu'il se serait relevé, fût-il tombé du haut des Alpes, si il avait été son petit fils !* »

Cette idée me frappa , car le fait est que si Sa Majesté l'Empereur Napoléon III n'avait pas porté son nom, qui rappelle tant de souvenirs, quelque habile qu'eût été son jeu avec les assemblées constituante et législative ; quelque profonde que soit sa connaissance des hommes et de leurs passions ; quelque soit son système politique , il n'eût jamais recouvré le trône promis à son berceau.

Je crus dès lors à la puissance réelle d'un nom et je résolus d'écrire une notice qui consacrât le Passé du mien.

Je continue.

Il résulte d'un acte de notoriété publique, dressé par M.ᵉ Léon

---

(1) Inst. cont. de Loysel.

Cerou, quand vivait notaire à Allassac, et signé de lui, de ses témoins habituels, de M. Charles de Foucauld, ancien chef de bataillon dans les gardes du corps, chevalier de la Légion-d'Honneur; de M. Mathieu Alègre, docteur en médecine, maire de la commune d'Allassac; de M. Etienne Bounaix, son premier adjoint, légalisé par M. Bertaud, président du tribunal civil de Brive, dans le ressort duquel se trouve Allassac, « *que de temps immémorial ma famille est connue dans les* « *villes et communes d'Allassac, sous le nom de Gimel aussi* « *bien que sous le nom de Dufaure.* »

Dans une lettre qui m'a été remise par mon ancien condisciple et ami *Marius Dufaure du Bessol*, de la famille duquel j'aurai à parler, madame la comtesse chanoinesse de Gimel me dit que « *Pierre de Gimel épousa Marie Dufaure, qui lui* « *apporta en dot la charge de conseiller du Roi, lieutenant* « *au siège présidial de Brive, charge qui était dans la fa-* « *mille Dufaure, et que ce Pierre de Gimel en fut pourvu* « *par* LETTRE DU Roy, *et l'exerça pour subsister.* »

Voilà deux documents décisifs. — Je pourrais les compléter grandement, si nos papiers de famille n'avaient pas été pillés et détruits, comme le constate l'acte de notoriété ci-dessus relaté. Si la famille de Gimel avait produit une généalogie; mais il semble qu'elle ait dédaigné ce moyen de perpétuer son souvenir; aussi c'est peut-être la seule des grandes familles de France qui n'ait pas de généalogie connue d'une manière complète. On en trouve des lambeaux dans celles des grandes familles ses alliées, telles que la maison de *Noailles*, qui n'en est qu'une branche; la maison de Lentilhac; la maison d'Aubusson; la maison de Cosnac; la maison de Turenne et autres du Bas-Limousin. Je le pourrais, si les registres publics du présidial, de l'élection de Brives n'avaient été pillés; mais on n'a pas pris soin de les conserver.

Au demeurant, ceux que j'ai retrouvés dans une layette
de forme antique, qui servait de garde-robe aux domestiques
de mon père, joints à ceux que nous ont conservé Baluze et
autres, suffisent pour la solution des questions ci-dessus indiquées.

TEXTE.

Cum constat Joannem Fabri episcopum Tutelensis et cardinalem fuisse consanguineum Gregorii XI papæ XI, valdè puto
illum fuisse filium Petri Fabri, domicelli loci de Glotonibus
haut procul à Malomonte loco natali istius summi pontificis.

Nam in veteribus actis annis 1342 et 1346, invenio men-
tionem istius Petri.

In veteri instrumento condito anno 1367, die sabbati, ante
purificationem Beatæ Mariæ Virginis, *nominantur Joannes
Fabri decanus Aurelianensis et Petrus Fabri, frater ejus,*
SORORII DOMINI JOANNIS DE MALOMONTE, DOMINI CASTRI SUPE-
RIORIS DE GIMELLO (1).

Præterea. — In primâ vitâ ejusdem Gregorii, p. 428, scrip-
tum est Joannem Fabri cardinalem fuisse consanguineum ejus
germanum, id est ortum ex amitâ quâdam Gregorii, sociata
vinculo jugari cùm patre istius cardinalis (2).

TRADUCTION.

Quoiqu'il soit constant que Jean du Faure, évêque de Tulle
et puis cardinal, fut cousin germain du pape Grégoire XI, je
crois fermement qu'il fut fils de Pierre du Faure, damoiseau,
du lieu d'Egletons, non loin de Maumont, lieu de naissance de
ce souverain pontife.

Car dans d'anciens actes passés en 1342 et 1346, je trouve
la mention de ce Pierre.

(1) Bal. hist. Tut., p. 206.
(2) Bal. vit. pap. Av. p. 829.

Dans un ancien titre fait en 1367, le samedi avant la Puri-
fication de la Bienheureuse Vierge Marie, sont nommés *Jean
du Faure*, doyen de l'église d'Orléans (1), et *Pierre du Faure*,
son frère, FILS D'UNE SOEUR DU SEIGNEUR JEAN DE MAUMONT,
SEIGNEUR DU CHATEAU HAUT DE GIMEL.

En outre. — Dans la première vie du même pape Grégoire XI, il est écrit que Jean du Faure, cardinal, fut son
cousin germain, c'est-à-dire qu'il eût pour mère une tante de
Grégoire XI, mariée avec le père de ce cardinal.

Avant de discuter ces nouveaux documents, je vous rappelle, mon cher cousin, que, vers la fin du XIV.ᵉ siècle, les
du Faure portaient aussi le nom de Belfort; vous l'avez vu par
le testament de *Jeanne de Malafaide*, femme de *Bernard du
Faure* (Fabri) ou *de Belfort* (aliàs de Belfort). Or, les Roger,
seigneurs de Maumont, ut ait Albertus Argentinensis : « Cle-
mentem VI fuisse prognatum ex progenie militari, id est ex
equestri nobilitate *Rogeriorum Malomortensium*, » sont devenus de Belfort, ou de Beaufort, à partir de Guillaume I.ᵉʳ,
frère du pape Clément VI.— Anno 1368 die jovis ante festum
Nativitatis *dominus Guillelmus Rogerii de Beloforti*, vice co-
mes Turenensis fecit homagium et prestitit juramentum Lau-
rentio dal Biars, Episcopo Tutelensi, pro vicecomitatu de
Brassaco. — Et ces seigneurs de Maumont l'étaient aussi du
château de Gimel; et dans *l'acte du samedi* 1367 relaté, sont
nommés *Jean et Pierre du Faure*, *fils d'une sœur* de Jean de
Maumont, seigneur du château haut de Gimel. Donc, d'après
ces actes, *il est constant qu'un du Faure avait épousé une
Roger de Maumont*.

---

(1) C'était en 1370, quand Urbain V lui donna l'évêché de Tulle. — Il
était docteur ès-lois. *Voyez* Legros, Dictionnaire des Grands Hommes du
Limousin, p 101, manusc. du sem. de Limoges (Nadaud).

Quel est ce du Faure?

Quelle est cette Roger?

Voilà la véritable question qui a embarrassé tous les auteurs et qu'aucun n'a résolue. Je vais tâcher de suppléer à cette lacune.

Baluse pense que ce du Faure était *Pierre*, damoiseau, du lieu d'Egletons, par cette seule considération que les actes de 1342 et 1346, dont il parle, font mention d'un *Pierre du Faure*, *loci de Glotonibus*, non loin de Maumont, lieu de naissance du pape Clément VI, et il conclut de cette proximité de lieux à l'alliance qu'il s'agit de préciser. Sa conclusion n'est pas rigoureuse, mais il reste acquis, selon Baluze du moins, que ce du Faure avait le prénom de *Pierre*.

Justel, dans ses preuves de la maison de Turenne, p. 57 et suivantes, donne une généalogie de la maison de Roger de Belfort qu'il dit être écrite en latin, et dans laquelle il indique le mariage de *Péronne Roger avec Pierre, seigneur de la Vigerie.* — Je vous prie de bien retenir ces noms.

Baluze critique très-amèrement cette généalogie, et l'ouvrage de Justel, qu'il abîme à proprement parler. Vous allez en juger : « Nam, dit-il, quod attinet genealogiam *Belfortiorum* quam *Justellus* edidit, ut antiquam, *ea opus est hominis imperiti et ab ætate illâ multum remoti. Quod eò facilè probatur* QUÒD OMNIA PERMISCET, *multa omittit quæ certa sunt, pluraque addit admodum incerta* (1). »

L'auteur de cette généalogie, selon Baluze, est donc un *imbécile* (imperitus), *qui mêle tout, confond les dates et les faits* (omnia permiscet). Soit ; mais il reste acquis de cette généalogie un fait important : c'est qu'une *Péronne Roger* fut mariée à un *Pierre, seigneur de la Vigerie.*

(1) Vit. pap. Aven. p. 829.

Avec ces deux données de Baluze et de Justel, je pourrai dé-
cider la question, parce que les documents que j'ai me permettent de confirmer les indications vraies que donnent ces
auteurs, qui ont fouillé un peu partout, dans le Bas-Limousin,
et de faire tomber leurs affirmations erronées.

Baluze dit vrai, et les actes qu'il cite le prouvent, quand il
affirme que le beau-frère du seigneur *Roger de Maumont* était
un Fabri ou du Faure; mais il se trompe quand, se livrant
à ses appréciations personnelles et sans preuves à l'appui, il dit
que ce du Faure, damoiseau, était d'*Égletons*. — Je démon-
trerai, bientôt, que cette présomption de Baluze, fondée *uniquement* sur ce fait, qu'on trouve dans des actes de 1342 et
1346, mention d'un *Pierre Fabri ou du Faure,* au lieu d'E-
gletons, non loin de Maumont (*loci de Glotonibus haud procul à Molomonte*), porte complètement à faux.

Justel, ou plutôt l'auteur de la généalogie éditée par lui, dit
vrai, quand il affirme que ce fut *Péronne Roger,* qui épousa
Pierre, seigneur de la Vigerie; mais il est incomplet en ne
mettant pas après le prénom de *Pierre,* le nom patronimique
dudit seigneur de la Vigerie; car il est évident que ce nom
manque. Il est inexact, et en cela il mérite le reproche que lui fait
Baluze de tout mêler et confondre (*omnia permiscere*), lorsqu'il
place *Péronne Roger* au nombre des filles de Pierre Roger,
tandis qu'elle est fille de *Guillaume et de Marie du Chambon.*

Justel fait une omission que Baluze lui reproche avec raison
en ces termes : « Omittit quoque Dalphinam sororem Grego-
« rii XI, uxorem vero Hugoni de Rupe, *et Nicolaum Belfor-
« tium* (1), quem idem Gregorius apud Brovium, anno 1351,
« B. § 4, vocat nepotem suum. Omittit etiam *Joannem filiam
« Guillelmi Rogerii et Garino de Canilhaco,* quam Joannes

(1) Qui eut Bernard du Faure pour mandataire.

« *Rex Francorum in litteris datis* 1351, mense maio, tes-
« tatur se nuper de sacro fonte suscepisse. »

Suivez-moi avec attention, et vous verrez qu'entre Baluze et
Justel je puis prendre la vérité des faits. C'est l'abbé Nadaud
qui lève toute difficulté par le passage suivant : « *Pierre Fabri
de Glotons,* noble damoiseau du diocèse de Limoges; fut chargé
de procuration par Guillaume Roger, seigneur du Chambon,
pour recevoir quittance de la dot de sa fille; ladite procuration
reçue par Lebon, le 16 décembre 1342. » Est-ce clair? En cas
de doute, poursuivons. Au folio 137 du fonds de M. Gaignières,
on lit ceci :

TEXTE.

Petrus Fabri, archidiaconus majoris ecclesiæ Petragoriscen-
sis, rector de vico 1498, frater *nobilis Joannis Fabri,* scutiferi, parochiæ sancti Pauli, *quorum frater Joannis Fabri*
Dominus de Basco Vigerii *et de Podio...* etc. (1).

TRADUCTION.

Pierre Du Faure, archidiacre de l'église cathédrale de Périgueux, gouverneur de la ville en 1498, frère de noble Jean
du Faure, chevalier, de la paroisse de Saint-Paul, et frère
d'autre *Jean du Faure, seigneur du ténement de la Vigerie* et
del Piq (ou *du Peuch....* etc.).

Voilà bien la *seigneurie de la Vigerie* dans la Famille du
Faure? Voilà donc Baluze et Justel complétés l'un par l'autre,
et d'accord en ce point : que c'est Pierre Fabri, seigneur de la
Vigerie, qui épousa Péronne Roger. Mais d'où était ce Pierre
Fabri de Glotons? où était situé ce *bois,* ce ténement de la
Vigerie? Ce sont là deux questions résolues pour les titres dont
l'analyse suit :

---

(1) Nadaud, t. II, p. 7, § 1.er *In fine.*

Il appert d'une reconnaissance féodale (1) faite le 4 novembre 1625, au château d'Isle, près Limoges, « *pour la moitié d'un certain pré sis et situé au* TERRITOIRE DE LA VIGERIE, EN LA PAROISSE D'ALLASSAC, *à présent appelé des Prats-Yvers,* » par M. Vincent Clédat, bourgeois de la ville d'Uzerche, en faveur du révérend père en Dieu, messire Raymond de la Marthonie, seigneur évêque de Limoges, à cause de sa châtellenie d'Allassac et paréage dudit lieu, comme curé primitif d'icelle paroisse, *que ce tènement était sis en la commune d'Allassac.* — Il est sous la ville. — Cette reconnaissance fut reçue « par Tardieu, notaire et tabellion royal, héritier et garde « *ceddes* (minutes) de M. Jean Tardieu, son père. »

Pour l'intelligence complète de cette reconnaissance, je dois vous dire que les châtellenies d'*Allassac et de Voutezac* appartenaient à l'évêque de Limoges, comme étant des *fiefs de Saint-Martial.* Depuis des siècles, les vicomtes de Comborn, pendant les vacances du siége épiscopal de Limoges, jouissaient des revenus de ces deux fiefs enclavés dans leurs terres. Ils avaient été confirmés dans ce droit par un arrêt du Parlement, en 1278, contre les officiers de Philippe-le-Hardi, qui réclamaient la régale. Mais quelque temps après, l'évêque de Limoges redemanda les priviléges de son siége au vicomte de Comborn, et les obtint.

Baluze dit que ce *Pierre Fabri* était *loci Glotonibus,* et un historien spécial du Bas-Limousin, en son histoire commandée par le conseil-général de la Corrèze, c'est Marvaud, copiant platement Baluze, dit que Jean Fabri (ou du Faure), *était fils d'un pauvre damoiseau d'Egletons !* Et dans l'énumération qu'il donne des évêques de Tulle, après que par

(1) C'est M. Emile de Lasteyrie qui m'a communiqué et confié l'original de cette reconnaissance, dont j'aurai à reparler, parce qu'elle établit l'origine des *du Faure de Belisle de Murat,* à Allassac.

bulle de 1317 donnée à Avignon, le pape Jean XXII eût érigé
Tulle en cité et en évêché, composé d'une partie du Limousin
et *de quelques enclaves du Quercy et du Périgord,* il indique
Jean Fabri sous le nom de *Jean Fabis,* et son prédécesseur,
Jean de Biar (dal Biars), sous le nom de *Jean* DE BÉARN !!!
Est-il possible de livrer ainsi l'histoire à la postérité? surtout
l'histoire des familles, la plus importante en France et la première de toutes ; car, on a beau dire et beau faire pour la cen-
tralisation, ce beau pays n'est pas encore arrivé à l'unité, et
ne mérite pas le nom *de royaume fait homme* que lui donne
un homme d'un immense talent (1). Sans doute il est arrivé à
l'unité administrative, judiciaire et militaire ; mais il n'est pas
vrai de dire qu'aux nationalités de province a succédé la grande
nationalité française, et si l'on examine ce pays dans sa vie,
en lui-même, on reste convaincu que la France officielle n'est
pas toujours la vraie France; que les apparences ne traduisent
pas fidèlement les réalités. Depuis 1789 il y a eu tant de bou-
leversements, que la forme a dû changer, le fonds restant le
même. Pour modifier une nation dans ses mœurs, dans ses
affections, dans sa vie intime, il faut des siècles ; tandis que
pour lui donner un costume, une loi d'organisation, et lui faire
faire tant d'autres choses qui passent et repassent au gré de
gouvernants momentanés, *quand le génie ne sait les mainte-
nir,* c'est l'affaire de quelques jours. Très-certainement une
bonne histoire de France devrait être commencée par la famille,
continuée par la province, et terminée par le rapprochement
et la fusion, à son degré actuel, des provinces entre elles.

L'historien, en effet, ne doit pas se borner à connaître les
faits généraux et à scruter en détail les plans de politique des
princes. L'histoire des rois de France ne forme qu'une partie

(1) De Laferrière, *Histoire du droit.*

de l'histoire du pays ; et celui-là n'a qu'une science incomplète qui n'a point embrassé dans ses recherches les diverses classes de la nation.

M. Marvaud a donc eu le tort, selon moi, du moins, de vouloir faire une histoire *politique, civile* et *religieuse* du Bas-Limousin, au lieu de faire une histoire des familles de ce pays, si longtemps le théâtre des guerres intestines. Il a eu le tort plus grave encore de toucher parfois à l'histoire de la famille, sans ordre et sans préparation sérieuse.

Il a enfin eu le *tort spécial* de dire (1) que *Jean Fabri, ou du Faure,* était fils d'*un pauvre damoiseau d'Egletons,* traduisant ainsi les mots « *loci de Glotonibus* » de Baluze ! Cette traduction prouve que le pauvre M. Marvaud n'était pas fort sur les origines latines ni interprète intelligent. Je vais le prouver. A Allassac, le 15 avril 1636, par acte passé devant M.ᵉ Aguiré, notaire royal dudit lieu, en présence de noble *Jean de Laroche Chauvel,* demeurant au château de Roffignac, et M.ᵉ *Pierre Duboys,* maître apothicaire dudit Allassac, *messire Elie de Roffignac, seigneur de la Borie,* « lequel « ayant charge et procuration expresse de PIERRE GLOTON, « *fils à feu Jean, natif de la présente ville,* et à pré- « sent bourgeois et marchand de la ville de Montpélier, en « Bas-Languedoc, ladite procuration, du 6 septembre 1635, « reçue par le notaire soussigné, a donné pouvoir à Bathy « Bouberty, du village de Gauch, présente paroisse, ici pré- « sent et acceptant, de prendre le *quartelaige,* d'ung portal « de la ruine d'une maison appartenant audit *Gloton,* située « dans la présente ville, et au devant le château de Roffi- « gnac....., » etc.

Il fallait, vous en conviendrez, que ce *Pierre Gloton* fût

(1) Tome ii, p. 119.

d'une famille convenable et titrée, pour qu'un *de Roffignac*, de ces seigneurs qui s'intitulaient les *premiers barons chrétiens du Limousin*, consentit à lui servir de *mandataire* et pour vendre, s'il vous plaît, des *matériaux provenant d'un vieux portal, et à demy gastés*, est-il dit dans l'acte, *pour la somme de..... 40 sols !*

Oui, ce Pierre Gloton avait momentanément dérogé en faisant du commerce à Montpellier, où il n'avait que qualité de *bourgeois*; mais sa sœur, ou peut-être sa tante, *Jeanne de Gloton*, avait conservé sa noblesse, par son mariage avec *Jean de la Buginie, sieur de la Borgerie*. Lisez plutôt : — « Dans le village de *Mournetas*, paroisse de *Perpezac-le-Noir*, Bas-Limousin, et maison de M.ᵉ Françoys Bannel, practicien, le troisième jour du mois de mars mil six cent septante et quatre, après midy, régnant Louis roy, devant moi, notaire royal, soussigné, présents les témoins bas nommés, ont été présents et personnellement constitués, *Guabrielle de la Buginie*, demoiselle, veuve de feu *Denys Chiniac, bourgeois, habitant de la ville d'Allassac*, procédant tant en son nom que comme héritière bénéficiaire de feu M.ᵉ *Estienne Buginie*, en son vivant *sieur de la Borgerie*, et M. *Pierre Chazal*, bourgeois, habitant à présent de la ville d'Uzerche, faisant lesdites parties pour eux et les leurs, à l'advenir, d'une et d'autre part.

« Par lesquelles parties a été dit que damoiselle *Jeanne de « Gloton*, veuve de feu Jean Buginie, son premier mary, par « son testament du 13 *janvier* 1614, reçu par Raffaillac, no-« taire royal, aurait institué ses héritiers universels *Estienne « Buginie et Gabrielle du Bousquet*, fille de messire Charle « du Bousquet, seigneur de Saint-Pardoux, conjoints, chacun « pour une moitié, et légué à feu *Estienne Buginie*, fils, *sieur « de la Bargerie*, tout ce qui lui était dû par Martin Bouil-« lac... etc. »

Cet acte, que je ne trancris pas en entier, parce qu'il est trop long, est une transaction sur procès. Le notaire rédacteur, Me Rivière, à la résidence d'Allassac, fait un exposé complet pour faire connaître les causes de la transaction et son objet. Dans cet exposé, il indique en substance un testament de ladite feu demoiselle du Bousquet, du 20 novembre 1625, reçu par Bordas, notaire royal ; par lequel elle institue Estienne Buginie de la Bargerie, son mari, à charge de rendre à *Annet*, leur enfant commun, l'acte d'une anticipation de ce dernier, du 7 juin 1627, aux fins de recevoir la dot de sa mère, ladite remise effectuée le 9 août 1627, suivant contrat reçu par Bordas, et insinué ledit jour ; en conséquence de laquelle remise ledit *sieur Annet de Buginie de la Bargerie* liquida le supplément de légitime dû à sadite mère, *dans la maison du feu* SIEUR DE SAINT-PARDOUX.

Cette maison existe de nos jours, mais avec les modifications que lui ont fait subir les descendants de *Charles du Bousquet, sieur de Saint-Pardoux,* institué héritier universel par *Annet de Buginie,* qui décéda le 1.er octobre 1627. Ces modifications en ont fait un des châteaux les plus coquets du Bas-Limousin.

Dans la crainte de n'avoir pas l'occasion de vous reparler de cette noble et ancienne famille, à laquelle j'ai entendu contester sa noblesse avec des détails de faits les plus bizarres et les plus incroyables, permettez-moi, mon cher cousin, en passant, de renouveler la défense que je fis d'office, lors du procès de roture qu'on lui intenta, un jour, en ma présence, et à ces fins d'exquisser son passé. C'est un acte de justice que je dois à l'amitié dont m'honore M. le vicomte Maurice de Saint-Pardoux, homme très-intelligent et infiniment spirituel ; paradoxal en diable, quand il s'y met, mais sérieux quand il le faut ; saisissant et développant une idée abstraite et de science spéculative avec la même aptitude qu'il comprend et applique un procédé mécanique ; se relevant toujours avec une ironie sanglante, quand il veut faire payer une de ses complaisances qu'on a méconnues, parce qu'il frappe un mot, une situation, comme on frappe une médaille ; gentilhomme parfait, si la circonstance l'exige ; ayant très-certainement assez de gaîté dans l'esprit, d'entre-jambe, pour me servir d'un mot d'argot d'un certain monde ; assez de feu sacré pour faire un diplomate de premier ordre.

S'il n'avait pas appartenu à une famille réellement noble et de bonne souche, il n'aurait pas obtenu la main de *mademoiselle de Foucauld,* dont le nom seul est la preuve des exigeances de nobilité qu'il a eu à satisfaire.

Il est vrai que *Jean du Bousquet, sieur de Saint-Pardoux,* bisaïeul de *Charles du Bousquet de Saint-Pardoux,* mentionné dans la transaction ci-dessus, et d'*Antoine,* frère de ce dernier, dérogea ; mais *Charles et Antoine* obtinrent, au mois de septembre 1668, *en considération de leurs services,* des lettres qui les maintiennent en leur noblesse, nonobstant la dérogeance de Jean, leur bisaïeul (1).

M. le vicomte Maurice de Saint-Pardoux a pour père M. le comte de Saint-Pardoux, encore vivant, et pour frère M. le baron Joseph de Saint-Pardoux, qui a épousé mademoiselle Maria de Sancto des Piquets.

Revenons à Baluze. — Il n'a pas remarqué, je le prouve par les actes ci-dessus, que le nom *de Gloton* s'appliquait à une famille qui existait encore à Allassac, au XVII.ᵉ siècle, et qui était originaire, selon toute apparence, de la paroisse *de Glotons ou Glutons,* comme il appert de l'acte que voici :

« Dans le château de Roffignac, près la ville d'Allassac, Bas-« Limousin, le 18 *mai* 1751, par devant le notaire soussigné

(1) V. Lainé, Nob. lim., p. 8.

« c'était Bannelye) et les témoins bas-nommés, a été présent
« messire Jean-Baptiste Chalvy, écuyer, seigneur du Pouget
« et de Roffignac, ancien gendarme de la garde du Roi, habi-
« tant au présent château, lequel, en vertu de la procuration
« de M.ᵍʳ le Prince de Soubise et selon le plaisir de son al-
« tesse, a cédé et concédé, pour cette fois seulement, à messire
« *François de Lavore* (Lavaur) de Sainte-Fortunade, seigneur
« prieur d'*Auriat* et chanoine de l'église cathédrale de Tulle,
« le droit de prélation et de *rétantion* de la directe seigneurie,
« *rante* foncière et directe et autres droits dûs sur le village et
« tènement de la Besse, en la paroisse de Soudeilles, et DE
« GLUTONS..... etc.

« Dont acte fait en présence de *M.ᵉ Jean du Faure, procu-*
« *reur d'office de la présente ville d'Allassac*, et d'Élie Mou-
« neyrac, praticien. »

La preuve décisive en est dans le testament de *Jeanne de
Malafaïde*, femme de noble homme *Bernardi Fabri, aliàs de
Belfort*, fait le dernier septembre 1407 « *in* VILLA DE GLA-
TONIS, » au diocèse de Limoges, en présence de *Dauphine
Fabri, dame de Perato* (1).

Vous le voyez, quand on veut parler dans des actes publics de
la ville d'Egletons, on dit : *villa de Glatonis;* tandis que, lorsqu'on désigne une famille dans ces mêmes actes, où évidemment les désignations, les dénominations sont plus précises,
plus assurées, plus exactes, plus vraies que dans des livres
d'histoire, on dit : *de Glatonibus; de Gloton.*

Ce n'est pas seulement sur le mot *de Glatonibus* que je dois
des explications pour faire admettre ma thèse ; c'est aussi sur le
mot *de Bosco Vigerii* que je dois lever tous doutes. Reprenant
ce que j'ai déjà dit à ce sujet et y ajoutant, j'affirme que *Justel,*

(1) F. de G., fol. 242.

qui a fait un gros livre in-folio sur la maison de Turenne ; qui,
par conséquent, a dû explorer les titres du Bas-Limousin, a eu
raison d'indiquer le mariage de *Péronne Roger* avec *Pierre,*
seigneur de la Vigerie.

Reste à compléter sa donnée et de montrer quel *nom* précédait ce prénom de *Pierre.* — Si Justel avait dit qu'elle épousa
un tel, seigneur de la Vigerie, ou *Pierre de la Vigerie;* sa
pensée pourrait être acceptée en ces termes ; mais il dit : à
Pierre, seigneur de la Vigerie ! évidemment, le *nom du sei-*
gneur manque. Quel est-il ?

Je réponds avec M. de *Gaignaires* (1), avec le notaire *Tar-*
dieu (2), avec Nadaud (3) et avec plusieurs actes judiciaires ou
notariés, ci-après analysés, que c'est *Pierre Fabri de Glotons,*
Dominus de Bosco Vigerii. M. de Gaignaires prend un extrait
d'un titre original où sont nommés plusieurs Fabri ou du Faure,
notamment Jeannes Fabri, Dominus de Bosco Vigerii et *de*
Podio . . . . . etc., frater nobilis joannis scutiferi parochiæ sancti
Pauli

Or, il est à remarquer que ce noble *Jean du Faure,* chevalier, frère du seigneur de la Vigerie, était du lieu de Saint-Paul,
paroisse voisine de celles de Laroche-Canilhac, *Gimel* et Maumont. C'est déjà une présomption très-grave au point de vue
de l'identité de ces Fabri avec ceux de la vicomté de Comborn,
qu'il s'agit de constater, n'est-ce pas ? — Continuons. — Jean
du Faure, seigneur de la Vigerie, était aussi seigneur *de Podio;*
or, d'un acte passé à Allassac, devant M.ᵉ Meyre, notaire royal,
le 27 juin 1711, il résulte que *Pierre et Catherine Sauvezie,*
habitants du village de la Sauvezie, se reconnurent débiteurs
solidaires de la somme de 340 liv. envers *François du Faure,*

(1) Fol. 137.
(2) Reconn. féodale du 4 novembre 1625.
(5) Nob. lim, t. ii.

sieur du Mas, habitant en sa maison *del Peuch*, paroisse de Ligneyrac, — ladite obligation passée en présence de Jean du Faure, du lieu du Saillant, et de Jean Beynier, et signée : « LE MAS DE DUFAURE, » *du Faure*, Beynier et Meyre.

A l'appui de cet acte qui prouve que la terre *de Podio* (*del Peuch*) était dans la famille du Faure encore au commencement du XVIII.ᵉ siècle, en voici d'autres qui l'expliquent et le complètent ; ce sont :

1.º Un contrat de mariage accordé le 28 août 1407 « entre noble homme *Bernard de Beaufort* (de Bello forti), damoiseau du lieu de la Roche, au diocèse de Limoges, avec noble et honeste personne *Jeanne*, damoiselle, fille de noble homme *Hugues aliàs Gouy de Malafaïda*, damoiseau de la ville de Brive au diocèse de Limoges, de la famille de ces puissants seigneurs de Saint-Viance, qui exista d'abord aux environs de l'église d'*Avolca*, qui porte le nom de *Saint-Viance* depuis que, par bulle du pape Clément V, les reliques de Saint-Vincentian ont été déclarées authentiques, et à la prospérité de laquelle ils concoururent, et qui, en 1101, firent bâtir en l'honneur de Saint-Viance un monastère soumis ensuite à l'abbaye d'Uzerche, qui avait alors pour abbé *Gaubert de Malafaïda*. Saint-Viance est sous Allassac, distant d'une lieue seulement (1). Hugues, en faveur dudit mariage, donna à ladite future épouse, sa fille, tout ce qu'il avait reçu en dot de *Marie de Coursso*, sa femme, fille de *Guy de Coursso*, chevalier, et mère de ladite future épouse; *il est dit* que les articles dudit mariage avaient été passés le 10 juillet 1407, en présence de :

Bertrand de Maumont, seigneur de Santo-Vito ;

Jean Robert, seigneur de Linerac ;

Pierre Foucher, seigneur de Sainte-Fortunade ;

(1) V. Morvaud, t. I, p. 67.

Geniot de Saint-Amand ;

Geraut Philippe ;

Geraut de Beaufort ;

Aliot de Malafaïde ;

Jean Regnault, de Brive (1).

3.° Le testament de noble Jeanne de Malafaïde, fille de noble homme Hugues de Malafaïde, vivant damoiseau, dans lequel elle déclare être mariée avec *noble homme Bernardi Fabri, aliàs de Belfort ;* et ordonne sa sépulture au tombeau dudit Bernard, son mari, auquel elle laisse le soin de ses obsèques, passé ledit acte le 30 septembre 1407, *in villâ de Glatonis,* au diocèse de Limoges, en présence de noble et honeste femme *Dauphine Fabri, dame de Perato* (2).

4.° Une acquisition faite le 26 may 1439, par honeste femme Pétronille Durátonâ, veuve de feu *messire Joannes Fabri, du lieu de Saint-Paul,* consentie par Jean de La Roche, damoiseau, dudit lieu de Saint-Paul, et *Marie de Sainte-Marie,* sa femme (3).

5.° L'acte de baptême de *Anthoinette Dufaure,* fille à messire Etienne Dufaure, juge du Pont et de la Salle, et de Peyronne de Cheynialle, qui eut pour parrain *sieur Etienne Dufaure, écuyer,* et pour marraine Anthoinette Cheynialle ; inscrit ledit acte sur les registres de l'Etat civil de la ville d'Allassac, le 19 avril 1646, et signé : *Dufaure. — Sainte-Marie. —* Crouzilhe. — *Clouzard.* — Davoux. — Chénier. — Dupuy. — Fougeyron. — Dalby. — Clédat.

6.° Un autre acte de baptême de *Pierre Dufaure,* fils d'*Etienne* et de Peyronne de Cheynialle, qui eut pour parrain *Pierre Dufaure, curé de Nounat,* et pour marraine *Peyronni*

(1) Fol. 245, de G.

(2) Fol. 242, de G.

(3) Fol. 54, de G.

Rivière, inscrit le 19 avril 1649, et signés des mêmes comparants que le précédent.

7.° Une quittance donnée le 9 mars 1439, par *Petrus Fabri de Peyrato*, comme procureur et maître des biens dotaux de *Jeanne de Masvalier*, à noble *Aimeri de Corsonio*, *aliàs de Romaneto*, de eo quod debebat ratione dotis ipsius Johannæ uxoris dicti Petri (1); la mère de Jeanne de Malafaïde était une demoiselle de Corsonio.

8.° Une reconnaissance féodale faite « le 4.° juillet 1698, « en la ville d'Allassac, Bas-Limousin, par-devant Meyre, « notaire royal, » et rapportée dans le paragraphe précédent, p. 290 ; le bail à ferme consenti le 8 mars 1743, par messire *François du Mas*, sieur del Piq, de terres situées audit lieu del Piq, par acte passé à Allassac, devant M.ᵉ Bonnelye, notaire, et signé : *du Peyrat*.

9.º Le contrat de mariage de Jean Genier avec avec Jeanne Gautier, passé au lieu de la Brudye, paroisse d'Objat, Bas-Limousin, en présence de *François du Faure*, *sieur del Piq*.

10.° Le testament de Jeanne de Plas, veuve de feu Pierre Meyre, en date du 29 juin 1694, reçu par Meyre, notaire royal du Bary de la Grande-Fontaine, près la ville d'Allassac, et signé par Léonard Dufaure-Peyrat, clerc.

11.° Un commandement tendant à saisie immobilière, en date du 2 août 1630, fait par Desplas, sergent royal général, à la requête de M. Anthoine Teyssier, bourgeois de Tulle, au sieur *Léonard de Martz*, *habitant au village du* Chastenet, *paroisse de* Saint-Martial.

Le procès-verbal de saisie ou subhastation (2) fait à la suite

---

(1) Fol. 97, de G.

(2) L'expression *subhastation* a servi long-temps à désigner les ventes qui se faisaient par autorité de justice. Elle dérive des mots latins *venditio sub hastâ*, vente sous la pique ou la lance, c'est-à-dire par le signe de

du commandement, où l'on voit figurer parmi les héritages saisis, un pré confrontant *au chemin qui va de Saint-Martial à Gimel;* — une terre appelée *del Peuch;* une autre terre appelée aussi *del Peuch;* dressé ledit procès-verbal en présence de *Jehan Gibiac, du lieu de Gimel,* et Pierre Teste, du village *du Chastenet;* des procès-verbaux successifs d'*anquand* (encan) de *criées* devant la porte de l'église de Saint-Martial.

12.° Deux reconnaissances de sommes consenties « à Allas- « sac, les 24 septembre 1643 et 14 mars 1660, par Catherine « Sauvage, veuve du sieur *de Plas,* sergent royal, habitant « de la Grande-Fontaine-les-Allassac, » en faveur de *Jeanne Faure, veufve à feu Halen Montaigne,* habitant de ladite ville d'Allassac.

13.° L'acte de baptême de *Jehane Cessat,* fille de Pierre *Cessat* et de Jeanne Louzane, sa femme, qui eut pour parrain Pierre *Cessat-Faure,* frère audit Pierre, et pour marraine damoiselle *Jeanne de la Faucherie,* veufve de feu *messire de Fabri;* — ledit acte inscrit sur les registres de *Sadroc,* le 4.° may 1631, et l'acte de baptême d'Anne Vidalie, fille de Guillaume, chirurgien, et d'Anthoinette Faure, habitant au lieu *des Faures,* qui eut pour marraine Anne de Laporte, inscrit ledit acte, le 8 octobre 1711.

Quiconque voudra comparer et combiner les extraits qui précèdent, conviendra que les *Fabri,* seigneurs *de Bosco Vigerii et de Podio* sont bien et réellement représentés par les *Fabri ou du Faure* qui avaient la maison *del Peuch,* le tènement *del Piq,* la terre du même nom, la seigneurie *du Mas,* qu'ont eu aussi les Maumont, la branche de Saint-Vit, comme il appert

l'autorité, parce qu'à Rome, la pique était le signe de l'autorité; celui qui laissait *subhaster* ses biens, était noté d'infamie. — *Nullus es,* lui disait-on, pour lui reprocher ce fait. — En patois limousin, on dit : *cé-z-un degun,* c'est-à-dire un *vaurien.*

du Nobiliaire du Limousin, p. 35 ; le tènement du Peyrat , celui de *Cessat*, passé dans la famille de Bardicon, par le mariage de *Marguerite* du Faure avec Gilibert de Bardicon, écuyer (1) ; qui sont dénommés sieurs del Piq ; de Belfort ou de Beaufort ; de Peyrat ; de Cessat ; qui signent : *le Mas de Dufaure ;* qui sont alliés à la famille de Masvalier, qui a eu la seigneurie du Chaste-net, paroisse de Saint-Martial, près de Saint-Paul où habitait le chevalier *Jean du Faure , frère du seigneur de la Vigerie.*

Donc c'est bien à cette famille qu'appartient Jean Fabri ou du Faure, fils d'une sœur du seigneur du *Château-Haut de Gimel.*

Il est vrai qu'une famille qui signait et signe encore *de Lavi-gerie ,* a existé à Objat , Bas-Limousin, mais bien postérieure-ment au xv.ᵉ siècle, et dans une transaction sur procès, inter-venue le 20 juillet 1736, dans la ville d'Allassac, pardevant Bonnelye, notaire royal , en présence de *Martial du Faure de Lestang* et de Lasteyrie , témoins , les parties contractantes sont nommées : *Bernard Vigierie et Jeanne Vigierie*, co-héri-tiers de Bernard Vigierie.

Ou il faut rejeter la parenté de cette famille *Vigierie ,* ou il faut en présumer l'existence d'après la présence *de Martial du Faure de Lestang ,* à cet acte. Si cette présomption pouvait avoir quelque fondement, ce dont je doute fort , il résulterait d'un acte de vente de droits de *prélation et de rétention* consen-tis au château de Roffignac, à Allassac, suivant acte reçu le 11 mai 1751, par le même notaire, en présence de *Jean du Faure ,* procureur d'office de la ville et juridiction d'Allassac, par messire J.-B. Chaluy, écuyer, seigneur du Pouget, agissant comme mandataire du prince de Soubise, en faveur de messire

(1) V. contrat du 19 février 1662, reçu par Lasteyrie, notaire royal. V. la reconnaissance féodale du 22 juin 1C98, reçue par Dupuy, notaire.

François de Lavaur de Sainte-Fortunade, *sur divers ténements,* au nombre desquels se trouve celui *del Bos de Lestang.*

Mais ma conviction est que cette famille de la Vigierie doit être mise complètement de côté ; car le nom *de la Vigerie* se trouve dans des actes *antérieurs et postérieurs* à l'acte de transaction du 21 juillet 1736, ci-dessus, notamment, 1.° dans une quittance de 1,200 francs donnée devant Lasteyrie, notaire royal, dans *le bourg d'Objat, le* 29 *septembre* 1720, en faveur de messire Charles-Noël du Saillant, chevalier, seigneur marquis dudit lieu, vicomte de Comborn, *Objat* et autres places, grand sénéchal du Haut et Bas-Limonsin, par MM. *Annet Gautier, sieur de la Vigerie, et M.ᵉ Bertrand Gautier, sieur de la Mothe,* son fils, qui signèrent : « *Lavigerie.* » — « *De la Motte.* »

2.° Dans une subrogation consentie en faveur des Gautier, par Bertheret Faure, du lieu de Leychelencie, sur le sieur Moussour, dit la Roussille, de Juillac, le 14 octobre 1749, à Objat, devant M.ᵉ Bonnelye, notaire royal. — Dans ce dernier acte, *Annet Gautier* prit le titre de sieur de Lavigerie, conseiller du Roy et son procureur en l'élection de Brive, et signa : *de Lavigerie.*

On le voit, ce nom de Lavigerie est bien et seulement un *nom de terre,* laquelle terre a pu changer de propriétaire bien des fois depuis 1498, époque à laquelle il est constant qu'elle appartenait à notre famille.

Ce nom de Lavigerie est encore porté de nos jours par deux hommes fort distingués, dont l'un est ingénieur et l'autre inspecteur des ponts et chaussées, qui prennent le titre de *barons d'Astier* (1).

Il est encore pris par ces messieurs comme nom de terre.

---

(1) Voy. Annuaire de la noblesse de 1848, p. 124.

La famille *d'Astier* est originaire du Limousin : Arnaud de Saint-Astier (de Astiero) fut le premier évêque de Tulle en 1317.

Ce siége épiscopal semble privilégié. Tous les prélats qui l'ont occupé ont été grands par leurs vertus, leurs talents ou leur naissance. Le clergé a toujours été un des plus distingués de France, et a fourni, sans contredit, le plus d'hommes remarquables.

L'éminent Prélat qui le dirige de nos jours, *monseigneur Bertaud,* est une des gloires de la France, et, s'il m'était permis de l'apprécier, je dirais que, toutes les fois que j'ai le bonheur d'approcher de sa grandeur, *je crois voir un homme qui a un cœur d'or et une tête de diamant !*

Je l'aime, comme on aime les choses qu'on admire, sans réserve.

Si l'origine du nom de Gimel appliqué à ma famille, et remontant au mariage d'un Dufaure qui épousa une sœur de Jean Roger, seigneur de Rosiers, de Maumont, et dont les deux fils, *Jean,* qui fut évêque de Tulle, et *Pierre,* sont désignés dans l'acte de 1367, rapporté par Baluze, comme fils de la sœur du seigneur *du château haut de Gimel* (sororii domini Joannis de Malomonte domini castri superioris de Gimello), ne vous paraissait pas acceptable, *en dehors des alliances bien établies avec la famille de Gimel,* qui habitait *le château bas,* ainsi appelé parce qu'il était bâti (les murs de fondations se voient encore et sont bien conservés) tout-à-fait au bord de la rivière, dite la Gimelle, et EN CONTRE-BAS *de* 30 *mètres environ du château haut,* voici des faits qui m'autorisent à en donner une autre bien acceptable assurément.

Ici encore, la tradition la plus ancienne se mêle aux chartes de fondations et vient à mon secours ; mais cette fois, c'est la tradition religieuse et sainte qui commande respect à tous : —

Vers l'an 250, le christianisme pénétra dans les Gaules, et alors eurent lieu les prédications de saint Martial, le grand apôtre de l'Aquitaine, apportant avec lui les voluptés de l'âme et les joies du martyr (1), dont le passage dans le Bas-Limousin paraît avoir fortement frappé l'imagination du peuple. Les premières églises de campagne furent placées sous son invocation. Son nom était tout puissant *à Gimel,* où les chants sacrés des premiers chrétiens se mêlèrent au bruit de la cascade, qui, par la limpidité de ses eaux et la hardiesse de sa chute, est une des plus belles du pays. Elle tombe de la montagne en mugissant, et donne un aspect tout magique à ce lieu si propre aux rêveries de l'âme, dont la partie joyeuse est tuée au seul aspect de ces ruines si grandioses, chez le jeune homme surtout qui a le droit d'y rechercher son berceau !

Transportez-vous, par la pensée, sur les hauteurs des montagnes de Tulle, et tournez-vous du côté du Levant : vous verrez, au premier plan, des gorges immenses, dont la profondeur égale la hauteur de ces montagnes, et donne à l'imagination cette ampleur de conception qu'elle a quand on contemple de grandes choses.

Au second plan se déploient les forêts de Chadon et de Gimel. Au troisième plan apparaît dans les brumes de l'eau jaillissante de la cascade, à l'endroit appelé le Saut-de-Gimel, le clocher du bourg de ce nom, composé de quelques maisons seulement. La vue voudrait s'arrêter sur ce point tout mystérieux, mais le château de Saint-Priest, que met en vue une clairière dessinée par des ballons de pins, attire les regards au dernier plan et borne l'horizon. Un désir immense d'approcher de ces lieux s'empare alors de vous, et vous entraîne vers ce gouffre que la retraite et la douleur d'un Saint ont sanctifié.

---

(1) Michelet, *Histoire de France.*

Dès qu'on est descendu du bourg, et après avoir traversé un pont de pierre fort élevé : de là, on aperçoit un énorme rocher, que les eaux ont coupé à une grande profondeur. Plus bas, la rivière se précipite entre deux autres rochers, comme dans un gouffre, où elle disparaît entièrement. Après avoir fait quelques pas, on rencontre, vers l'ouest, une première position, d'où l'on voit, comme à ses pieds, la cascade divisée en *trois sauts*, dont chacun paraît avoir de 40 à 50 pieds de saillie moyenne.

La *première cascade*, formée par le premier saut, est appelée, par les habitants du pays, *la Tine* (*la Cuve*, parce qu'elle a la forme d'un entonnoir). Sa profondeur passe pour incommensurable dans le village, depuis que le malheureux enfant d'un nommé Vergne y fut entraîné par le courant et y demeura huit jours avant que l'eau ne le rejeta à la surface, malgré les efforts inouis de tous les habitants, qui s'employèrent avec dévouement pour le pêcher et le retirer de ce puits de mort dont le fonds ne put être senti. On essaya de le sonder avec des *cordes-à-plomb*, sans jamais s'appercevoir que le plomb portait sur le rocher ! Il faut croire que les moyens de sondage furent incomplets ou mal employés, mais cet essai infructueux suffit pour donner une idée de la profondeur de ce saut.

La deuxième cascade est appelée *la Redolle*, du verbe patois *ridoular*, parce qu'elle est molle dans son mouvement et contraste avec l'impétuosité effrayante de la première.

La troisième cascade est appelée *la Gouttatiero*, parce que le rocher qu'elle traverse, depuis que l'eau l'a coupé dans une largeur d'un mètre environ et creusé à une grande profondeur, est toujours ruisselant des gouttes d'eau que forment en retombant les brumes argentées de l'eau jaillissante à cet endroit.

De l'autre côté de la rivière, on remarque divers contours

circulaires en forme de puits ; un peu plus bas , on trouve la meilleure position pour contempler la cascade : c'est une étroite langue de terre, d'un abord difficile , contigue à un grand massif de rochers qui s'avancent , en forme de promontoire, jusque vers le milieu de la vallée. Quand on est parvenu à leur sommet , on se sent vivement frappé de tout ce qui vous environne. Là , placé comme dans une conque immense, au milieu des précipices et du bruissement des vagues , on voit à l'est, dans tout son jour, la cataracte qui n'offre plus à la vue qu'une seule et grande lame d'eau , et qui reflète à l'œil les couleurs de l'arc-en ciel , quand le soleil l'éclaire.

Elle est dominée au loin tant par l'ancien *Château-Haut* et l'église de Gimel , que par les maisons rustiques bâties çà et là sur les pentes de la montagne.

Enfin , si l'on se tourne vers l'ouest, l'œil découvre une autre espèce de promontoire , que couronnent une chapelle antique et quelques restes du château ruiné.

C'est alors que l'esprit cesse de contempler les merveilles de la nature pour méditer sur les merveilles de la religion , qui donne la vertu du sacrifice dans l'adversité et le courage héroïque à ceux qui ont le bonheur d'avoir une foi plus vive que la simple croyance au fatalisme chrétien. L'on se rappelle alors la tradition rapportée par Bertrand de la Tour (1), de la retraite de *Domnus*, chef franc, au pied de la montagne de Gimel, à l'endroit où la rivière reprend son cours naturel , lieu dit de *Braguse*. — « Alors Domnus (c'était après la bataille de Wouglé et au moment ou les Wisigoths, sous les enfants de Clovis , reparurent par bandes dans le Bas-Limousin (2), rava- « geant les terres qu'ils ne pouvaient garder), fils d'un guer-

(1) État de l'église de Tulle.
(2) Marvaud. — Hist. du Bas-Limousin, t. I, p. 49, al. 2, lig. 3, 4 et 5.

12

« rier franc resté dans le pays, retiré sur les terres de son
« père, dans les environs de Gimel, s'y livrait à la prière et
« consolait par son respect la vieillesse de sa mère. Un jour le
« peuple, qui se rappelait la haine des Francs contre la nation
« gothique, vint prier Domnus de combattre avec lui les en-
« nemis du pays et de la religion.

« Le guerrier fortifia le château où il laissa sa mère sous la
« garde de quelques hommes de sa nation, et courut ensuite
« le pays contre les Goths. Il allait en venir à un combat dé-
« cisif, lorsqu'il apprit que sa mère avait été enlevée et que les
« barbares menaçaient de la mettre à mort s'il ne leur envoyait
« le meilleur de ses chevaux chargé d'or et d'argent. Incertain
« dans son amour pour sa mère, s'il céderait ou s'il braverait
« les ennemis menacés d'une défaite, il fit attendre sa réponse
« pendant trois jours. Dans cet intervalle, sa mère fut mise à
« mort : son corps fut trouvé tout sanglant par le jeune guer-
« rier, le lendemain d'une bataille gagnée par lui contre une
« des bandes des Wisigoths.

« Domnus se reprocha la mort de sa mère ; et alla à Rome
« implorer son pardon aux pieds du chef de l'église. A son re-
« tour, il bâtit une cellule et un petit oratoire consacré à la
« Vierge, dans le même lieu où il avait confié à la terre le
« corps de sa mère. Un jour, il reposait auprès de son oratoire,
« quand tout à coup les morceaux de bois qui composaient sa
« cellule roulèrent le long de la montagne jusqu'au ruisseau
« voisin. Il se réveilla tout étonné de ce prodige et se mit à prier.

« Une colombe descendit du ciel et vint se poser doucement
« sur les débris de la cellule, ramassant avec son bec quelques
« branches tombées et les portant au bas de la montagne, en
« un lieu appelé *Braguse* (ce nom est conservé dans le pays).
« Le saint y transporta sa demeure comme étant un séjour
« plus retiré et plus convenable à la prière. »

Non-seulement ce solitaire priait dans ce lieu si désert, mais il y pleurait sa mère; car il fut inconsolable de cette mort qu'il aurait pu éviter. Il devait constamment jeter, en *gémissant*, un regard vers la tombe de sa mère. — Aussi, le nom de *Gimel* m'apparaît comme un nom de *pleurs et de gémissements!*

C'est dans le fait ci-dessus et celui qui va suivre, que j'ai cherché la signification, l'étymologie de ce nom, et que je suis arrivé à le prendre pour *synonime de douleur exprimée d'une voix plaintive et non articulée.*

Examinez-le bien, en effet, et vous reconnaîtrez que sa physionomie n'est ni *latine* ni *française*, à proprement parler, mais toute *locale :* dans l'idiôme du Bas-Limousin, l'on se sert du verbe *gimar* (prononcer *dgimar*), pour peindre la douleur prolongée; *qué dgimas?* dit-on à l'enfant qui pleure longtemps, pour l'interroger sur sa peine; et, pour désigner celui qu'en français l'on ne peut appeler *gémisseur* qu'en faisant un néologisme, dans la langue limousine on s'écrie : « *Quar,* ou *cal d'gimaïre!* » C'est la traduction littérale, avec la prononciation hellénique du verbe grec « γέμω, » que les Phocéens laissèrent.

Évidemment le nom de Gimel n'a été donné aux lieux dont je parle que pour les représenter comme lieu de retraite de solitaires profondément affligés, et traduire la pensée que j'exprime.

Voyez encore! Après Domnus, c'est un chevalier du nom de *Gimaziana,* qui se retire dans cet endroit, pour s'éloigner de la corruption de l'Empire. Depuis ces siècles primitifs, jusqu'à nos jours, cette famille s'est perpétuée dans la contrée et s'est alliée à la nôtre! — « *Le 7 juin* 1481, dans l'archiprêtré de Gimel, fut fondée une vicairie, par *Jean de Gimaziana,* jadis curé de Bassignhac, diocèse de Tulle, *pour un prêtre parent,* et cette vicairie fut appelée *del Faure* (1). »

En 1790 et 1791, le dernier rejeton mâle de cette famille *de Gimazane,* Louis, était receveur de l'enregistrement au au bureau d'Allassac, que les modifications administratives de circonscriptions firent porter à Objat, où il mourut. — Il avait épousé une demoiselle Mouneyrac, sœur d'Elie Monneyrac, notaire, et de Catherine Mouneyrac, *mon aïeule paternelle,* de laquelle il laissa une fille mariée avec M. Mathurin Jay, père de Léon Jay, mon cousin et mon ami, qui est dans les ponts et chaussées, seul enfant restant de ce mariage.

Madame veuve Gimazane convola en secondes noces avec un nommé Lecor, successeur de son premier mari au bureau d'enregistrement d'Objat, qui l'abandonna le lendemain de ses couches de deux jumeaux ! Pour faciliter sa fuite, il emprunta le cheval et le manteau de mon grand-père. Le cheval fut retrouvé dans les environs de Guéret, mais le manteau n'était point dans la valise.

D'après des lettres portant pour suscriptions : « *A M. Du-* « *faure de Gimel, ancien Président d'Allassac,* » il est permis de croire que mon grand-père et parrain avait alors quelque autorité? Il en usa sans doute pour retrouver son cheval ; mais il n'en abusa pas au point de ramener à sa pauvre tante, un mari sans cœur et un père dénaturé ; car, depuis, le sieur Lecor n'a jamais reparu dans le Bas-Limousin.

Après le jeune guerrier *Domnus,* après le chevalier *de Gimaziana,* les habitants de Gimel virent venir s'agenouiller dans l'oratoire dédié à la Vierge, saint Étienne, né en Limousin et le fondateur de l'abbaye d'Obazine (2) ; ils furent témoins de ses

---

(1) Nadaud. Pouillé, p. 229.
(2) Vita sancti Stephani Obazinensis.

miracles et se placèrent sous sa protection , comme plus tard leurs descendants placèrent sous la protection de ce saint patron leur église paroissiale , appelée , depuis : « *église de Saint-Etienne de Gimel* (1). »

Gimel est donc un lieu où le drame, accompli par les Barbares, inaugura la scène , que la religion a sanctifié ?

Ce lieu reçut le nom d'un fait; il le donna à la rivière qui arrose le pied de ses montagnes et qui semble vouloir toujours prendre à cet endroit l'aspect effrayant de tout ce qui l'environne, en se jetant dans ce gouffre qu'on appelle la *Tine*, d'où elle ne sort en mugissant que pour faire , avec plus d'élan , ses deux autres *sauts !* Après quoi, elle reprend un cours simple et tranquille dans un lit de peu de profondeur. On dirait qu'après avoir joué son rôle et produit son effet , elle se repose nonchalemment ! Ce contraste est saisissant au possible.

Ce lieu donna encore son nom à la famille de Gimel.

Tous les auteurs s'accordent à dire que cette famille est originaire du Limousin et de très-ancienne chevalerie ; mais pas un n'a indiqué son origine.

Lainé , dans son Nobiliaire du Limousin (2), est le seul qui ait osé hasarder une supposition : « Les vicomtes de Gimel , « dit-il, peuvent avoir été une branche de la famille d'Aubus-« son. *Vers l'an* 1080 , Agnès d'Aubusson , femme de Golfier « de Lastours , célèbre plus tard dans les guerres de la Terre-« Sainte , *lui porta la moitié du château de Gimel.* »

Cette supposition , basée uniquement sur cet apport dotal , n'a pas de signification décisive ; car il y avait à Gimel deux

(1) V. les testaments de François de Lentilhac et de Matheline de Lavaur de Gimel, faits devant M.ᵉ Masse , notaire , le 22 février 1658 : « *Ils élisent leur sépulture en l'église Saint-Étienne de Gimel.* »

(2) P. 24, l. viii, des Archives généalogiques et historiques de la Noblesse de France.

châteaux : le Château-Haut, qui appartenait aux Roger, seigneurs de Rosiers et de Maumont, et le Château-Bas, qui appartenait à la famille de Gimel, proprement dite. — Dans tous les
actes où interviennent les membres de cette famille, cette distinction est faite ainsi. — De même qu'en parlant de Jean et Pierre
du Faure, fils d'une sœur de Jean, seigneur de Maumont, Baluze ajoute, *castri superioris de Gimello ;* de même, dans le
contrat de mariage de Blanche de Gimel avec Pierre de Beaufort (egregio et magnifico domino Petro de Belfort), en date du
8 juin 1432, rapporté par Justel (1), il est dit : « qu'elle était assistée de son frère, nobile viro Guillelmo de Gimel, *domino
castri inferioris de Gimello.* »

De Courcelles (2) ajoute que « de ce mariage vinrent deux
« filles, dont une, c'était Catherine, fut alliée à la maison de
« Ventadour, par son mariage, en 1448, avec Charles de Ven-
« tadour (3), d'où descendent les *princes de Soubise* et de
« Condé, ce qui pourrait faire étendre la parenté de la maison
« de Gimel à celle de *Condé ;* et l'autre fut alliée à la maison
« d'Auvergne. »

Ce même auteur poursuit en disant : « qu'on voit dans la
« généalogie de la *maison de Noailles ,* que Jeanne de Gimel,
« sœur de Blanche, épousa Jean de Noailles, troisième du
« nom, le 4 septembre 1439, et que de cette alliance sont
« venus en ligne directe les *ducs de Noailles et de Mouchy,*
« et une fille qui a épousé un comte de Toulouse, duc de
« Penthièvre. »

Il est même constant que la famille de Noailles tire son origine d'un chevalier, *miles,* nommé *Gimel,* ainsi qu'il appert

---

(1) Preuves de la Maison de Turenne, liv. ii, chap. 7, p. 145.
(2) Dict. de la Nobl., t. xv, p. 298 et suiv.
(3) Marvaud, Hist. du Bas-Lim., t. i, p. 174.

d'une généalogie fournie par le duc de Noailles, qui, après avoir long-temps servi dans la maison de Turenne en qualité de *varlet* (fonction honorifique qui précédait la chevalerie), obtint le fief de Noailles sous la suzeraineté des vicomtes (1).

Mais il chercha en ce moment non pas les branches ni les alliances de la famille de Gimel, mais son origine, et je dis que la supposition de Lainé n'est pas fondée, car Agnès d'Aubusson tenait de sa mère, Blanche de Valon, la moitié du château de Gimel qu'elle porta en dot à Gouffier de Lastours (2).

La famille de Gimel était connue bien avant ce mariage, qu'on place vers l'an 1080 ; car dans le cartulaire d'Uzerche, de l'an 987, 1037 et 1061, est mentionnée Ainardès, femme de *Bernard de Gimel*. Elle fit une donation à Saint-Martin-de-Tulle, vers l'an 1060, de plusieurs manses, en présence de Bernardi et Raimondi *vicarii* (vicomtes) *de Gimel*; de Bernard et Adémar de Plas, etc. (3). Et dans la lettre de madame la comtesse, chanoinesse de Gimel, elle dit qu'un *Elie de Gimel* est mentionné dans une charte de l'an 900. Je crois fermement à la réalité de cette charte; car toutes les autres indications de cette lettre, que j'ai pu contrôler par la vérification des sources, sont d'une exactitude parfaite.

La vérité, selon moi du moins, est que le nom primitif de la famille *de Gimel*, était le nom *de Bothier*.

Voici mes preuves. Baluze rapporte en ces termes: « Anno 1234, *Willelmus Botherii miles Gimelli* dedit et concessit in communi capitulo et in præsentia Domini Bernardi Ventedoris abbatis Tutelensis decem memmos quos habebat in capella de Angulis. » Une donation faite par *Guillaume de Botier, chevalier*

(1) Marv. hist Bas-Lim. t. i, p. 205; t. ii, p. 382. — V. *Tallemant des Réaux.*

(2) *Id.* 210.

(3) Baluze, hist. de Tulle, p. 64 à 66, 852, 856, 413.

de Gimel, en faveur du monastère de Tulle. Or, n'est-il pas évident que le mot *miles,* ici, désigne le *titre* de ce *Guillaume de Botier,* titre qu'il avait dans sa famille, surnommée *de Gimel,* dont le titre, appartenant au *chef,* était alors et fut celui de *vicomte,* jusqu'à l'hommage de Raynaud de Gimel, rendu en faveur de Raimond II, vicomte de Turenne, par charte du 7 des calendes de février (26 janvier 1163), époque à laquelle il fut remplacé par celui de *baron,* supérieur à celui de *chevalier.*

Cette idée me paraît d'autant plus fondée que le nom *de Botier* a toujours été appliqué à la branche de Gimel, connue sous le nom de *Sédières,* depuis que le château de ce nom, bâti par *Laurent dal Biars,* célèbre à la cour d'Innocent VI, eut été transmis vers la fin du xiv.ᵉ siècle à « *Jean de Bothier,* « BARON DE GIMEL, dont les ancêtres avaient tenu le premier « rang parmi la noblesse du Bas-Limousin (1). »

Les successeurs de ce *Jean de Bothier, baron de Gimel,* continue l'historien que je viens de citer, furent aussi des hommes de mérite et furent pourvus de fonctions importantes à la cour. Le fils de Jean Bothier, devenu vicomte de Sédières (par la volonté de Henri IV, pour lequel il avait pris parti contre la ligue en 1606), épousa Marthe de Noailles et fut compris dans la promotion des chevaliers du Saint-Esprit. Cette famille se fondit plus tard dans celle *de Lentilhac,* dont les descendants, propriétaires de la terre et du château de Sédières, portent encore le titre de vicomtes, par le mariage de Philiberte de Sédières, fille de Charles, vicomte de Sédières, baron de Brignac, avec Jean-François de Lentilhac, suivant contrat du 29 avril 1647, passé devant Massé, notaire royal.

Ce Jean-François de Lentilhac était fils de François de Lentilhac, 5.ᵉ du nom, seigneur, baron de Saint-Yrieix, de Fel-

(1) Marvaud, hist. du Bas-Lim. t. ii, p. 384 et 385.

zim, *de Laprade*, et autres lieux, et de Matheline de *Lavaur de Gimel*, fille de messire Antoine de Lavaur, baron de Gimel, depuis son mariage avec *Gasparde de Gimel*, dame dudit lieu et seule héritière de cette maison.

Le contrat de mariage passé au château de Gimel le 27 octobre 1625, fut reconnu le 21 janvier 1626, par devant Duboys, notaire et tabellion royal (1).

Les descendants de François de Lentilhac, 5.ᵉ du nom, furent : *Jean-François de Lentilhac*, 6.ᵉ du nom, l'aîné de six enfants, dont l'un d'eux, *Joseph*, épousa Eléonore Brachet de Lagorce, et un autre, Gabriel, qualifié *marquis de Gimel*, épousa Claude de Béraud de Bar, dont la sœur, *Jeanne de Bar*, fut marraine de *Jacques le Faure*, fils de Pierre et d'Anne de Mules, du bourg de Villeneuve en Picardie, suivant acte du 1.ᵉʳ octobre 1654, inscrit sur les registres de Donzenac, en présence de *Pierre de Scorailles*, seigneur de Laval, qui fut parrain, et un troisième François, qui épousa dame *Victoire de Dubois*.

Jean-François de Lentilhac eut cinq enfants, dont deux garçons, savoir : *François-Mathurin*, qui suit, et François second, mort jeune, baptisé le 12 mai 1659, en l'église de Gimel, et qui avait eu pour parrain *François de Boussac*, écuyer, *seigneur de Faure*, c'est-à-dire du tènement des Faures, auquel notre famille avait donné son nom (2).

François Mathurin, créé *comte* par Louis XIV, épousa, le 20 juillet 1681, Marie-Charlotte *de Coustin du Masnadau*, fille d'Antoine-Charles et de Charlotte de Rilhac, et en eut plusieurs enfants. Lainé, dans sa *Généalogie* (3), n'en mentionne que trois, savoir :

---

(1) Lainé, t. vɪɪɪ, *Généalogie de la famille de Lentilhac.*
(2) Voy. la reconnaissance féodale du 4 juillet 1698.
(3) Voy. t. vɪɪɪ, p. 45.

Louis-Marie, marié avec Anne de Beyssac, *dont il n'eut point d'enfants ;*

François, 6.ᵉ du nom ;

Et *Gabrielle - Thérèse.* — Il ne parle point de *François de Lentilhac,* baptisé le 2 février 1689 sur les fonts baptismaux de l'église paroissiale de Saint-Etienne de Gimel, né au château de Brignac, le 29.ᵉ juin 1688, où il fut ondoyé par le sieur Chambon de la Feuillade. — Il eut pour parrain messire François Coustin, seigneur de Masnadau, et pour marraine la marquise de Payreaux, sœur du parrain.

Cet acte baptistaire, dont la copie m'a été délivrée conforme par M. Lavergne, fut signé :

De Lentilhac ;

De Peyrau ;

De Linars ;

De Roger ;

Du Faure, et de plusieurs autres noms.

La généalogie de Lainé est donc incomplette ? Et c'est avec ces généalogies qu'on écarte souvent des alliances d'une maison illustre, certaines familles ou même certaines branches ! C'est déplorable.

Ce n'est pas, au demeurant, la première fois que notre nom figure dans les actes les plus sérieux de la famille de Gimel, représentée par celle de Lentilhac. Dans la vente de droits de lots et ventes consentie le 18 février 1684 par François-Mathurin de Lentilhac, devant Magœurs, notaire royal, en faveur d'un nommé Teyssier, bourgeois de Tulle, figurent comme témoins : « Martin Dufaure *et le chevalier de Lentilhac.* »

Ce dernier était *François de Lentilhac,* 6.ᵉ du nom, fils puîné de François, 5.ᵉ du nom, et de *Matheline de Lavaur de Gimel.* Il fut connu dans sa jeunesse sous le nom du *chevalier de Gimel,* et fut auteur de la branche des *comtes* et des *mar-*

quis de Lentilhac. Il épousa, le 5 juin 1685, *Gabrielle de Gimel*, veuve de messire Alexandre du Martret, écuyer.

Son oncle, François Mathurin, eut pour fils aîné Antoine-Armande Régis, qui épousa Léonarde-Charlotte de Meillars, et pour second fils Louis-Marie, qui entra dans les mousquetaires gris de la garde du Roi, au mois de février 1763, et fut nommé, par commission du 24 mars 1774, capitaine à la suite du régiment de Noailles. Il fut fait premier aide-de-camp du maréchal de Mouchy, en 1776, lieutenant-colonel en 1779, et chevalier de l'ordre de Saint-Louis.

Élu député aux États-Généraux du royaume en 1789, il se retira à l'époque de la réunion des ordres, avec l'agrément de ses commettants ; alla se réunir, en Gévaudant, aux royalistes commandés par d'Apchier, et de là se rendit à Coblentz, en 1791, comme commissaire de la noblesse des bailliages du Haut et Bas-Limousin, près de son altesse royale le comte de Provence.

Les princes le nommèrent officier supérieur avec rang de colonel dans la 1.re compagnie noble d'ordonnance, le 1.er mai 1792.

En 1795, il fut nommé pour accompagner *Monsieur* en France, et se trouva à Quiberon et à l'île Dieu. Il fut promu au grade de maréchal de camp le 1.er janvier 1798. Il mourut à Londres le 12 juin 1801.

Il avait épousé Charlotte-Cécile Cassaignes de la Nusse, duquel mariage naquit une fille qui épousa Louis de Passefond, baron de Carbonat, dont le successeur, *Paul*, je crois, prend le titre de *comte de Sédières*.

La descendance de François VI.e de Sentilhac est représentée aujourdhui par les enfants de Louis-Victor de Lentilhac.

Si j'ai fait une si longue digression sur la famille de Lentilhac, branche de Gimel, c'était pour n'avoir pas à y revenir et montrer l'insuffiance des généalogies que commentent les auteurs

Je reviens à l'indication de l'origine. Si on n'accepte pas celle que je viens d'indiquer, il faut croire que la famille de Gimel a été une branche de la famille du *chevalier de Gimaziana.*

Les considérations qui permettent de faire cette supposition, sont les suivantes : le nom de *Gimel* dérive du fait ci-dessus indiqué. Comme nom appliqué à une famille , il se conçoit très-bien transformé en celui de *Gimaziana* , qui présente la désinence féminine , et qui s'appliquait à une famille puissante ; car elle était *titrée* dans les siècles primitifs ; et, comme dans les siècles qui précédèrent immédiatement le x.ᵉ, il était d'usage que les seigneurs ne fussent désignés que par le nom de leurs seigneuries , on conçoit très-bien aussi que le *nom de Gimel* soit resté appliqué aux seigneurs du Château-Bas de Gimel, par suite de la charge de vicomte qu'ils auraient reçue , comme le fait supposer la donation de 1060 , rapportée ci-dessus. Ce qui me porte à le penser, c'est que cette famille n'est connue, sous le nom *Gimel ,* qu'au x.ᵉ siècle , quoiqu'il soit manifeste qu'elle existait et florissait , même, avant, puisque ceux de ses membres dont les chartes nous ont conservé le nom , apparaissent tous dans une position remarquable et avec les plus nobles de la province.

Enfin, car dans l'histoire d'une famille où les qualités comme les vices sont héréditaires, et le *fait* qui en a fait la grandeur et l'illustration est toujours présent et conserve son influence , on voit ces *de Gimel* perpétuer l'idée de dévouement religieux, de sainteté qui s'attache aux lieux qui les virent naître. — Ainsi, dans le commencement du xi.ᵉ siècle, Abon de Gimel fit donation d'un mas à l'abbaye d'Uzerche. La charte en fut souscrite par Ameil et Guillaume , ses frères ; par Aimée sa femme (1).

_____

(1) Cartul. d'Uzerche, fol. 629.

Élie de Gimel fit don à l'abbaye de Vigeois de l'église de Sparti-
niaco et de toutes ses dépendances, par charte de l'année 1111 (1).

Cet Élie de Gimel, dit Belly, grand chantre et archidiacre de
l'église de Limoges, avait été clerc et ensuite l'intime ami de
saint Guillaume, archevêque de Bourges.

Vénérable par la sainteté de ses mœurs, il se rendit recommandable par plusieurs belles actions. Ce fut lui qui introduisit
dans la cathédrale l'office de saint Guillaume, de saint Vincent, martyrs, et de saint Just, à la translation duquel il avait
présidé.

A l'invitation de son chapitre et d'après d'anciens documents,
il dressa l'*ordo ad bene dicendum ducem Aquitaniæ*, ou le cé-
rémonial de l'inauguration des ducs d'Aquitaine. Son manuscrit faisait partie des archives du chapitre de Saint-Etienne. Il
fut traduit en français du temps et imprimé en partie en tête
des remarques de Maldamnal, sur l'histoire du Limousin (2).

Élie de Gimel composa encore des sermons en l'honneur de
Guillaume, archevêque de Bourges, de saint Just et de saint
Vincent.

Ramnulfe, vicomte de Gimel, fut présent avec Foucher de
Pérusse, Archambaud de Felets, Pierre de Bré, etc., à un
accord fait au château de Pompadour, le 6.ᵉ des calendes d'août
1126, entre Golfier de Lastours et Eustorge, évêque de Limoges.

En 1106, Elie de Gimel fut présent à un acte passé dans le
réfectoire de Saint-Etienne de Limoges, en présence d'Eustorge, évêque.

En 1115, le pape Pascal II publia une bulle qui avait pour
but de consacrer la propriété d'un grand nombre d'églises et
de terres à l'abbaye de Tulle, et dans laquelle il fit défense aux

---

(1) Cartul. de Vigeois, fol. 91.

(2) Hist. des comtes du Poitou.—Annales de la Haute-Vienne (2.ᵉ année, 1811, n.º 81. Baluze, p. 112.

moines de Tulle de refuser dans leur cloître la sépulture aux chevaliers *de Gimel*, de Seilhac, *de Bar*, de Lagarde, de Lentilhac, de Turenne, de Ventadour et de Comborn, etc. (1). Presque tous ces chevaliers jouissaient des droits féodaux les plus étendus. On dirait autant de petits rois (2).

Dans sa bulle de 1154, le pape Adrien IV fait la même réserve, et en finissant l'énumération, il ajoute : « les vicomtes de Turenne, de Comborn, *de Gimel*, avec leurs enfants et femmes. »

En 1146, Elie de Gimel, archidiacre, et Hugues de Gimel, archiprêtre (de l'archiprêtré de Gimel), signèrent comme témoins l'acte de promulgation d'une bulle du pape Eugène III, au sujet du monastère de Meymac.

En 1190, Audouin de Gimel fit don à l'abbaye de Saint-Martial de Limoges des rentes en froment qu'il avait dans les paroisses de Bosogles et autres (3).

En 1270, G. de Gimel fut témoin d'un hommage rendu par Ebles de Ventadour du château de Molceo, et Pierre de Gimel assista à un hommage rendu par les seigneurs de Saint-Chamant, en 1313, au monastère de Tulle, sous plusieurs manses.

Je m'arrête dans ces citations, parce qu'il m'est impossible de suivre cette famille dans toutes ses ramifications et ses branches, quoi qu'elle se soit toujours maintenue.

Un projet de généalogie manuscrite existe à la bibliothèque impériale, mais ce projet est incomplet quant au temps, quant aux personnes, et contient beaucoup d'inexactitudes. — L'auteur l'indique lui-même, car il y a en tête, ces mots : « *à revoir.* »

Il mentionne Renaud, vicomte de Gimel, en 1163 ; Pierre,

(1) Baluze, p. 464, 885, 577 et 605.
(2) Marvaud, t. i, p. 225.
(3) Extrait du Terrier, in-fol. de l'abbaye de St.-Martial de Limoges.

en 1266; Bertrand, qui épousa Anne de Maumont, et Marguerite de Gimel, fille d'Antoine, ambassadeur à Rome, en 1530, qui épousa Bernard de Maumont, seigneur de la Roche.

Il indique comme alliées de celle de Gimel, les familles :

de Maumont;
du Saillant (1);
de Ceries (2);
de Tauzelles;
de Favars;
Robert de Lignerac;
de Montal;
de Barras;
de Puydeval;
de Cosnac;
de Moleon;
de Noailles;
de Beaufort;
de Lastic;
de Cardaillac;
de Livron;
de Rabastens;
de Balagnier;
d'Aurcolle;
de Saint-Quentin (3);
Hérail;
de Lavaur;
de Lintilhac.

(1) Le Saillant est à côté d'Allassac. — Cette alliance résulte du mariage de Marguerite de Gimel avec Bertrand du Saillant.

(2) Les du Moulin étaient seigneurs de Coustin-Ceries (v. Nob. lim. Lainé).

(3) Gilbert de Saint-Quentin, baron de Beaufort, épousa Françoise alias Blanche de Gimel, le 14 mai 1515.

Une copie , sur parchemin , du contrat de mariage de François de Gimel, écuyer, sieur de Geyrande, fils de messire de Gimel, écuyer, vivant, sieur de Geyrande et d'Anne du Basta , assisté de Jacques de Gimel, son frère aîné, avec Françoise de Savignat, fille d'Amable de Savignac, écuyer, *seigneur d'Ayen,* et de demoiselle Philiberte Gaultier, assistée de Léonard Rousseau , écuyer, sieur de Laage et de Pierre Niomandre , écuyer, seigneur de Labarre et autres , ses parents et amis, passé, ledit contrat, « *au chastel d'Ayen, après midi, le 5 janvier* 1629 , par Boëry, notaire royal , mentionne l'alliance avec la famille *de Durat*.

A ces alliances il faut ajouter, d'après de Courcelles (1), celles de :

Ducale ,
de la Tour-d'Auvergne ;
de Bouillon ;
de Turenne ;
de Ventadour ;
de Gontaut-Biron ;
de Caumont-la-Force ;
de Salignac ;
de Fénélon ;
des barons de la Valette-la-Finon :
de Saint-Alvère (de Lostanges) ;
de Durfort-Boissière ;
de Durfort-Pestillac ;
de la Rochefoucauld ;
de Royère ;
de la dame comtesse d'Eten ;
de Saint-Viance ;
de Carbonnières ;
de Bar, etc.

(1) Dictionnaire de la Noblesse, t. xv, pag. 502.

Cet auteur donne la généalogie des *Gimel de Paluel ;* mais son point de départ est faux, selon mon honorable ami M. le comte Victor de Seilhac, qui est un parent très-proche.

Maintenant, si je laisse parler madame la comtesse de Gimel, dans sa lettre du 28 décembre 1852, je puis préciser une alliance de cette famille de Gimel avec la nôtre, et la suivre jusqu'à nos jours.

Après avoir dit que les titres de la maison de Gimel sont en la possession de MM. de Combarel qui demeurent à Bellac, et m'avoir donné quelques indications depuis *Elie de Gimel,* mentionné dans une charte de *l'an* 900, jusqu'à *Pierre de Gimel* qui figure dans la *Galerie des Croisades,* à Versailles, elle ajoute : « Des Gimel sont nommés dans des actes et des ar-
« chives jusqu'en 1580.

« Alors, *un Pierre de Gimel* mangea tout son bien, et, ruiné,
« *il épousa Marie Dufaure,* qui lui apporta la charge de con-
« seiller du Roi, lieutenant au siège présidial de Brive. Cette
« charge était dans la famille Dufaure. — Pierre de Gimel en
« fut pourvu par lettre du Roi, et l'exerça pour subsister.

« Les descendants de Pierre de Gimel vécurent pendant deux
« générations dans la pauvreté, mais noblement.

« Ce n'est que sous Jean de Gimel, mousquetaire du Roi,
« *que cette ancienne famille* put reprendre le rang de ses
« aïeux, de 1630 à 1660, et, comme avant la ruine des Gimel,
« reprendre l'épée pour le service du Roi.

« Le fils de Jean de Gimel, mousquetaire du Roi, François
« de Gimel, seigneur de Gimel, Tudeils, l'Affeuillade, acheta
« la terre de Tudeils du comte de Verdier (1).

---

(1) Le château de Tudeils, arrondissement de Brive, est aujourd'hui possédé par M.me de Montonnet, fille de madame de Gimel. — V. Nouvelles Éphémérides, par Laurent, p. 528. — Châteaux de la Corrèze.

« Ce François de Gimel eut quatre fils au service du Roi,
« savoir :

« *Jean*, l'aîné ;

« *Paul-Guy*, officier, tué au siége de Fribourg en 1744;

« *Charles*, officier d'artillerie, mort des suites de ses bles-
« sures en Westphalie, en 1757;

« *Pierre*, colonel d'artillerie, qui existe encore, a eu la joue
« droite emportée par un éclat d'obus, en Amérique, sous les
« ordres de Lafayette.

« Le comte de Gimel, Paul-Guy de Gimel, seigneur de
« Tudeils et de l'Affeuillade, fils unique de Jean de Gimel, neveu
« de Pierre de Gimel, colonel d'artillerie, fut capitaine d'ar-
« tillerie et chevalier de Saint-Louis.

« Il commandait, en 1788, le château de Nantes, et fit ses
« preuves de noblesse, d'abord pour épouser la comtesse Ma-
« rianne Walsh, chanoinesse, et ensuite pour monter dans les
« carrosses du Roi.

« Il fut nommé à l'Assemblée noble de Paris. Sa médaille,
« en argent, porte d'un côté la tête du roi Louis XVI, et de
« l'autre cette inscription : « *Conventus nobilium Parisien-
« sium*, » et en exergue ces mots : « *Paul-Guy, comte de
« Gimel, membre de l'Assemblée.* »

Vers la même époque, le nom de *Gimel* n'était pas seulement inscrit sur les registres matricules des régiments de
France, on le voit aussi, de 1705 à 1790, sur les registres de
l'Etat civil de l'église paroissiale de Sadroc, dont le curé était
un Gimel et eut pour vicaires MM. *du Faure* et de Chaumont.
Sur ces registres se trouve souvent répété le nom de Dufaure
à côté des plus grands noms de la province, tels que ceux de
Turenne, des Cars, d'Espeyrut, de Boysseuil, de la Porte,
de Sagaulx, de Brachet, de Cosnac, de Brons, de la Rochepot
(d'André).

Ces registres (1) constatent encore l'alliance de la famille d'André, alliée à la nôtre, avec la famille des Cars, résultant du mariage de Jeanne d'André avec Bernard des Cars, écuyer, seigneur du Groux, célébré le 1.ᵉʳ juillet 1696.

De ce mariage provinrent plusieurs enfants, dont l'aîné, Jeanne, fut baptisée le 13 juin 1697, et eut pour parrain Bernard des Cars, écuyer, *seigneur de la Vernouille*, terre dépendant du château de Saint-Ybard que vous, mon cher cousin, avez l'avantage de posséder aujourd'hui.

Enfin, sur la cotte d'une transaction de famille, à laquelle consentit mon grand-père le 2 pluviose de l'an vi, l'on voit écrits ces mots : « *Papiers de Gimel.* »

Des lettres datées de 1823, et des règlements de comptes pour vin vendu par mon grand-père, portant pour suscription : « *M. Dufaure de Gimel, ancien président d'Allassac.* »

Des contrats notariés constatant des acquisitions d'immeubles faites par mon père, et reçus par M.ᶜ Bonnelye, notaire, sont cotés ainsi : « *Dufaure-Gimel.* »

Je crois pouvoir passer sous silence plusieurs titres trouvés à la maison, remontant au commencement du xvii.ᵉ siècle, intervenus entre des *de Plas*, du lieu de Gimel ; des *Chapfaure*, du lieu de Saint-Martial, près de Gimel, où figurent comme témoins des Dufaure, des du Monteil, des de Charrières..... etc.

Je crois donc avoir justifié la première proposition ci-dessus.

En ce qui touche la famille de Laron, mes données sont

---

(1) Tous ces extraits, que j'ai pris sur les registres de Sadroc, ont été certifiés conformes par M. Marty, maire, qui voulut bien prendre la peine de se joindre à moi pour le dépouillement de ces titres, qui sont très-bien tenus.

plus certaines que pour celle de Gimel. Pour celle-là, les titres les plus précis viennent remplacer la possession d'état qui n'existe plus.

« C'est à la chronique de Geoffroi, prieur de Vigeois, dit
« Lachenaye des Bois (t. v, p. 172), qu'on est redevable de la
« connaissance particulière qu'on a de cette ancienne et illustre
« maison de Laron ou de Léron, en Limousin et en Périgord,
« dont le premier auteur connu est *Roger de Laron*, men-
« tionné dans une charte de l'an 997, rapportée dans la *Gallia-*
« *Christiana* (table instr., col. 190).

« Roger fut père d'Aimar *Comtor* ou Comptour de Laron,
« qui épousa Aolaarz de Lastours, fille et héritière de Gui de
« Lastours, dit le *Noir*, seigneur de Lastours, de Terrasson,
« de Pompadour, d'Hautefort et d'Engelsiane de Malemort.

« *Aolaarz*, qui, suivant la remarque de Geoffroi, était d'une
« complexion faible et délicate, mourut jeune et fut enterrée
« près de sa mère dans le monastère d'Arnac.

« Son mari prit une seconde alliance avec la sœur d'Ithier
« de Chabot, évêque de Limoges (élu vers l'an 1052, mort
« en 1073). — Plusieurs enfants provinrent de ces deux ma-
« riages.

« De *Gui de Laron*, issu du premier lit, sont sortis les sei-
« gneurs de Lastours, divisés en plusieurs branches aujour-
« d'hui éteintes; les anciens seigneurs de Pompadour,
« aussi éteints, et les seigneurs de Hautefort, dont il est très-
« probable que descendent, par un cadet, les seigneurs de
« Vœudre, en Périgord, qui ont toujours porté le nom d'Hau-
« tefort.

« *Plusieurs autres branches de cette illustre maison ont*
« *subsisté longtemps en Limousin et jusque dans le* xv.ᵉ *siè-*
« *cle. — La dernière, Jeanne de Laron, fille de Pierre et*
« *d'Izabelle des Molins ou de Moulins, sœur de Jean et de*

« *Nicolas de Laron, fut mariée, en* 1405, *à Jean Adhémar*
« *de Lostanges, damoiseau, co-seigneur de Lostanges et de*
« *Beyssac, en Limousin, dont descendent les seigneurs de*
« *Sainte-Alvère, en Périgord.* »

J'arrête ici la citation de Lachenaye-des-Bois, pour la completter par celle de l'abbé Brizard, qui s'exprime ainsi à la
page 611 de son admirable histoire de la maison de Beaumont : « *Le* 13 *octobre* 1405, *noble Pierre Adhémar de Los-*
« *tanges, damoiseau, épousa Jeanne de Laron, fille de noble*
« *Pierre Faure* (Fabri), *baron de Laron, damoiseau, et*
« d'Izabeau des Molins, suivant contrat dont l'original a été
« vu aux archives du château de la Baconaille, en Limousin,
« par M. le marquis de Lambertie. »

J'ajoute encore la citation de M. de Gaignières, qui complète les deux précédentes et les explique. Au folio 129 du
dossier des du Faure, en Limousin, il s'exprime ainsi : « *Joannes*
« *de Molendinis, filius Petri Burgensis nobiliacensis fuit*
« *pater Isabellæ de Laronte sive de Molendinis, quæ nupsit*
« *nobili petro Fabri, domicello. Eorum filius fuit Nicolaus*
« *de Laronte, domicellus.* »

Cette alliance de la famille *des Molins*, ou *de Moulins*, ou
des Moulins, car l'on trouve le nom écrit de ces trois manières
dans les actes que je vais indiquer, avec la famille du Faure,
n'est pas la seule qu'il y ait eu.

En effet, sur les registres d'Allassac, à la date du 3 mars
1619, se trouve l'acte de naissance de *Jean de Molins*, fils de
Jean de Molins, notaire royal, et de Catherine *du Faure*,
qui eut pour parrain *Jean du Faure*, et pour marraine *Marie
de Sagaulx d'Orniacq*, ainsi qu'il appert de l'expédition en due
forme.

A la date du 7 mars 1621, sur les mêmes registres, se trouve
l'acte de naissance de *Guillaume des Molins*, qualifié fils de

Jean des Molins, notaire royal , et de honeste femme *Catherine du Faure , habitants dudit Allassac ,* ledit acte fait en
présence de : *du Faure , avocat ; F. de Plas* et Aguiré.

Ces deux actes prouvent que le nom de Molins s'écrivait
de Molins ou *des Molins ,* et que la famille de ce nom habitait
à Allassac en 1619 et 1621. Elle y était bien auparavant ; car
dans un acte passé entre Jean des Molins , ci-dessus nommé ,
et Anthoine et Jean du Faure , père et fils , tous les trois « *co-
fermiers* » de Mgr. l'évêque de Limoges , pour ses droits sur
la châtellenie et paréage d'Allassac , le 22 décembre 1625 , il
est dit que cette ferme durait depuis les années 1614 à 1618.

Cette famille s'est éteinte dans sa descendance mâle vers la
fin du xvii.ᵉ siècle , ainsi qu'il appert du contrat de mariage de
Anthoinette de Porcher avec Pierre Bonnelye, en date du 1.ᵉʳ
mars 1677, passé à Allassac devant M.ᵉ Lasteyrie, notaire, et
dans lequel *Pierre de Molins*, juge de Chanac et notaire royal,
comparaît avec *Léonarde de Porcher ,* son épouse, pour faire
donation de tous ses biens en faveur de la future sa nièce, qualifiée fille de Jean Porcher, sieur du Claux , avocat en la cour,
et de Marguerite de Nauche.

Ce Pierre de Molins fonda une *vicairie* dans la commune
d'Allassac, au bois de las Piereras. Elle devint vacante par le
décès du titulaire, et « *François de Moulins ,* prestre , filleul
« de l'église de *Saint-Jean d'Allassac ,* dans laquelle l'acte fut
« passé, demanda à être envoyé en possession de cette *vicairie*
« *à Jean de Roffignac ,* aussi prestre et filleul de ladite église.

« Jean de Roffignac prit François de Moulins par la main ,
« le conduisit au grand autel de ladite église et d'icelui à tous
« les autres autels d'icelle et devant iceux fléchi les genoux et
« baisés en signe de ladite prise de possession , la cloche son-
« nant et ainsi fut mis en la vraye et actuelle et corporelle po-
« cession de ladite viquairie ledit de Moulins. »

Fait à Allassac, le 11 novembre 1651, par-devant M.ᵉ Lasteyrie, notaire et signés *de Molins* pour avoir requis et pris possession et *de Roffignac*, pour avoir mis ledit *des Moulins* en possession de ladite vicairie.

Lors de la nouvelle alliance des de Molins avec les du Faure, une nouvelle alliance se forma entre les de Pompadour et les Fabri, par le mariage de Marie Fabri avec Philibert de Pompadour, lieutenant du Roi en Limousin. Il prit possession de cet emploi le 23 juin 1621 et mourut en 1635. M. de Laurière le remplaça, ainsi qu'il appert de la correspondance de madame de Pompadour avec son père, sa sœur la chancellière Séguier et son frère *de Villevesque*.

En 1745, cette terre de Pompadour fut donnée par le Roi à la célèbre madame d'Étioles, avec le titre de duchesse de Pompadour.

En 1763, elle fut affectée à la destination qu'elle a aujourd'hui, c'est-à-dire du haras, par la réunion, en un seul corps de biens, des terres de Pompadour, de Bré, de Saint-Cyr-Laroche et de la Rivière.

La baronie de Laron était entrée dans la famille du Faure par suite d'alliance avec la famille *de Molins*, qui l'avait elle-même reçue par suite d'alliance avec la famille de Laron, dont elle forma une branche. Elle en est sortie, je ne sais comment, pour passer dans la famille de Noailles ; car elle est indiquée dans la généalogie de cette illustre maison, qui se trouve imprimée, sur feuille détachée, au dossier des *Gimel*, déposé à la Bibliothèque impériale, et dans laquelle *Henri de Noailles* est qualifié seigneur de Léris, *baron de Laron*, etc.

Voilà la réponse que je crois devoir faire aux généalogistes qui demandent ce qu'est devenue cette baronie et la famille de Laron, qui compte parmi les héros de la première croisade, Golfier de Laron, dit de Lastours, surnommé le *Grand*, don le nom a été défiguré par la plus part des historiens, faute d'avoir connu les différentes races qui se sont succédées dans la *seigneurie de Lastours*, *première baronie du Limousin.*

Les uns l'ont appelé *Latour ;* d'autres *Lestours...*, etc. (1). Les seigneurs de Laron ont fourni plusieurs prélats à l'église, tels que *Jourdain,* évêque de Limoges, dès l'an 1021, mort en 1052 ; Gui, évêque de la même église, en 1073, mort vers l'an 1086 : Ranulfe, évêque du Périgeux, en 1207..., etc., et ils ont pris leurs alliances, continue Lachenaye-des-Bois, dans les maisons d'Aubusson, de Comborn, de la Rocheaymon..., etc. Une des demoiselles de cette dernière famille, qui entrèrent dans celle de Laron, nommée Izabeau de La Roche, est qualifiée *dame du Teil au Faure* (2).

Je crois devoir mentionner ici que la famille de Gimel tient à la famille de Beaumont par le mariage de messire François de Gimel, seigneur de Causenac, lieutenant de M. de la Trémouille, gouverneur de Bourgogne, avec une demoiselle de Salignac, famille alliée à celle de Beaumont. La famille du Faure touche à cette dernière famille par l'intermédiaire de son alliance avec celle de Lostanges.

En ce qui touche ma famille, spécialement, connue sous le nom de Dufaure, ou du Faure, ou de Gimel, à Allassac, je puis résumer son passé depuis le commencement du xvi.ᵉ siècle jusqu'à nos jours, en transcrivant et en le justifiant, un certificat que me délivra M. le maire d'Allassac, le 28 octobre 1851, alors que je me proposais d'adresser au conseil de l'ordre du barreau de Paris, ma demande en inscription définitive au tableau dudit ordre, après mes trois années de stage. Je croyais avoir besoin de ce certificat, parce qu'on m'avait dit que le

(1) V. P. Membourg. — Hist. des Croisades, t. 1, p 160.
(2) V. note 1, t. v., p. 972.

conseil désirait, avant d'accéder à une pareille demande, connaître les antécédents personnels et de famille de l'impétrant; mais mon très-honorable rapporteur, M. *Billaut*, aujourd'hui Ministre de l'Intérieur, duquel j'avais l'honneur d'être connu, je puis même dire le bonheur, car il a toujours été pour moi d'une bienveillance parfaite, le jugea inutile pour conclure à mon admission dans un rapport qui fut adopté sans aucune difficulté.

Dans ce certificat, M. le maire déclare au conseil :

« 1.º Que ma moralité lui est bien connue ;

« 2.º Que j'appartiens à une famille fort recommandable,
« soit par son ancienneté, soit par l'honorabilité de ses mem-
« bres, parmi lesquels on compte des magistrats, des prêtres,
« des fonctionnaires publics, des officiers ministériels, et que
« tous ont dignement rempli la mission qui leur a été confiée ;

« 3.º Que mon père, sans avoir une grande fortune person-
« nelle, jouit pourtant d'une aisance assez grande pour me
« permettre d'exercer avec désintéressement la profession que
« j'ai embrassée. »

Si l'on parcourt, en effet, les papiers de famille, l'on remarque que vers la fin du XVI.ᵉ siècle le nom de *Fabri* disparaît du Bas-Limousin, spécialement d'Allassac et des environs; que le nom de *de Faure, du Faure*, et enfin *Dufaure* le remplace.

C'est qu'en effet, comme le fait remarquer M. Leymarie à la page 413 des pièces justificatives de son *Histoire du Bas-Limousin*, plusieurs noms d'un siècle à l'autre, et souvent dans le même siècle, à quelques années de distance, s'orthographient différemment.

Le 11 novembre 1592, *Messire François du Faure* paraît dans la reconnaissance féodale dont j'ai déjà parlé.

Le 26 août 1665, à Allassac, suivant acte reçu par Lasteyrie, notaire royal, « *Pierre Fabri, sieur de la Borde,* avocat en parlément, agissant pour et au nom de haut et puissant seigneur messire Anthoine du Saillant, beau-frère de M. Dufaure de Sauvezie, seigneur de Meilhac et Laleu, marquis du Saillant, vicomte de Comborn, baron d'Ussac et Vergy, coseigneur de la ville et paréage d'Allassac, demanda la reconnaissance des droits qu'avaient les seigneurs du Saillant sur une chapelle de l'église paroissiale d'Allassac, afin qu'on ne put arguer du silence de son mandant pour méconnaître ces droits, les travaux qu'on faisait alors au grand autel une fois terminés (1).

Il s'adressa à cet effet aux notables de la ville dont les noms figurent à l'acte, et en tête desquels se trouve celui d'*Étienne du Faure, lieutenant de Saint-Bonnet.*

Le 17 mai 1666, le même Pierre *Fabri, sieur de la Borde,* agissant ès-mêmes nom et qualité, par acte du ministère du même notaire, fit sommation à Pierre *de Faure* (dans le corps de l'acte on a écrit également *Pierre du Faure*), en vertu d'un appointement de la Cour de M. le Sénéchal du Bas-Limousin, au siége d'Uzerche, de recognaître que certaine pièce de vigne appelée de la Brabuges (aujourd'hui Barbuges) en la paroisse d'Allassac, appartenant audit *de Faure,* était mouvante de la fondalité dudit marquis du Saillant.

« Le quel sieur du Faure a fait response qu'il a trop de res-
« pec pour le seigneur marquis du Saillant pour contester une
« chose si juste que le dit seigneur demande, mais parce que
« le dit la Barthe, par la présente sommation, allègue un ap-
« pointement et une procuration, il en doit justifier et faire
« biffer de la présente sommation la qualité qu'il se donne d'a-

---

(1) Ce grand autel, d'un style remarquable et bien suivi dans tous les détails, vient d'être redoré.

« vocat en Parlement, puis qu'il n'est que simple clerc !.. etc. »

Il fallait que ce Pierre du Faure fut bien sûr de ses relations avec le terrible vicomte de Comborn, marquis du Saillant, pour se permettre de faire consigner dans un acte notarié une *pareille plaisanterie*, qui était une petite malice?

« De La Barthe fit des réserves de se pourvoir contre le dit « *du Faure* en réparation de calomnie ! »

La loi du 17 juin 1819 n'existait pas, alors, et il était permis d'appeler un chat un chat, et Rolet un fripon, et notre cher ascendant ne s'en privait pas, à ce qu'il paraît.

Je n'insiste pas d'avantage sur la manière dont s'écrivait autrefois notre nom, une foule d'actes notariés prouvent qu'il était habituellement écrit en deux mots, notamment dans des obligations des 22 décembre 1655, 26 juillet 1653, 25 mai 1657, 13 mai 1666, lesdits actes reçus par Mes Rivière et Aguiré, notaires royaux à la résidence d'Allassac.

J'arrive à la justification du certificat ci-dessus relaté.

Messire François du Faure, greffier de La Chapelle-Sainte-Marguerite, eut pour fils *Pierre du Faure*, greffier d'Allassac, lequel fut père de *Jean du Faure*, avocat, ainsi qu'il appert des actes de l'état civil.

Ce Jean du Faure eut quatre enfants connus, savoir :

Etienne, qui suit ;

François ;

Antoine ;

Et *Pierre*.

C'est à partir d'Etienne, juge du pont et de la salle d'Allassac, que je pourrai fournir jusqu'à moi une généalogie à-peu-près complette, si je ne devais me borner, d'après mon plan, à la ligne directe seulement (1).

_____

(1) *N. B.* — Dans l'acte constatant la reddition du compte de tutelle

Etienne du Faure épousa en premières noces Peyronne de Cheynialle , fille de François et de Gabrielle de Chiniac. De ce mariage provinrent trois enfants , savoir :

Pierre ;

Jeanne ;

Et *Marie.*

Pierre fut baptisé le 19 avril 1649 et eut pour parain messire Pierre du Faure , docteur en théologie, son oncle , alors *curé de Nounat ,* dont j'aurai à reparler au sujet de la branche des *du Faure de Saint-Martial et de Saint-Loup.*

Etienne Dufaure épousa en secondes noces *Izabeau de la Faurie ,* dont il eut une fille nommée Anthoinette , baptisée le 29 décembre 1654 , et qui eut pour parain son oncle , François Dufaure , greffier de Saint-Bonnet.

Il suffit de jeter les yeux sur les comptes qu'Etienne Dufaure rendit à son fils , Pierre ; sur les nombreuses obligations et affectations hypothécaires aux minutes de M.ᵉˢ Grosoleil , Dupuy, Alègre et Aguiré , *de Juge ,* notaires contemporains , consenties en sa faveur, et les actes où il intervint comme témoin avec les plus nobles de la province , pour avoir une idée de sa fortune et de son influence.

Il était non seulement magistrat influent , mais citoyen courageux ; car à la date du 16 novembre 1651 , il fit sommation , en son privé nom, à M.ᵉ Pierre Aguiré , procureur d'office d'Allassac , « d'avoir à garantir les habitants de ladite ville « contre une vingtaine de *bandits* qui , mettant à profit les « bruits de sédition et de guerres civiles répandus par les mal « affectionnés de Sa Majesté , dans la province de Limousin , se

---

rendu par Etienne du Faure à son fils , Pierre du Faure , le 14 janvier 1683 , devant Rivière , notaire à Allassac , se trouvent énoncés et analysés tous les actes dont jusque-là j'ai pris les faits que j'énonce , concernant cet Etienne.

« *tenaient* la nuit dans les rues et carrefours, armés de pisto-
« lets, et rançonnant les habitants qui n'*osaient* ni se dé-
« fendre ni les dénoncer. »

Il terminait en requérant qu'il en fut référé à M. le gouverneur.

Il eut le tort, selon moi, avant de se retirer à Comborn,
comme lieutenant de la jurisdiction de Saint-Bonnet, après la
reddition de ses comptes de tutelle, à son fils, de vendre à
M.ᵉ Anthoine Meyre (1) le petit château qu'avaient habité ses
ancêtres, à la Grande-Fontaine-lès-Allassac.

Mais il semble qu'il ait voulu punir son fils de la rigueur
avec laquelle il lui fit rendre compte de la gestion de sa fortune
maternelle. Il abandonna les fermes qu'il avait, en 1655, avec
Denis Chiniac, de la châtellenie d'Allassac; celle de la seigneurie d'Objat, en 1669, et vendit les vignes qu'il possédait dans
la *paroisse de Voutezac.* M. Boutot, entre autres acquéreurs,
en acheta une partie située sur les côtes de Vertougi, du meilleur crû du Bas-Limousin, suivant acte du 29 mars 1670.

A la même époque, un autre *Étienne Dufaure était juge
ordinaire de Voutezac;* il avait épousé Jeanne de Régis, fille
de Barthélemy Régis, avocat en la Cour, et de Catherine de
Paintandre. C'est en sa qualité de mari et en se faisant subro-
ger qu'il paya, le 12 avril 1651, suivant quittance reçue par
M.ᵉ Rivière, notaire, la somme de 44 fr., montant d'une condamnation obtenue contre son beau-père, par le sieur Paintandre, avocat, laquelle quittance lui fut donnée par *Catherine
de Corn,* veuve de M. Jean Paintandre, mariée en secondes
noces avec le sieur Gioux, de Brive.

Cet Étienne Dufaure fut parain d'Anthoinette Dufaure, fille
d'Étienne, juge d'Allassac, baptisée le 9 avril 1649, quoique
née Je 2 juillet 1446.

---

(1) Par acte du 10 janvier 1664, reçu par Aguiré.

Il prit, dans cet acte, le TITRE D'ÉCUYER et signa avec *de Sainte-Marie*, seigneur de Laval et de Bart, élection de Limoges et de Brivazac, élection de Brives (1), Chénier, Dajoux, D'Alby, Clédat, Dupuy et autres.

Le 24 juillet 1651, Pierre Dufaure, ÉCUYER, docteur en théologie (frère d'Étienne, juge d'Allassac), ancien curé de Nounat, était curé de l'église paroissiale de Saint-Jean-de-Neuvic, au diocèse de Limoges, en Bas-Limousin, et *vicaire de la vicairie* de Ligounat. Il changea, à la date ci-dessus, sa cure pour celle de *Saint-Loup et de Saint-Martial d'Estivaux*, au même diocèse, dont M. Caux, prêtre, était le titulaire, et qui avait une pension de 100 fr. sur les Prébandes ou Chapellenie de la chapelle de Saint-Martial de l'église de Sainte-Marie-d'Aux.

Le contrat d'échange fut passé devant M.ᵉ Rivière, notaire royal, d'Allassac, le 24 juillet 1651, non pas par les parties elles-mêmes, mais par leurs fondés de pouvoirs respectifs chargés de régler les conditions de l'échange.

Je reviendrai sur ce fait en parlant de la branche des Dufaure de *Saint-Martial* et de *Saint-Loup*, dont les armes indiqueraient à elles seules, mon cher cousin, une origine commune avec votre branche et la mienne, à défaut d'autres preuves qui, fort heureusement, résultent de documents précis et concordants.

A cette même époque, encore, un Louys Dufaure, greffier du Glandier, *habitant à Orniac,* est mentionné, comme témoin, dans un acte reçu à Allassac, par Aguiré, notaire, le 10 septembre 1653.

Ce Louys Dufaure eut un fils nommé Jean, qui devint notaire royal et lieutenant de la juridiction du Glandier. Il épousa

(1) V. Lainé, Nob. du Lim. — Les armes des *Sainte-Marie* étaient : d'argent à merlettes de sable; au franc canton de gueules, couvrant la première merlette.

Ceceillie Dufaure, du village des Hèzes, paroisse d'Orgniac, duquel mariage provint un fils nommé *Jean,* qui épousa, suivant contrat passé au lieu du Saillant, Bas-Limousin, le 11 juillet 1684, devant Lachieze, notaire, *Jeanne de Couderc*, fille de Jean et de *Madelaine de Bard.*

Dans ce contrat sont nommés, comme témoins, plusieurs parents et amis des parties, parmi lesquels on voit les noms suivants : *Guillaume Couderc,* avocat en parlement, habitant de la ville de Brive ; *Léonard Lavialle,* secrétaire du seigneur marquis du Saillant ; *Pierre Beynier,* greffier de la ville et paréage d'Allassac ;

Masmalet ;

Chouviac.

Voilà bien la branche des *Dufaure de Masmalet* et celle des *Dufaure de Chouviac,* parente avec celle formée au lieu du Saillant, entre Voutezac et Allassac, par Jean Dufaure dont je parle, qui était parente aussi de François Dufaure, greffier de la juridiction de Saint-Bonnet, frère du juge d'Allassac, et du lieutenant de la juridiction de Saint-Bonnet, et de Comborn, nés l'un et l'autre à Allassac.

Comme preuve accessoire de cette parenté, que les actes de l'état civil inscrits sur les registres d'Allassac, de Voutezac, de Donzenac établissent très-clairement, sans parler de plusieurs titres notariés, je puis dire en passant que la *branche de Masmalet* avait des propriétés dans la commune d'Allassac ; car, à la date du 29 janvier 1684, par acte passé au village de La Chapelle, paroisse d'Allassac, devant Rivière, notaire, *Pierre de Gymeaulx,* du lieu de Gymeaulx, paroisse de Saint-Cyr en Champagne, procédant en qualité de tuteur et curateur des enfants de feu *Anthoine Dufaure, sieur de Masmalet* (1),

_____

(1) Le village de Masmalet est situé entre Comborn et le Glandier.

accorda terme et délai, moyennant le payement d'un à-compte, aux sieurs Pouch et Bugeat, débiteurs du sieur de Masmalet, suivant obligation du 15 décembre 1652, sanctionnée par un appointement confirmé en appel.

Je reviens aux Dufaure d'Allassac spécialement. Pierre Dufaure, fils d'Etienne, reçut son compte de tutelle le 14 janvier 1683. Le procès-verbal qui le constate, dressé par Rivière, notaire, est une pièce curieuse à plus d'un titre, et contient l'indication de nombreuses créances actives. Il épousa Marie Alègre (1), duquel mariage il eut un fils nommé *Etienne*, dont le parrain fut Etienne Dufaure, lieutenant de Saint-Bonnet, et une fille nommée *Geoffrette*, baptisée le 14 octobre 1688, par M.ᵉ Alègre, curé d'Objat. Elle eut pour parrain *Aymar Alègre*, curé d'Allassac, et pour marraine *Geoffrette d'Alègre, sa tante*. Ce Pierre Dufaure devait avoir l'humeur singulièrement processive, car non-seulement il agit avec son père d'une manière acerbe lors de la discussion de son compte de tutelle, assez fort pour qu'il fût modéré et généreux, mais il plaida avec son beau-frère *Alègre*, avec son beau-frère *du Rieu*, avec plusieurs autres parents ; et quoique ces procès se terminassent par transaction, l'on voit qu'il ne cédait qu'aux sollicitations *pressantes de parents et amis*, ainsi que c'est énoncé dans les préambules de ces transactions.

Il avait une grande confiance en *François du Faure de Lavareille*, conseiller honoraire du présidial de Brives, qui l'assista dans de nombreux actes.

Je n'ose affirmer si je descends de lui en ligne directe, car il y a des lacunes dans les actes de l'État civil d'Allassac, et les actes notariés que je possède indiquent comme existant à Allassac, à cette époque, plusieurs Dufaure ; de sorte que, dans

---

(1) Voy. aux alliances.

un espace de vingt années environ, il est impossible de suivre la généalogie. Je vais donc remplir cette lacune par quelques indications détachées, pour reprendre la suite dès que je pourrais le faire d'une manière régulière.

Le 4 octobre 1661 , *François du Faure, sieur de Lyle, avocat en la cour,* fut parrain de François-Louys Chiniac, fils de François, avocat, *et de Jeanne de Dufaure.* Cette dernière fut marraine *de Jean de Biar,* le 4 décembre 1671, et porta sur les fonds baptismaux de l'église paroissiale d'Allassac, à la place de *Jeanne de Dufaure, de Voutezac,* Jean Relier, fils de Guillaume et de *Françoise de la Borde* (1).

Le 11 novembre 1655, Jean du Faure, clerc, de la ville d'Allassac, donna à moitié fruits et à titre de métayer, à un nommé Simon, « *un sien fief,* situé aux appartenances de la présente ville et territoire, appelé *del Bos cuminal,* consistant en bois, terres, vignes ou bois châtaigniers, dans lequel *fief sont deux granges* (2). »

Suit l'état des lieux et la confrontation des immeubles. Mon père est aujourd'hui propriétaire d'une grande partie des immeubles désignés dans ce bail, fait devant Rivière, notaire. Il a la grange haute et la grange basse, dites *du Bois communal,* avec les terres et vignes d'alentour ; et au nombre des dépendances se trouve un héritage appelé la *Vigne-Vieille,* composé de bois châtaignier, terre labourable et vigne ; le tout confrontant avec possession de la famille Dufaure, connue encore à Allassac sous le nom de *Jean Faure,* dont la maison d'habitation, réduite à peu par les aliénations des dépendances, est située en face des deux maisons de mon père, situées

---

(1) Les Fabri étaient seigneurs de la Borde. — Voy. Sommation de *Pierre Fabri,* avocat au parlement, à Pierre du Faure, d'Allassac, du 17 mai 1666. — Il se qualifie seigneur de la Borde.

(2) Le fief, dans ce temps-là, était une terre noble.

au bas de l'enclos *de Lentier,* dans la plus jolie position d'Allassac.

. Ces faits me porteraient à penser que je descends plutôt de
ce *Jean du Faure,* fils *d'Antoine,* frère d'Étienne, que de
Pierre Dufaure, fils d'Etienne.

Ce Jean du Faure eut un fils nommé *Antoine,* auquel il
donna tous ses biens, par contrat reçu de Rivière, notaire, le
9 février 1672.

Cet Antoine, « archer, huissier en la connestablie de
France (1), épousa Catherine Lavaux, fille de Bernard Lavaux,
procureur de la ville d'Allassac, et de Jeanne de Guilhem,
ainsi qu'il appert du contrat de mariage de son fils aîné, Jacques Dufaure, premier du nom, qui épousa, le 27 février 1602,
suivant contrat reçu par Rivière, notaire, *Anthoinette Delpic,*
duquel mariage provinrent plusieurs enfants.

Élie, l'aîné, épousa, suivant contrat du 16 février 1638,
Marguerite Bonnefon, de laquelle il eut cinq enfants, savoir :

Jacques, Marguerite, *Pierre,* Jean et *Jeanne.*

Jacques, l'aîné, épousa, suivant acte de l'état civil du 21 février 1767, Catherine Mouneyrac, fille de Bernard, notaire
royal, et de Marie-Anne Peyraudie, pour laquelle union il obtint la dispense de l'empêchement résultant de la consanguinité
du quatrième degré.

De ce mariage provinrent six enfants.

Élie, l'aîné, épousa, suivant contrat du 28 janvier 1788,
Marie Vervy, fille de Jean et de Catherine D'Eyzac, dont il eut
six enfants, savoir :

Louis, Pierre, François, Suzanne, *Pierre* et Jean-Baptiste.

Pierre épousa, suivant contrat du 18 décembre 1817, Jeanne

---

(1) Ainsi qualifié dans un acte de son ministère du 20 janvier 1686. —
Il mourut le 8 mars 1725, âgé de 88 ans. — Voy. act. de l'État civ.

Du Boys, devant Nouvion, notaire, duquel mariage sont provenus sept enfants, savoir :

Louis, mort jeune ;

Suzanne, morte à l'âge de 18 ans, par suite d'imprudence ;

Élie, c'est moi ;

Marie ;

Jean-Baptiste ;

Bertrand ;

Et *Françoise* du Faure.

Ne pouvant suivre la branche dans toutes ses ramifications, je me borne à dire ici qu'un grand nombre d'actes notariés et administratifs établissent que, jusqu'au milieu du xviii.ᵉ siècle, elle a toujours eu des charges judiciaires.

Je dois mentionner spécialement que *Françoise Dufaure*, suivant quittance donnée devant Lasteyrie, notaire, le 8 avril 1707, était *prieure* du monastère de Sainte-Ursule de Brive, et signait : *Sœur de Saint-André Dufaure, prieure*.

Au moment où j'écris, ma sœur la plus jeune, *Françoise Dufaure*, est en pension dans ce même couvent, où elle a obtenu, l'année dernière, de brillants succès, car elle a été *couronnée sept fois !*

C'est au profit du même couvent que fut faite une donation, le 21 mai 1725, par acte passé devant Serre, notaire, par *Anne Dufaure*, religieuse, comparaissant par *Geraud du Rieu*, demeurant à Allassac, le tout suivant acte d'insinuation du 25 mai 1725, folio 19.

BRANCHE DE SAUVEZIE, DE MEILHAC, DE MASMALET.

Le bourg de *Voutezac* a été compris dans le canton d'*Allassac*, jusqu'au 9 fructidor en ix, ainsi qu'il appert d'une expédition de procès-verbal de non-conciliation, signée, à cette date, par M. *Dufaure de Belisle.*

Le titre le plus ancien qui constate l'existence des *Dufaure* dans ce bourg est de 1625; il indique une existence antérieure, mais ne la précise pas. Les actes postérieurs, du moins ceux que je possède, contiennent l'indication de plusieurs membres de la famille, mais il ne m'est pas possible de donner, même en ne partant que de 1635, une filiation suivie. La difficulté naît de ce que tous ces Dufaure sont qualifiés et titrés. — Ils contractent de belles alliances, ajoutent le nom de leurs femmes au leur ou des noms de terre, ce qui établit une grande confusion.

Ce qu'il y a de certain, c'est que cette branche est incontestablement la plus distinguée depuis le commencement du XVII.ᵉ siècle, et par ses alliances, et par les fonctions dont ses membres ont été revêtus.

Voici sa situation et ses subdivisions, d'après les documents que j'ai:

Le 26 août 1635, suivant contrat reçu par Aguiré, notaire à Allassac, *François Dufaure,* procureur d'office de Voutezac, fils de Jean Dufaure, vivant, procureur d'office de la châtellenie de Voutezac, et d'Anthoinette Dufaure, épousa *Anthoinette de Besse,* fille de Léonard de Besse, procureur au siège royal d'Uzerche, et de Michelette de Guyon, et sœur de François de Besse, avocat, et de Martial de Besse, conseiller du roy au siège d'Uzerche, qui l'assistèrent audit contrat, en présence de Hugon de la Noaille, procureur du roy, et de Brandy, avocat.

De ce mariage provint un fils, nommé François Dufaure, avocat en parlement, juge de Voutezac, qui assista comme témoin au contrat de mariage de Geoffrette Alègre et de Jean Vayne, avec *Etienne Dufaure,* lieutenant de Saint-Bonnet, habitant d'Allassac, passé devant Rivière, notaire, le 19 septembre 1662, dans lequel ils sont déclarés l'un et l'autre parents des parties.

Ce François Dufaure épousa Cécile de Sauvezie, fille de *messire François de Sauvezie*, écuyer, seigneur de Meilhac et de Laleu ; conseiller du roy et son vice-sénéchal entier en la maréchaussée de Brive, et de *Catherine de Loubriac*.

De ce mariage provint un enfant nommé *Anthoine*, qualifié *sieur de Masmalet*, ainsi qu'il appert d'une obligation passée devant Frayse, notaire, le 20 octobre 1663, « en faveur dudit « *Anthoine Dufaure* sieur de Masmalet, agissant au nom de « damoyselle Cécile de Sauvezie, veuve de François Dufaure, « vivant advocat en parlement. »

La famille de Sauvezie était à ce moment là représentée par *messire Bertrand de Sauvezie*, écuyer, seigneur de la Porte, conseiller du roi et son prévost, vice-sénéchal du Bas-Limousin et maréchaussée ancienne de Brive, *neveu* de feu messire François de Sauvezie, ainsi qu'il est expliqué dans un contrat de rente du 8 avril 1681, passé devant Laborie, notaire royal, et par « *dame Marie-Catherine de Sauvezye de la* « *Porte*, épouse de messire Antoine, vicomte du Saillant, « chevalier, seigneur baron d'Ussac et Vergy, seigneur de la « Porte et de la Jarte, et autres places, qui donna quittance, « avec l'autorisation de son mari, des arrérages de la rente « constituée par le contrat ci-dessus énoncé, le 4 juin 1722, « suivant contrat passé en *son château de la Porte*, situé au « bourg d'Ussac, par devant Lacoste, notaire de Brive. »

Catherine-Marie Sauvezie de la Porte, dame vicomtesse du Saillant, fit son testament le 1.er juin 1748, suivant l'acte d'insinuation en date du 5 avril 1749, signé Ozon, et légua à titre particulier, à mesdames :

De Meilhac ;

De Verlhac ;

De Gilibert; à mademoiselle de Puymarets, à chacune d'elles la somme de 300 liv., et la somme de 500 liv. à M. *Dufaure de Sauvezie.*

Elle fit ses héritiers universels messires Guillaume de Sahuguet d'Amarzit, de Puymarets; Léonard de Sahuguet d'Amarzit, conseiller du Roi au Parlement de Paris, abbé de l'abbaye royale de Notre-Dame du Palais, frères, et leur substitua le chevalier d'Espagnac, leur frère.

Anthoine Dufaure de Masmalet épousa N... du Temple.

De ce mariage provinrent plusieurs enfants, savoir :

François, seigneur de Meilhac, conseiller et procureur du Roi en l'élection de Brive;

Guillaume, premier du nom, seigneur de Masmalet ;

Guillaume, deuxième du nom, seigneur de Sauvezie, ainsi qu'il appert d'un arrêt de la Cour des Aides de Clermont-Ferrand, rendu le 17 avril 1684, à la requête d'Antoine Dufaure de Masmalet contre les syndics de Voutezac, et des pièces y annexées.

Guillaume Dufaure de Sauvezie épousa *dame Jeanne de Sahuguet d'Amarzit,* suivant contrat du 18 avril 1722, reçu par Bonnelye, notaire de Brive, insinué le 3 mai 1722, à la réquisition de messire Guillaume Couderc, avocat en Parlement, demeurant à Brive, grand-père maternel de l'épouse, par Lacroix. (Il avait été contrôlé par Lacroix, au bureau de Brive, 3.e folio, recto 2, art. 2.) — Il est qualifié dans ce contrat procureur du Roi en l'élection de cette ville.

Dans son testament public, du 8 janvier 1751 reçu par Bonnelye, notaire à Allassac, il déclare que de ce mariage provinrent sept enfants, savoir :

1. *Guillaume,* premier du nom, écuyer, qui épousa suivant contrat reçu Lacoste, notaire à Brive, le 8 août 1754,

insinué le 21 août 1754, demoiselle Jeanne Begge, née
baronne de Beger ;

2. *Jacques-Joseph*, capitaine de cavalerie au régiment d'Egre-
mont ;

3. *Guillaume*, deuxième du nom, capitaine d'infanterie au
régiment d'Anjou ;

4. *Louis* ;

5. *Louise* ;

6. *Cécile* ;

7. *Marie Dufaure*, de Meilhac, à laquelle Catherine de Sahuguet d'Amarzit du Vialard, épouse de messire Guillaume
d'Amarzit, chevalier, seigneur de Puymarets, légua, en
la désignant sous le nom de Dufaure de Meilhac, ainsi
qu'à Marie de Gilibert, la somme de 1,000 liv., par son
testament mystique, déposé chez Lacoste, notaire, suivant procès-verbal d'ouverture, du 22 février 1754,
insinué le même jour.

Suivant acte du 14 février 1751, passé devant le même notaire et contrôlé le même jour au bureau d'Allassac, par Clédat,
« Guillaume Dufaure de Sauvezie, écuyer, seigneur de Meilhac,
« *fils*, et seul héritier universel, d'après le testament ci-des-
« sus, de défunt messire Guillaume Dufaure de Sauvezie,
« écuyer, seigneur de Meilhac, son père, conseiller-secrétaire
« du Roi, maison et couronne de France, près la chancellerie
« de la Cour des Aides de Montauban, vendit, sous le bon
« plaisir du Roi et de monseigneur le chancelier et garde des
« sceaux de France, à M. Jean Dufaure de Lavareille, du bourg
« de Voutezac, et à M.ᵉ Estienne Dufaure de Lavareille, con-
« seiller du Roi, président en l'élection de Brive, y habitant,
« procédant sous l'autorité du sieur son père, et tous les deux
« conjointement, l'état et office de secrétaire du Roi, maison
« et couronne de France, en la chancellerie près la Cour des

« Aides de Montauban, dont le feu seigneur Dufaure de Sau-
« vezie de Meilhac était mort revêtu. » — Ce contrat fut signé
par *Treilhard* et Lavaud, témoins.

Cette branche a formé, par ses subdivisions, les familles con-
nues dans la généralité de Montauban, et maintenues dans leur
noblesse par le Pelletier de la Houssaye, sous les noms de
du Faure de Pujol, de *Rouffillac,* de Bouillac, etc. La pro-
duction est du 16 mai 1699 ; elle remonte à 1536. Leurs armes
sont les mêmes : *d'argent, au lion couronné de gueules* (1).
Leurs alliances sont avec les maisons. . . . .

. . . .

. . . .

Guillaume Dufaure de Meilhac hérita de l'usufruit du domaine de Masmalet et de la vigne appelée *la Pompadoire,*
après la mort de sa mère Jeanne de Sahuguet d'Amarzit, à
laquelle son père l'avait légué par son testament précité. Sa
descendance m'est inconnue. Celle de son oncle Guillaume
Dufaure de Masmalet s'est continuée à Uzerche. Il épousa,
suivant son testament en date du 28 juin 1692, reçu par
Goudrias, notaire, Jeanne de Bonnet, fille de N.... de Bonnet,
chef du sénéchal d'Uzerche et de Jeanne de Besse. Jeanne de
Bonnet déclare, dans son testament du 1.er octobre 1699,
reçu par le même notaire, qu'elle est mère de huit enfants,
savoir : François, Léonard, Blaise, François, premier du
nom ; Marie-Anne et l'enfant qu'elle porte dans son sein.

En 1782, M. *du Faure de Masmalet* était lieutenant du
maire de l'hôtel-de-ville d'Uzerche (2).

---

(1) V Laîné, Noblesse de Montauban, p. 56.

(2) V. Calendrier ecclésiastique et civil du Limousin, année 1782 ,
p. 128.

À la même époque figurent dans des actes passés dans la même ville les *Dufaure de Laprade* , en 1769 et 1780. L'un de ces actes indique bien une cession de rente de 800 liv. sur M. de Maubec , consentie par M. Dufaure de Masmalet à MM. *Dufaure de Laprade;* mais rien n'indique que les *de Laprade* descendent directement des *de Masmalet;* au contraire, dans cet acte qui est une reconnaissance de remise de titres valant décharge , il est déclaré par MM. Dufaure que moitié de cette rente appartient à M. *Charles Dufaure ,* leur fils et frère. Le père signe *Dufaure;* le fils signe *Dufaure de Laprade.* Le village de *Laprade* est dans la commune d'Allassac, où la famille avait eu anciennement de grandes propriétés dans les tènements de la Chapelle , de la Faurie et de *Laprade.*

Dans un tableau alphabétique des propriétaires compris dans la matrice cadastrale de la commune d'Allassac, dont l'original est aux archives de la mairie, figurent plusieurs Dufaure, dans l'ordre et la forme suivante :

Dufaure, Guillaume, de Meudon,

                 À Allassac , sous le n.° 1686 de la matrice.

Dufaure , Jean-Baptiste ,

                 À Allassac.   —   353   —

Dufaure, Jacques ,

                 À Allassac.   —   1493   —

Dufaure, Joseph,

                 À Uzerché.   —   355   —

Dufaure, Élie ,

         À la Grande-Fontaine.   —   1513   —

Dufaure Laprade aîné ,

                 À Tulle.   —   358   —

En rapprochant ces numéros de la matrice cadastrale, l'on voit que trois (353, 35, 358) se touchent, et que les trois autres 1686, 1493, 1513) sont à peu de distance , ce qui dénote évidemment le démembrement d'une propriété ayant appartenu à un même père de famille.

D'où je commence à conclure, pour finir tout-à-l'heure rigoureusement, que les *Dufaure de Laprade* sortent directement d'Allassac.

Ce qui lève tout doute, c'est la transaction sur droits successifs intervenue, à Uzerche, devant Dessus, notaire, le 3 prairial de l'an x, entre *Elie Dufaure*, habitant au lieu de la Grande-Fontaine, commune d'Allassac, et *Pierre Dufaure*, habitant au chef-lieu de la commune d'Uzerche.

L'auteur de la branche de Lavareille est *François Dufaure, avocat en la cour, sieur de Lavareille*, ainsi qualifié dans un acte du 1.er septembre 1689, reçu par Meyre, notaire à Allassac, où il intervint comme témoin.

Il épousa *Margueritte de Bachelerie,* dont il eut plusieurs enfants connus, savoir :

1. *Jean,* dont il est mention dans des contrats de rentes des 1.er juin 1732 et 2 mars 1734, passés entre lui, sa mère, Margueritte de Bachelerie, agissant aux droits de leur mari et père, et les sieurs Goudrias et Cruveillers, devant Bonnelye, notaire à Allassac ;

2. *Michelette,* baptisée à Voutezac le 25 décembre 1669, dont la marraine fut Michelette Dufaure, femme de Jean Dufaure, avocat en parlement et lieutenant de Comborn, remplacée par *madame de Nouvillars,* grand'mère maternelle à la baptisée.

Jean Dufaure de Lavareille, licencié en droit, épousa *Marie de Briac,* du bourg de Saint-Polavy, suivant contrat reçu par Lacoste, notaire à Brive, le 3 avril 1720, insinué le 28, mêmes mois et an, au bureau des insinuations laïques de Brive.

De ce mariage provinrent quatre enfants connus, savoir :

1. *Etienne*, qui suit ;

2. *Jean Dufaure de Lavareille*, 1.er du nom, épousa Marie Dubois, suivant contrat reçu par Lacoste, notaire à Brive, le 16 février 1752, insinué le 1.er mars suivant par Ozon ; il fut directeur des économats, ainsi qu'il appert par acte de la communauté de Voutezac du 3 mars 1782 ;

3. *Martial François*, prêtre, curé de Chamboulive et chanoine de Brive ;

4. *Jean*, 2.e du nom, écuyer, garde du corps, qui institua par son testament, insinué à Brive le 21 janvier 1785, pour son héritier universel, Martial - François Dufaure de Lavareille, son frère.

Etienne Dufaure de Lavareille, écuyer, avocat en la cour, conseiller du Roi, président en l'élection de Brive, qui acheta l'office de conseiller, secrétaire du Roi, maison couronne de France, près la chancellerie de la Cour des aides de Montauban, de son cousin Guillaume Dufaure de Sauvezie, suivant contrat du 14 février 1751. Il fit son testament le 28 avril 1756, insinué le 22 janvier 1783, par lequel il institua son héritier universel Martial Dufaure de Lavareille, écuyer, *son fils unique*, et ce dernier obtint des lettres de dispense d'âge du parlement de Bordeaux le 16 mars 1774, et épousa *Marie de la Besse*, de Brive, suivant contrat reçu par Massénat, notaire, le 14 janvier 1777, insinué le 16 des mêmes mois et an, fol. 44.

DUFAURE DE BELISLE ET DE VILLENEUVE.

L'origine de cette branche est indiquée par une procuration donnée devant Lavaud, notaire, le 21 septembre 1687, par M. *Etienne Dufaure*, juge de Voutezac, à François Dufaure, sieur de Villeneuve, son fils, à l'effet de recevoir les sommes qui pouvaient lui être dues dans la ville d'Allassac par les héritiers de feu Jacques Lavaux, et par une obligation du 25 novembre 1747, passée devant M.ᵉ Moneyrac, notaire à Allassac.

Dans une sommation faite par François Dufaure, au nom de son père, en date du 11 novembre 1690, signifiée par Lasteyrie, notaire à Moni-Lafarge, relativement à des biens situés dans la commune d'Allassac, aux appartenances du village de Gorsas, il est fait mention de *Françoise de Duffore,* sa sœur, mariée à Giles Bonnel.

Ce François Dufaure, d'abord juge de Voutezac, en remplacement de son père, devint conseiller du roi au siège sénéchal d'Uzerche, ainsi qu'il appert d'un acte de vente du 20 avril 1700, reçu par Lasteyrie, notaire à Allassac, et épousa demoiselle *Françoise de Nauche.*

Ainsi qu'il appert de l'acte baptistaire suivant : « Le premier « jour d'avril 1691 a été baptisé par moi, soussigné, *Léonard* « *Dufaure,* fils de *mons François Dufaure, seigneur de Villeneuve,* et de *mademoiselle Françoise de Nauche,* sa « femme, qui était née le dernier jour de mars de la même année « que dessus. Le parain a été monsieur *Léonard de Nauche,* « avocat en la Cour, et mareine demoiselle JEANE DE DUFAURE, « DE LA VILLE D'ALLASSAC, lesquelles ont signé avec moi. »

Sur les *mêmes registres de Voutezac,* se trouve encore l'acte suivant, qu'il est bon de relater; car il indique l'existence de trois autres enfants issus du même mariage. « Le deuxième « jour du mois de juin de l'année 1700 a été baptisée par moi, « soussigné, *Luce Dufaure,* fille naturelle et légitime de *messire François Dufaure, seigneur de Villeneuve, conseiller* « *du Roi ou Sénéchal d'Uzerche,* et de *damoiselle Françoise de Nauche.* Le parain a été *Estienne Dufaure,* leur

« *fils aîné*, et la mareine damoiselle *Marie de Villeneuve*, fai-
« sant pour *damoiselle Luce d'André*, femme à M. *Jean de*
« *David*, juge de Sadrot. »

Les mêmes registres portent, à la date du 10 janvier 1700,
l'acte baptistaire de *Catherine Dufaure*, fille des mêmes.

Étienne Dufaure de Bélisle, fils aîné de François Dufaure de
Villeneuve, devint conseiller au présidial de Brive, ainsi qu'il
est qualifié dans un titre novel de rente passé à Allassac, le
25 novembre 1743, dans lequel il est dit que ladite rente avait
été constituée pour argent prêté aux sieurs Guillaume et Pierre
Gay, par feu Étienne Dufaure de Bélisle, juge de Voutezac,
son aïeul, par contrat du 18 septembre 1678, reçu par Lavaux,
notaire ; renouvelée ladite rente par autre contrat passé entre
feu M. François Dufaure, son père. C'est lui qui vendit le *fief
de Villeneuve* à messire Dominique Dubois, conseiller honoraire, au présidial de Brive, suivant contrat du 11 juillet 1729,
dont j'ai rapporté déjà l'acte d'insinuation, en parlant de la famille Dubois, de Brive.

Cette branche des Dufaure de Bélisle s'est fondue, nécessaire-
ment, dans celle des *Dufaure de Murat* (1) qui existait, à Sainte-
Féréole, en 1760, suivant jugement rendu par *Jean Dufaure de
Murat*, juge dudit lieu, le 19 juillet 1760, entre Jeanne Chal-
vière et François Vauzange, et les lettres de répudiation de son
hérédité obtenues par sa veuve, *Jeanne Verlhac*, le 17 mai
1766, insinuées le 28 mai mêmes mois et an, dont la fille,
Jeanne de Dufaure, avait épousé M. Joseph Vintézoul de la
ville de Tulle, suivant acte d'insinuation du contrat du 18 juillet 1755.

Cette branche est aujourd'hui représentée par M. *Alfred*

(1) L'on voit, dans une reconnaissance féodale de 1625, la mention de
la *Maison appelée de Murat*, dans la ville d'Allassac.

Dufaure de Murat de Belisle, qui épousa une demoiselle
de Sainte-Aulaire, de Thiviers, de la famille des Beaupoil de
Sainte-Aulaire, dont la généalogie se trouve dans l'Histoire
des Pairs de France.

Autour de ces Dufaure, de Voutezac, doivent être rangés
Dufaure de la Bonnelye, Dufaure *du Rouveyx*, *Dufaure de*
Lavergne, Dufaure de Lestang, qui paraissent avec Antoine
Dufaure, d'Allassac, dans des actes en date des 10 novembre
1683, 20 septembre 1743 et 3 avril 1748, dans des actes faits
à Allassac, devant Rivière, Bonnelye, notaires dudit lieu,
avec « illustrissime et révérendissime messire Louis de Lascaris
« Durphé, conseiller du roi en ses conseils, seigneur évêque
« de Limoges et autres. »

Pour en finir avec Voutezac, je dois ajouter que jusqu'à
nos jours la famille Dufaure y a été représentée par des juges,
ou des procureurs d'office, ou des apothicaires, ou des percep-
teurs. Les Dufaure actuels sont connus sous le nom de *Dufaure-*
las-Vergnas, ou *Dufaure le Juge*, dont j'ai entendu dire trop
de mal pour en dire du bien, et qui ont à mon sens trop de
qualités remarquables pour que je me fasse l'écho de voix en-
nemies. Ce que personne ne leur conteste, c'est de l'esprit et
une vaste intelligence. Le seul correctif qu'on y apporte, à cet
aveu de toute vérité, c'est qu'ils sont facilement spirituels,
parce qu'ils sont facilement méchants.

DUFAURE DE SAINT-MARTIAL.

Selon M. Dufaure, médecin à Servières, les Dufaure s'établirent dans ce bourg, il y a quatre cents ans environ, par le
mariage d'un Dufaure, neveu de N... Dufaure, curé de Servières, lequel était originaire, selon lui, ou d'Uzerche, ou de
Treignac, ou plutôt de Chamboulive. Ce qu'il y a de certain,

ajoute-t-il, c'est que la branche de Servières a été la souche des branches de *Glény, de Saint-Martial* et de Saint-Martin-la-Méane.

Avant de rectifier ces données, je crois devoir relater les extraits des registres de l'Etat civil de la ville d'Argentat, tels que M. Monteil, secrétaire de la mairie, me les a transmis.

« *Claude Dufaure de Saint-Martial,* né le 20 mars 1809, « seul rejeton mâle de cette famille, est décédé le 7 septembre « 1849 à Blois (Loir-et-Cher), où il était marié.

« Ses père et mère étaient *J.-B. Dufaure de Saint-Martial,* « ancien maire de cette ville, et *dame Marie-Anne-Luce- « Adélaïde de Carbonnières,* tous les deux décédés hors la « commune d'Argentat.

« Les père et mère à feu J.-B. Dufaure de Saint-Martial, « étaient *Pierre-Henri-Noël Dufaure de Saint-Martial,* né « le 23 septembre 1727, et dame Françoise Rigal. Ledit Pierre- « Henri-Noël Dufaure de Saint-Martial, était qualifié *écuyer,* « *seigneur de la Salesse* et de *Saint-Martial.*

« Le 26 janvier 1728, M. Pierre Dufaure, *père au précé- « dent, seigneur de la Condamine, de Puylagarde et de la « Salesse et de Saint-Martial,* se maria avec Thoinette Guy.

« M. *Antoine Dufaure de la Salesse,* que l'on présume être « le père de Pierre Dufaure de Saint-Martial, est décédé à « Argentat, le 12 juillet 1729, à l'âge de 65 ans.

« Il y a encore eu à Argentat des *Dufaure de Lacombette,* « de *Laqueuille,* de *la Gardelle* et de *la Pomme* ; mais ces « dernières familles sont éteintes.

« Il a encore existé des *Dufaure de Lapraderie* et *du Chas- « tang,* AU LIEU DE GLÉNY, commune de Servières, aujour- « d'hui chef-lieu du canton du même nom, à 6 ou 7 kilomètres « d'Argentat. Il existait même anciennement un prieuré audit « lieu de Glény. »

Ces dernières déclarations de M. Monteil se trouvent confir-
mées par un contrat d'échange passé entre « Nostables per-
« sonnes *Pierre Dufaure,* docteur en théologie, prêtre, curé
« de l'église paroissiale de Saint-Jean de Neuvic, au diocèse
« de Limoges, et vicaire de la vicairie de Ligonnat, etc., d'une
« part; Antoine Ceaux, prêtre, *prieur de Glény,* curé de l'é-
« glise paroissiale de *Saint-Loup et Saint-Martial d'Esti-*
« *vaux,* au diocèse de Limoges, d'autre part, de leurs cures
« et prébandes respectives. »

Cet acte fut reçu par Rivière, notaire à Allassac, le 24
juillet 1651, ce Pierre Dufaure fut parrain, le 19 avril 1649,
de Pierre Dufaure, fils d'Etienne Dufaure, son frère, écuyer,
juge de la Salle de la ville d'Allassac. Dans l'acte baptistaire, il
est qualifié curé de Nonnat, et dans la vérification qu'il fit faire
de sa noblesse devant la commission de Limoges, il est qualifié
écuyer et curé de *Groschastang.*

Ce Pierre Dufaure avait pour frères *Etienne Dufaure,* juge
de la Salle, dont je viens de parler; *François Dufaure,* greffier
de Saint-Bonnet, et enfin *Antoine Dufaure,* dont les actes de
l'Etat civil d'Allassac font mention, mais que je ne retrouve
plus dans les papiers de famille ni dans les actes notariés d'Allassac. Il est plus que probable que c'est cet *Antoine Dufaure*
que M. Monteil indique comme l'auteur de la branche de Saint-
Martial.

Dans l'inventaire dressé après la mort de M. Pierre Dalby,
à Allassac, le 14 janvier 1651, il est fait mention de la *Porte
Saint-Martial.*

La donnée de M. Dufaure de Servières se trouve confirmée
en partie par la reconnaissance féodale faite à Allassac, *en* 1535,
par les frères *Fabry* ou *Faure,* dans laquelle il est dit que
« *messires* (domini) *Elie* et *Etienne, prêtres,* pour lors ab-

« sents, sont remplacés par leurs frères qui promettent leur
« ratification. »

Il est probable que c'est un de ces deux prêtres, Elie ou
Etienne Dufaure, qui fut nommé curé de Servières, et qui
fit marier un de ses neveux, lequel est devenu la souche de la
famille Dufaure à Servières ; et, quel qu'il fût, il avait pu être,
avant d'aller à Servières, curé à Chamboulive ou à Uzerche ;
mais il est certain que les Dufaure du Bas-Limousin ont une
origine commune, et qu'il faut la prendre dans la vicomté de
Comborn. Je crois d'autant plus volontiers que c'est de cette
reconnaissance féodale qu'il faut partir pour suivre quelques
branches de la famille, que nous avons un cachet très-ancien
qui porte les armes réunies des *Dufaure,* branche aînée, et des
*Dufaure de Saint-Loup. La branche de *Saint-Loup,* d'après
les généalogistes, a été formée par celle de *Pujols ;* or, dans
cette reconnaissance, il y est fait mention de *Jean Fabri aliàs
Pujol.*

Selon M. Jules Béronie, notaire à Saint-Martin-la-Méane,
mon excellent ami, Antoine Dufaure, de Trains, commune
d'Eyren, entra gendre dans la famille de M. Serre, notaire à
Saint-Martin, le 13 juin 1741. Il eut un fils nommé Mathurin, né le 10 novembre 1744, qui lui succéda, et qui vendit
son étude à J.-B. Dufaure, son frère, qui la vendit à M. Garlou, frère de M. Garlou, percepteur, qui a épousé une demoiselle Dufaure.

Selon M. Lafon père, ancien notaire à Laroche-Canillac, les
Dufaure dudit lieu sont originaires d'Allassac où s'établit
Étienne Dufaure, par son mariage avec Anne Dausoleil, duquel mariage il eut un fils nommé *Étienne,* docteur en médecine, qui épousa *Anne de Clédières,* suivant contrat reçu par
de Labounou, notaire royal, le 31 janvier 1690, en présence
de messires : de Limoges, de Beaufort, Meilhac et autres.

DUFAURE DU BESSOL.

D'Hozier, dans son indicateur nobiliaire, fait mention de la famille *Dufaure du Bessol*, sans en indiquer l'origine ni les alliances. — Elle habite Beaulieu, arrondissement de Brive.

Son origine me paraît indiquée par le testament de *Goufier de Lastours*, seigneur dudit lieu, de *Bessos et de* Linars, fait le jeudi, après la fête de l'Annonciation 1354, par lequel, entre autres choses, il lègue à *Petro Fabri*, demeurant audit lieu de Bessos, une somme d'argent et une rente viagère. — L'extrait de ce testament est contenu dans le fonds de M. de Gaignières, au fol. 49.

Il est très-propable que le copiste aura mis un *s* à la place d'un *l*, et qu'il aura écrit *Bessos* au lieu de *Bessol*. Cette erreur est d'autant plus probable que, sur l'extrait qui m'a été remis à la Bibliothèque impériale, le nom de M. de *Gaignières* est écrit *Graignières*, ce qui prouve qu'une addition de lettre est chose aussi possible qu'une omission ou qu'un changement. Il y a plus, c'est que le village de *Bessol* était situé non loin de *Chastaux*, arrondissement de Brive, et qu'à Chastaux il y a eu des *Dufaure*, notaires, ainsi qu'il appert sur les registres des insinuations laïques de Brive.

Quoi qu'il en soit de l'origine de cette famille, l'un des membres actuels, mon ancien condisciple et ami *M. Marius Dufaure du Bessol*, m'affirme, dans une analyse de pièces qu'il ma transmise, à la date du 29 décembre 1852 :

1.º Que leurs titres de noblesse ont été renouvelés sous Louis XVIII, car ils avaient été brûlés en 1793 ;

2.º Que son grand-père était brigadier aux chevau-légers ;

3.º Que son bisaïeul avait servi comme capitaine de cavalerie dans le régiment de Bellefond ;

4.° Que plusieurs de ses oncles, notamment *M. de Labesse,* ont également servi et dans des grades supérieurs, tel que celui de colonel, ainsi qu'il appert des états de services présentés par son grand-père, à la demande de *M. le comte de Durfort,* qui le portait pour la décoration de Saint-Louis, laquelle lui fut accordée avec le titre de chevalier.

5.° Enfin, il m'affirme que sa famille est parente avec les familles *Dufaure de Saint-Martial* et *Dufaure de L'herm.* Personnellement, je ne puis affirmer qu'une alliance, celle résultant du mariage de *Martial Dufaure de Lavareille,* écuyer, avec *Marie de Labesse,* en date du 14 mars 1777, suivant contrat reçu par Massénat, notaire à Brive.

Ces *Dufaure du Bessol* sont après vous, mon cher cousin, ceux qui ont conservé la position de fortune la plus considérable de tous les Dufaure du Bas-Limousin. — Le frère plus jeune de Marius, Joseph Dufaure du Bessol, est sorti de l'école de Saint-Cyr et se trouve actuellement en activité de service avec le grade de sous-lieutenant. C'est un jeune homme d'avenir.

BRANCHE DE MIRANDOL.

Le 8 juin 1335, *Louis du Faure, seigneur de la Faurie,* fit donation, en faveur de *Catherine Faure,* sa fille, femme de noble *Guion de Mirandol,* seigneur de Mirandol, de la moitié de tous ses biens, à la charge que tous les enfants mâles qui naîtraient de ce mariage *seraient tenus de porter le nom et armes de la Faurie et Faure.*

Ce contrat fut produit en original, en parchemin, reçu par Lentolio, notaire royal, à M. d'Hozier, juge d'armes, par *messire François de la Porte,* seigneur de la Porte, de Lissac... etc., pour établir sa filiation en noblesse, afin d'être reçu chevalier dans l'ordre de Saint-Jean de Jérusalem. —

L'intitulé de la communication est celui-ci : « *Titre du Faure*
« *de Mirandol, — communiqué avec Laporte de Lissac.* »

DU FAURE, A BRIVE.

Je termine, mon cher cousin, l'énumération des branches
de notre famille dans le Bas-Limousin, par celle qui s'est établie à Brive, où elle a conservé son nom primitif sans addition,
quoiqu'elle ait paru avec un certain éclat au bareau de cette
ville et contracté de belles alliances, — sans doute parce que
son auteur, *Etienne Dufaure,* s'y établit comme marchand,
ainsi qu'il appert d'un bail à ferme consenti par son fils « Jean
« *Dufaure,* praticien, habitant de Brive, agissant au nom de
« son père, Etienne Dufaure, marchand dudit lieu, dont il
« promet la ratification, devant M. Lasteyrie, notaire d'Al-
« lassac, le 28 avril 1674, en faveur des sieurs Rivière et
« Pouget, de plusieurs vignes que ledit Etienne Dufaure avait
« dans les appartenances du village de La Chapelle, paroisse
« d'Allassac. »

Jean Dufaure, fils d'Etienne, fut notaire à Brive; ses minutes devraient se trouver aujourd'hui dans l'une des meil-
leures études de Brive, celle de M. Massénat; mais elles sont
détruites et la trace n'en est conservée que par les registres des
insinuations civiles et quelques expéditions. Il épousa *Jeanne
Le Mas,* ainsi nommée dans un acte de baptème fait à Brive,
le 2 décembre 1682, de Jean Genier, qu'elle porta avec son
beau-frère, François Dufaure, qui est qualifié maître chirurgien
dans l'acte de baptème, fait le 26 août 1696, à Brive, de
Marguerite de Genier, dénommée « *fille de Pierre et de Toi-
nette de Dufaure.* »

Du mariage de Jean Dufaure et de Jeanne Lemas provint un
fils nommé *Jean Dufaure,* avocat, qui épousa, suivant con-

trat du 13 avril 1701 , reçu par Bouzonic , notaire , et insinué le 31 décembre 1750 , *Jeanne de Chabrignac* , fille de Jean , avocat en la cour, juge de Beynac , et de Jeanne de Dupuy.

Il eut de ce mariage , ainsi qu'il le déclare dans son testament du 3 mai 1724 , contrôlé et insinué à Brive le 5 septembre 1750 , par Ozon , quatre enfants , savoir :

1. Jean , avocat;
2. Jean-Baptiste , avocat ;
5. Jean-François , prêtre chanoine de Noailles ;
4. Jeanne.

Jean Dufaure épousa *Jeanne de Sapientis* , ainsi que cela résulte : 1.º de son testament , en date du 17 juillet 1745 , insinué le 30 avril 1751 , par lequel il lui lègue l'usufruit de tous ses biens ; 2.º de la cession que lui avait faite son beau-père Sapientis , de toutes les créances qu'il avait contre M. *Dufaure de la Martinie ,* « pour tenir lieu du bien paraphernal et extra-« dotal à sa fille , femme audit Dufaure. »

De ce mariage provinrent deux filles , *Marie* et *Marguerite,* dénommées dans le testament de leur père et dans l'inventaire des effets mobiliers de Marie Sapientis , épouse de M. Jean-Antoine Laporte , avocat , fait à la requête de Jean Dufaure , prêtre , par Lacoste , notaire , le 19 avril 1754.

Margueritte Dufaure épousa , suivant contrat passé devant Guitard , notaire à Brive , le 28 janvier 1762 , et insinué le 10 février 1763 , fol. 99 , verso , *messire Guillaume Sclafer. sieur de Malpeyre , habitant au château de Jugeals ,* paroisse dudit lieu. Elle reçut par son contrat de mariage une donation mobilière de 800 liv. de son oncle Jean-Baptiste Dufaure , chanoine de Noailles , et une seconde donation de 1,000 liv. avec une pension viagère de 150 liv., et un appartement meublé dans le château de Jugeals , de son futur époux. De son côté , elle lui apporta en dot les domaines de la *Sar-*

rétie, de *Malecroix*, des *Chapelleis* et autres terres dont la désignation est donnée dans le bail de ses revenus, fait aux enchères publiques, en vertu d'une ordonnance de Jean Geouffre, juge ordinaire de Brive, en date du 20 août 1750, à la requête des tuteurs de ladite Margueritte Dufaure, *messires Pierre* et *François de Bachelerie, seigneurs de Boniphon*, nommés à cette tutelle par ordonnance du 13 juillet 1750, homologative de la délibération des parents paternels et maternels de ladite pupille.

Cette famille *de Jugeals* vient de s'éteindre, je crois, dans sa descendance mâle. Elle est représentée par trois demoiselles, dont l'une a épousé M. *Edouard Rivet*, procureur impérial du tribunal civil de Brive.

Cette alliance n'est pas la seule qui rapproche la famille *Rivet* de la famille *Dufaure*. Elles ont eu l'une et l'autre des alliances avec la famille de Sahuguet d'Amarzit, dont j'ai parlé en ce qui touche les Dufaure de Sauvezie, seigneurs de Meilhac, et avec la famille Salviat, que je vais faire connaître. Par un codicille ajouté à son testament ci-dessus indiqué, Jean Dufaure, père de Marguerite et de Marie Dufaure, déclare qu'au cas où elles mouraient sans postérité, il leur substitue son frère, le chanoine, et *Jeanne Dufaure,* épouse de M. "*François Salviat, avocat en la cour,* dont le contrat de mariage se trouve mentionné dans l'insinuation d'une donation faite par *Libéral Salviat,* chanoine, au profit desdits époux. Or, sur les registres des insinuations laïques de Brives (détenus par mademoiselle Laroche) se trouve celle du contrat de mariage de M." *François-Libéral Rivet,* avocat en parlement, fils d'Antoine et de demoiselle *Thérèse de Salviat,* avec Anne-Cécile Reynal, suivant contrat du 16 mars 1764, reçu par Coste, notaire, en présence de messires de Philip de Saint-Viance, Maurice Duverdier, Salviat et Rivet. Ledit acte insinué à Brive, le 21 mars 1764, par Guibourg.

François Salviat, époux de Jeanne Dufaure, devint conseiller au présidial de Brives, et profita des loisirs de cette charge pour composer son ouvrage sur la jurisprudence du parlement de Bordeaux, qui le fit jouir d'une grande réputation parmi les jurisconsultes du temps.

François-Libéral Rivet fut digne de son parent; il se distingua, comme avocat, dans le barreau des principales villes de France, où son opinion faisait autorité. Il devint lieutenant-général de l'élection de Brives, et créa ainsi dans sa famille des antécédents judiciaires et administratifs qu'ont admirablement suivis ses descendants. Le baron Rivet fut préfet; son fils, M. Charles Rivet, sous-préfet de Rambouillet à l'âge de vingt-six ans, plus tard préfet de Châlons, de Nîmes, était préfet de Lyon, où il a fait tant de bien, lorsqu'il donna sa démission pour se porter candidat à la députation. Il fut élu par l'arrondissement de Brives. Devenu député, il entra au Conseil-d'Etat, où il acquit bien vite la position due à son immense talent d'administration. La révolution de 1848 arriva. Le département du Rhône le choisit pour l'un de ses représentants. Le coup d'Etat du 2 décembre fut fait, et M. Rivet quitta le Conseil pour rentrer dans la vie privée, restant ainsi fidèle à son passé politique avec une honorabilité parfaite.

Il laissa au Conseil-d'Etat, comme auditeur, son neveu et mon excellent ami, Philippe de Bosredon; mais je me hâte de dire qu'il y était entré par le concours, et que tous ses collègues n'hésitent pas à affirmer que c'est un sujet de grand avenir.

La descendance de Jean Dufaure, l'aîné, avocat, est donc représentée aujourd'hui par la famille *de Jugeals;* car il n'eut que deux filles: Margueritte, mariée à *Guillaume de Jugeals,* et Marie, morte sans postérité.

Jean-François Dufaure mourut chanoine de Noailles.

Jean-Baptiste Dufaure, le jeune, avocat, testa le 19 décembre 1741. Il institua son frère aîné héritier universel, et décéda en 1742. L'acte d'insinuation dudit testament est inscrit sur le registre 14, folio 9, à la date du 5 septembre 1750.

C'est ainsi que le nom de Dufaure a disparu de la ville de Brives, où il était porté naguère par une fille d'Alexis Dufaure, huissier, fils de Pierre Dufaure, oncle paternel de mon grand-père, *Elie Dufaure,* ainsi qu'il appert du contrat de mariage de ce dernier, en date du 28 janvier 1788.

DUFAURE, A BORDEAUX.

J'ai déjà dit que *messire Guillaume Dufaure de Sauvezie, seigneur de Meilhac,* fils de Guillaume et de *Jeanne de Sahuguet d'Amarzit,* vendit « l'état et office de conseiller du Roi, maison couronne de France, près la chancellerie de la cour des aydes de Montauban, par contrat du 14 février 1751, passé devant M.ᵉ Bonnelye, notaire à Allassac, à son cousin messire Etienne Dufaure de Lavareille, qui était alors conseiller du Roi, président au présidial de Brives. J'ajoute que les *du Faure,* de Montauban, signaient du Faure de Pouzol, de Rouffillac, de Leygue, ainsi qu'il appert d'un jugement de maintenue de noblesse du 16 mai 1699, rendu par le Pelletier de la Houssaie; que leurs armes étaient : *d'argent, au lion couronné de gueules.*

Or, 1.° au n.° 724 de l'armorial général de France, généralité de Bordeaux, on lit ce qui suit : « *Marie Dufaure, dame* « *de Rouffillac et de Leygue, femme séparée de N... de* « *Millac, porte d'or à un lion de gueules, party d'azur et* « *une épée d'argent en pal, la garde et la poignée d'or.* »

La famille de Millac est du Limousin, où elle a paru avec assez d'éclat au siége présidial de Brives. Dans un acte d'emprunt de 6,000 fr. fait à Allassac le 9 mars 1756, suivant acte reçu par Deyzac et Lavaud, notaires royaux, figurent *messires Jean Giguel, seigneur de Millac*, secrétaire du Roi, et *Joseph Giguet de Millac*, écuyer, fils du précédent, habitant de la ville de Brives.

2.° Dans l'état de ses créances fait à la suite de son testament, Jean Dufaure, avocat à Brives, déclare qu'entre autres sommes il lui est due la somme de 40 livres pour reste de celle de 300 livres de rentes de fonds ; plus la somme de 1,200 livres, suivant obligation en date du 16 juin 1690, par les sieurs Marchou et Martialle Bosque, *du village de Lagrange*, paroisse de Saint-Viance ; et au n.° 515 de l'armorial ci-dessus indiqué, est mentionné « *Pierre Dufaure, écuyer*, SIEUR DE « LA GRANGE, *qui porte : d'azur à un lion d'or armé, lam-« passé et couronné de gueules.* »

3.° Dans un dossier trouvé à la maison, contenant la procédure, instruite devant le parlement de Bordeaux, d'une sentence rendue à la requête d'un sieur Gapeaune, agissant comme cessionnaire de *Jean Sol*, contre Christophe Sol, par le sénéchal de Brives, « *contrôlée, ladite sentence, par Dufaure*, » figure *Jean-Hercule Dufaure, le jeune*, comme procureur en la cour et celui dudit Louis Gapeaune.

4.° De la correspondance trouvée au château de Saint-Cyr, échangée entre mon trisaïeul maternel, *Claude de Laroze*, avec ses cousins de Bordeaux, dont l'un était conseiller et l'autre greffier en l'élection du parlement, au sujet d'un procès, il résulte que le père de Jean-Hercule Dufaure, le jeune, était conseiller en la grand'chambre du parlement, et avait été nommé rapporteur dans l'affaire de mon trisaïeul.

5.° A la date du neuf floréal an douze, un passeport fut délivré à mon grand-père, Elie Dufaure, « *allant à Bordeaux pour ses affaires.* »

6.° Noble Hélide de Rouffilhac, veuve de Guillaume de

Boussac, était, le 20 août 1424, tutrice de ses enfants mineurs, et dans l'acte de baptême fait *à Gimel*, de *François de Lentilhac*, le 12 mai 1659, *François de Boussac*, le parrain, est qualifié d'écuyer, SEIGNEUR DE FAURE, c'est-à-dire du tènement de ce nom, situé dans la commune de Saint-Bonnet, et qui avait appartenu à ma famille, ainsi qu'il appert de la reconnaissance féodale déjà citée aux §§ 4 et 5.

Je conclus de tous ces faits, de *l'analogie*, pour ne pas dire de l'identité des *armes* ci-dessus décrites, qu'il est infiniment probable, sinon certain, que les *Dufaure, de Bordeaux* sont une branche des *Dufaure* du Bas-Limousin. Les légères différences que présentent ces armes ne s'opposent nullement à ma conclusion, car il n'y a rien de plus fréquent que les changements ou différences d'armoiries occasionnés par les substitutions, dont on ne connait souvent ni l'époque ni l'origine.

Un dernier élément de décision me paraît résulter du *titre nobiliaire*, qui est celui *d'écuyer*, le même que celui indiqué dans le jugement de maintenue de noblesse qui se trouve à l'armorial, *généralité de Limoges*.

Soit dit en passant, le cahier des représentations et doléances de la noblesse du Bas-Limousin, des sénéchaussées de Tulle, Brives et Uzerche, commencé le 17 mars 1789 et fini le 21 mars de la même année, est signé par *Dufaure de Saint-Martial*, et le procès-verbal de l'assemblée générale de la noblesse du Haut-Limousin, tenue le 17 mars 1789 et jours suivants, rédigé par M. le *vicomte de Mirabeau*, l'illustre orateur, est signé par *Dufaure de Bellille*.

§ 6.

ALLIANCES DE LA FAMILLE DU FAURE.

I. Alliance avec la famille Alègre ou d'Alègre. — Cette alliance résulte *directement*, du côté paternel, des actes authentiques suivants :

1.° Du contrat de mariage de *Pierre du Faure*, fils d'*Étienne du Faure*, juge de la Salle et lieutenant de Saint-Bonnet, demeurant à Allassac, et de *Peyronne de Cheynialle*, fille de *François de Cheynialle* et de *Gabrielle de Chiniac*, avec Marie Alègre, fille de Jean et de *Françoise André*; cette dernière fille de Gabrielle André, dont la famille avait le *fief* de Brons, la seigneurie de la Martinerie et de la Rochepot, et de *Marie de Cheynialle*, tante maternelle dudit Pierre du Faure (1);

2.° Des extraits baptistaires des cinq enfants provenus de ce mariage, savoir : Étienne, Geoffrette, Marie, Thérèse et Anne du Faure (2);

3.° Du testament public de *Jean d'Alègre*, reçu par Rivière, notaire, en date du 5 novembre 1666;

4.° Du testament mystique de Marie Alègre, en date du 14 mars 1712, reçu par Meyre, notaire royal, par lequel elle institue Pierre du Faure, son cher mari, son légataire universel ;

---

(1) Le contrat de mariage de Jean d'Alègre et de *Françoise de André*, en date du 3 février 1852, passé devant Aguiré, notaire.

(2) V. les registres de l'État civil d'Allassac, années 1678, 1688 et suivantes.

5.° Du testament d'Anne du Faure, fait en la même forme, et déposé chez M.° Bernard Mouneyrac, notaire, le 16 novembre 1719, par lequel elle fait des legs particuliers à *Jean et Étienne Alègre, ses cousins germains;* à Léonarde Alègre, sa cousine; à *Anne Vayne*, fille de Jean, sa cousine, et institue Géral du Rieu, son légataire universel;

6.° D'une transaction sur droits légitimaires intervenue, le 28 mai 1720, entre Pierre du Faure et Marie Alègre, sa femme, d'une part; Jean Alègre et Anne André, d'autre part, pardevant M.° Meyre, notaire à Allassac;

7.° Du contrat de mariage de Jacques du Faure, avec Marie Réal, sœur d'Anne Réal, épouse d'Étienne Alègre, en date du 15 février 1748, reçu par Bonnelye, notaire;

8.° Du mariage de Jacques du Faure, fils d'Élie, mon bisaïeul, avec Catherine Mouneyrac, sa cousine au 4.° degré, fille de Bernard Mouneyrac, notaire royal; ledit mariage célébré le 21 février 1767;

9.° Du mariage de Jean Alègre avec une autre Catherine Mouneyrac, du 10 décembre 1770.

Et enfin d'autres actes qu'il serait trop longs d'énumérer.

Du côté maternel, elle résulte du mariage d'une demoiselle d'Alègre avec un de Laroze de Gorbas.

Les alliances indirectes sont trop nombreuses pour que j'essaie de les indiquer spécialement; elles apparaîtront dans l'exposé des alliances communes.

Il est constant que les membres de cette famille Alègre, qui est originaire d'Auvergne, étaient désignés et signaient autrefois, dans les actes authentiques, du nom : *d'Alègre.* La preuve en est notamment dans une sommation faite à la requête de *Géraud du Rieu,* à Pierre de Laroze, juge de Saint-Aulaire, le 18 mars 1724, par le ministère de Bonnelye, notaire, qui reçoit la réponse, d'avoir à reconnaître la signature de M.° *Jean d'Alègre*, docteur en théologie, curé d'Objat, SON ONCLE, dont il était co-héritier avec *François d'Alègre*, habitant à Garavet, paroisse d'Allassac, apposée à une cession de créance contre messires Charles et Jean de Saint-Viance, seigneurs dudit lieu, consentie, ladite cession, en faveur de feu sieur Pierre du Faure, de la ville d'Allassac, par acte sous seings-privés, du 23 mai 1700.

Du testament d'Etienne Alègre, du 7 juin 1707, déposé chez M.ᵉ Lasteyrie, notaire, qui dressa l'acte de suscription, où sont écrits les noms de plusieurs enfants *d'Alègre ;*

D'un acte de vente consentie devant M.ᵉ Bernard Mouneyrac, notaire royal, et signé *d'Alègre*, le 10 janvier 1740.

Enfin, 1793 arriva, et *Jean-Baptiste Alègre fut inscrit sur la liste des émigrés.* Par arrêté de l'administration centrale de la Corrèze, du 12 pluviôse an v, une partie de ses biens fut confisquée.

La Restauration le récompensa selon la noble fierté de son caractère, en lui confiant des *fonctions gratuites*, l'administration de la commune d'Allassac. Son fils, Mathieu Alègre, docteur en médecine, l'administre aujourd'hui avec une énergie et une habileté incontestables.

Alliance avec la famille de Bardicon. — Cette alliance résulte du contrat de mariage de François de Bardicon, fils de Gilibert de Bardicon, écuyer, et de Margueritte du Faure, avec Jeanne Fougeyron, fille de François et de Poullou de Chiniac, en date du 19 février 1662, reçu par Lasteyrie, notaire

Gilibert de Bardicon prenait toujours son titre d'écuyer dans les actes publics, notamment dans l'acte d'achat qu'il fit le 2 janvier 1664, par devant M.ᵉ de Juge, notaire royal, conjointement avec Etienne du Faure, juge de La Salle, et Gabriel Aguiré , de certains immeubles sis aux appartenances d'Allassac , et à eux vendus par M. Louis de Bonneguise , écuyer, sieur de Soulier, avec Anne de Blanc , sa femme , dame d'Artiges et de la Chapelle-Saint-Jean.

Dans un acte passé le 23 avril 1665 entre *Daniel de Turenne,* Jean Alègre et de Sahuguet , archiprêtre.

Dans deux reconnaissances féodales , des 22 juin 1649 et 4 juillet 1698 , faites en faveur de M. Duverdier, qui avait acheté une partie de la vicomté de Comborn , et de Gabriel-Nicolas de la Reignie , figurent *Izaac Bardicon, sieur de Cessat,* et *Pierre Bardicon , sieur de la Combe.*

Jeanne de Bardicon fit son testament le 16 octobre 1779, en présence de messires Charles de Bruchard , écuyer ; Jean-Louis de Bruchard , chevalier ; sieur du Chalard , officier d'infanterie ; Louis-Gabriel-Mathieu d'Alby de Genouillac , officier de la Martinique ; M Jean Vayne , avocat , etc. ; ledit testament reçu par Bonnelye , notaire royal. — Naguères , mon père possédait une vigne qu'on appelait *la Bardiconne ,* située au tènement du Fouysse.

Alliance avec la famille André de Brons. — Cette alliance résulte du mariage de Marie de Cheynialle , sœur de Peyronne , première du nom , femme d'Etienne Dufaure , juge d'Allassac , avec Gabriel André , sieur de Brons , docteur en médecine. Ladite alliance constatée par une transaction passée devant M.ᵉ Lasteyrie, notaire, du 17 septembre 1675.

Cette famille *de André* était alliée avec les plus nobles familles du Limousin, comme il appert des actes suivants :

1.º Le 1.ᵉʳ février 1654, suivant contrat reçu par Aguiré , notaire, *Marguerite de Roffignac,* fille de noble Elie de Roffinac , écuyer, sieur de La Borie , et de demoiselle Françoise d'André, épousa Jacques Lavaux (1), fils de Bernard et frère de Catherine Lavaux, femme de Antoine Dufaure, archer en la connétablie de France.

Les témoins de ce mariage furent Etienne Dufaure, juge d'Allassac, et Gilibert de Bardicon, escuyers.

Victor-François de Phénis de la Renaudie, sieur de Lavaux, épousa dame Renée de Scorailles, fille de Pierre, seigneur de Laval, le 25 septembre 1681, suivant contrat reçu par *Daudy*, notaire, et reçut en dot le domaine de Laval, paroisse d'Allassac.

2.º Le 11 janvier 1654, par contrat passé devant le même notaire, « *Loüys de Roffignac, sieur de Laprade,* fils de noble *Hellie de Roffignac*, escuyer, sieur de Laborie, et de damoiselle *Marie de André,* sa consorte, épousa Françoise d'Alby, fille de Jean d'Alby et de *Suzanne de Mazoyer.* »

3.º Le 10 février 1654, devant le même notaire, demoiselle Marie de Roffignac, fille de défunt messire Louys de Roffignac, seigneur du château de Lamothe, de Saint-Germain-las-Vergnas et autres lieux, épousa *messire Daniel de Pradel, sieur de Lamaze,* avocat en la cour du parlement de Bordeaux, fils de Jean Pradel, en son vivant bourgeois de la ville d'Uzerche, et de Catherine de Mazoyer ; cette dernière, représentée au contrat par M.ᵉ Anthoine de Clédat, conseiller du roi, lieutenant de robe courte au siége royal de la ville d'Uzerche, son mandataire, aux termes d'une procuration reçue par Besse, notaire, constitua à son fils le domaine de Fleignia, paroisse de Saint-Jal, les rentes de la Magontie, paroisse de Saint-Ybar, et le domaine du Roupeyrou.

(1) Il signait Lavaux d'Espeyrut, comme on le voit dans plusieurs actes, où il intervenait comme mandataire de messires Bernard et Daniel de Turenne.

Parmi les signatures apposées au bas du contrat, on remarque, entre autres, celle de Dufaure et *de Glotons.*

Cette dernière vient à l'appui de ma thèse, relative à la naissance de Jean Dufaure, évêque de Tulle et cardinal.

4.° Le 30 mars 1649, fut baptisée Marguerite de André, fille de messire Pierre André, lieutenant de Saint-Pardoux, et de Catherine de Sageaulx, en *présence de M. de Turenne.* Le parrain fut M.' Rigal de Sageaulx, procureur d'office de Vigeois.

5.° Le 6 mai 1652, fut baptisée Catherine André, fille de Jean, avocat en parlement, et *sieur de Brons,* et de *dame de Brachet.* Le parrain fut Jacques de Brachet, sieur de Lavaux, fils d'*Etienne,* sieur de la Nouvailhe, du lieu de la Gelizie, paroisse de Saint-Bonnet-la-Rivière (1).

6.° Le 13 juin 1697, fut baptisée par Chiniac, curé de Sadroc, *Jeanne des Cars,* fille de noble Bernard, écuyer, sieur du Guyroux et d'Anne (ou Jeanne) d'André.

Le parrain fut Bernard des Cars, écuyer, sieur de la Vernouille, paroisse de Saint-Hybard, et la marraine fut Anne de Boussac, de la ville de Donzenac. Furent présents : messires de Cosnac, de Lajugie de Cosnac et de Salis.

7.° Le 20 août 1743, fut baptisé Jean André, et il eut pour parrain Jean Sauvezie, docteur en théologie, curé d'Allassac.

8.° Enfin le 29 juillet 1642, Anne André, fille de Jean,

(1) Laîné, en son nobiliaire du Limousin, page 9, dit « que cette famille *de Brachet* est fort ancienne, et que son nom se voit fréquemment dans les cartulaires du Limousin aux xii.ᵉ et xiii.ᵉ siècles ; — que les *Brachet* étaient seigneurs de Maslaurent, de la Jalegie (Gelizie sur les registres de Sadroc), de Marreyx, de Saint-Bonnet et de Beyssat ; — qu'elle produisit en 1551, et que ses armes sont écartelées aux 1.ᵉʳ et 4.d'azur, à 2 chiens braqués d'argent ; aux 2 et 3 d'azur, au lion d'or. »

avocat, sieur de Brons, eut pour parrain M. de Latour, écuyer, et pour marraine Anne de Boussac.

Alliance avec la famille Bounaix. — Cette alliance résulte de l'acte de décès, en date du 19 février 1793, de Jeanne Dufaure, épouse d'Étienne Bounaix, âgée d'environ 40 ans.

Alliance avec la famille Cruveilher. — Cette alliance résulte de l'acte de baptême de Marie Cruveilher, fait à Allassac, et ainsi conçu : « baptême de la ville. — Marie Cruveilher, fille légitime à sieur Bernard Cruveilher et demoiselle Gabrielle des Borderies, de la ville, est née le huitième juillet 1772 et a été baptisée le neuf. A été parain sieur *Bernard Cruveilher, conseigneur du bourg de Magnac, et mariene demoiselle Marie Dufaure,* grand-père et tante à la baptisée, qui ont signé : *Dufaure de Chauviat.* — Cruveilher, etc. »

La famille des Borderies n'est autre que la famille de Rivière, qui avait la seigneurie du village des Borderies, paroisse d'Allassac.

J'ai déjà fait connaître la parenté de cette famille avec la mienne en parlant d'Etienne Dufaure, juge d'Allassac.

Alliance avec la famille de Chiniac. — Cette alliance résulte du contrat de mariage de M. François Chiniac, avocat en la cour et juge de la ville d'Allassac, avec *Jeanne Dufaure* (nommée Jeanne de Dufaure dans les actes ci-après (1), duquel mariage provinrent sept enfants, nommés dans le testament du sieur François Chiniac, leur père, devant M. Mouneyrac, notaire, le 23 mai 1707, savoir :

Estienne, sieur de Lornac, l'aîné ;

_____

(1) Le testament de son mari ; le contrat de mariage de son fils aîné, reçu par Lasteyrie, notaire, en date du 5 septembre 1692. Acte de baptême de François de Chiniac, dressé le 2 octobre 1679, par Alègre, curé.

François, alors curé de Sadrot et de Saint-Bonnet ;

Denys, sieur des Bardoux ;

François-Louis, sieur du Mas ;

Estienne, deuxième du nom ;

Et *Gabrielle Chiniac,* mariée avec le sieur Bonnel, de Vigeois.

Ces enfants reçurent chacun un legs de leur père, portant tant sur ses biens personnels que sur ceux qu'il avait *gaignés* par le cas de prédécès de sa chère épouse « demoiselle *Jeanne de Dufaure,* » et aussi sur ceux compris dans la donation entre-vifs de *Gabrielle de Bugénie,* veuve de Denis Chiniac, faite en sa faveur et celle de sa femme, le 23 novembre 1665, devant M ᵉ Lasteyrie, notaire, et en présence d'Aymar Alègre, docteur en théologie, curé d'Allassac, et Pierre d'Alby, faite aux dits conjoints avec charge de rendre à leurs enfants et de payer des legs particuliers faits à mademoiselle *Guabrielle du Bousquet, fille à feu sieur de Saint-Pardoux,* et à *Guabrielle de Lasteyrie,* ses filleules.

Estienne Chiniac de Lornac, l'aîné, devint juge de Roffignac (1). Son frère, *Denis de Chiniac des Bardoux,* devint *conseiller du Roy, rapporteur du point d'honneur des maréchaux de France et lieutenant général en la sénéchaussée d'Uzerche,* et conseigneur de la ville d'Allassac, ainsi qu'il appert des recueils des ordonnances des Rois de France, fait par Baluze, annotées et traduites par de Chiniac (2), de l'acte de suscription de son testament mystique, dressé par Mouneyrac, notaire à Allassac, le 30 avril 1718 ; d'un autre testament, reçu par *Bonne-lye,* notaire, le 13 mars 1737, et des contrats de mariages de ses enfants, que je vais indiquer. Dans ces testaments, il déclare

---

(1) V. contrat de vente par M. d'Alesme de Rigoulême, du 19 octobre 1746, devant Bonnelye, notaire.

(2) V. Marvaud, hist. du Lim., t. ı, p. 120, et t. ıı, p. 396, note ı.

avoir été marié avec Léonarde Bonnelye et en avoir eu sept enfants, savoir : Pierre, Jean, autre Pierre, Elie, Jacquette, Guabrielle et Peyronne de Chiniac. Jean fut baptisé le 20 janvier 1715 et eut pour parain Jean Bonnelye, de la ville de Tulle, famille représentée aujourd'hui par un homme de science, M. Bonnelye, professeur au collége de Tulle, et un jeune homme d'esprit, M. Bonnelye, premier vicaire de l'église paroissiale d'Allassac. Elle a eu le bonheur de compter un officier de valeur dans l'*armée de Condé.*

Jacquette de Chiniac épousa, suivant contrat du 19 juillet 1728, reçu par Bonnelye, notaire, Me *Bertrand Cournil sieur de Lavergne,* avocat en la cour, fils d'Etienne, procureur d'office de Saint-Aulaire et de *Marie de Nauche.*

Pierre de Chiniac, sieur de la Bastide, premier du nom, épousa, suivant contrat du 30 novembre 1738, reçu par Bonnelye et Pouget, notaires royaux, *Pétronille de Rivière,* fille de Pierre, sieur des Borderies, et de Jeanne d'Alby. — Il remplaça son père dans la charge de conseiller du Roi et rapporteur du point d'honneur du Bas-Limousin (1).

A Brives, il y a eu aussi des Chiniac conseillers du Roi; c'était la branche des Allieux.

Alliance avec les familles d'Eyzac (de Nauche et de Porcher). — Cette alliance résulte :

1.º Du contrat de mariage de Jacques Dufaure, fils puîné d'Antoine et de Catherine Lavaux, troisième du nom, avec Jeanne d'Eyzac, fille de Jean d'Eyzac, procureur d'office de la juridiction de Roffignac, et de Louise Vayne, en date du 15 février 1718, passé devant Me Mouneyrac, notaire;

____

(1) Voy. Calendrier ecclésiastique et civil du Limousin, année 1779, p. 54. — M. le marquis de Seilhac était lieutenant des maréchaux de France, dans la généralité de Limoges, à cette époque.

2.º Du contrat de mariage, en date du 28 février 1718, reçu par le même notaire, d'entre Jacques d'Eyzac, frère de Jeanne, épouse Dufaure, et *Marie de Porcher,* fille de Jeanne de Nauche et de Guilhaume Porcher, sieur de la Rouverade; ladite Jeanne de Nauche, habitant à Allassac, procédant audit contrat avec l'assistance de M.ᵉ François Nauche, lieutenant de la juridiction de Vigeois, y habitant.

« A ce contrat fut témoin M.ᵉ Denis Chiniac, sieur des
« Bardoux, conseiller du point d'honneur des maréchaux de
« France en la sénéchaussée d'Uzerche, et seigneur de ladite
« ville et paroisse d'Allassac. »

La famille Porcher était fort ancienne à Allassac, et l'on voit *Jean Porcher, sieur du Claud,* et autre Jean Porcher, sieur de la Beyssière, son frère, se portant forts pour Jean Cabanis de la Pradelie, leur beau-frère, figurer dans un acte de vente d'une maison dite *de Montaut,* sise à Allassac, consentie par mademoiselle Marie de Sahuguet, le 25 juin 1655, par acte passé devant Aguiré, notaire.

Cette famille avait de belles alliances; car, dans une transaction passée devant M.ᵉ Bonnelye, notaire, en présence de Jean Dufaure, procureur d'office de la ville d'Allassac, *messire François de la Fagerdie,* seigneur de Leyris, écuyer, conseiller au présidial de la ville de Tulle, fils aîné de Blaize, conseiller au même présidial et secrétaire du Roi, maison couronne de France, agit comme étant aux droits de *Jeanne de Porcher,* son aïeule.

3.º Du contrat de mariage de *Françoise de Nauche* avec messire F. Dufaure, seigneur de Villeneuve, ainsi qu'il appert d'un acte de baptême fait à Allassac le 20 janvier 1715, dans lequel il est dit que Françoise de Nauche est remplacée par sa fille, Marie Dufaure; cet acte est signé par *Marie Dufaure, de Voutezac,* et *Marie Dufaure, d'Allassac;* et de l'acte de baptême de Léonard Dufaure, fait à Voutezac, le 1.ᵉʳ avril 1691.

4.º Du contrat de mariage d'Elie Dufaure, mon grand-père, avec Marie Vervy, fille de Jean et de Catherine D'eyzac.

La famille *de Nauche* avait la seigneurie de Pomiers. Elle a prouvé depuis Roch de la Roche, vivant en 1555. Jean de la Roche épousa, le 18 septembre 1586, Marie de Jonnereux. Jean de Nauche lui fit donation de ses biens au contrat, à la charge par lui et ses descendants de porter son nom. — Cette famille est aujourd'hui une des plus riches et des mieux posées du Bas-Limousin. Elle est représentée par Jacques Nauche, qui a épousé une demoiselle de la Besse, dont il a eu deux enfants : mademoiselle Marie, qui a épousé M. de Lostende, de Limoges, et Alfred Nauche, mon excellent ami.

Alliance avec la famille Juge. — La famille Juge, ou le Juge ou de Juge, car elle est désignée dans les cartulaires et actes notariés ou de l'État civil avec et sans particule, est une de celles devant lesquelles je m'arrête avec le plus de plaisir, parce qu'elle a, selon moi, la vraie noblesse. L'on disait autrefois, dans le Bas-Limousin : *Riche comme un Des Cars; noble comme un Bonneval;* on dit aujourd'hui : *Honnête comme un Juge!*

La probité de cette famille, représentée maintenant par MM. Auguste, Joachim, Emile et Adolphe Juge, est proverbiale. J'ai souvenance que ma mère me citait, comme exemple à suivre, le fait de M. Juge père, qui était notaire, d'avoir suivi un de ses clients pour lui remettre *deux liards* reçus en trop dans un compte qu'il venait d'arrêter.

L'origine de cette famille, que l'on confond souvent avec celle de la Jugie, me paraît remonter à *Jean le Juge d'Agudor,* qui fit une donation, en 1145, à l'abbaye d'Uzerche, en présence de G. Constantin d'Alazac. (Cartul. de Vigeois, fol. 338 539.)

Les noms d'Agudor et d'Alazac sont traduits en ceux d'*Agu-dour*, petit village, commune de Voutezac ; et d'*Allassac*.

La famille de *la Jugie* n'est connue que depuis Geraud de la Jugie, dont le fils, Jacques de la Jugie, ayant épousé, en 1313, Guillemette *Roger*, sœur du pape Clément VI, fut annoblie, en 1338, par le Roi Philippe de Valois, à la sollicitation de Pierre Roger, son beau-frère, alors Garde-des-Sceaux, archevêque de Rouen et cardinal. De ce mariage provinrent, entre autres enfants, *Guillaume la Jugie*, que son oncle, Clément VI, nomma cardinal en 1342. — Souvent l'on désigne ce cardinal sous le nom de *Guillaume le Juge*. C'est du moins ce nom qui est au bas d'un très ancien portrait que j'ai eu et dont j'ai fait cadeau à M. Auguste Juge.

Le nom latin est *de Judicis*. Il est permis de traduire de Juge, le Juge ou la Jugie. — Il est à supposer que la famille de la Jugie n'est qu'une branche de la famille de Juge qui s'est perpétuée dans le Bas-Limousin, à Voutezac, à Allassac, à Donzenac et à Brive, ainsi qu'il appert, 1.° de plusieurs délibérations de la communauté de Voutezac, faites à la requête des syndics ; 2.° du contrat de mariage de *Jean-Baptiste Juge*, maître chirurgien, du bourg de Voutezac, fils de Henri Juge, maître Chirurgien, et de Marie du Rieux, avec demoiselle Thérèze Oubié, de la ville de Donzenac, suivant contrat reçu, le 20 juillet 1745, par M.es Mouneyrac, notaire à Allassac, et Chicou, notaire à Donzenac, en présence de M. *Pierre Chambon de Puydenval, procureur d'office* de Donzenac, de *Dufaure de Lavareille* et autres. Henri Juge, père de Jean-Baptiste, était fils de Libéral Juge, maître chirurgien, et de *Madelaine de Baraud*. Il naquit, le 12 avril 1685, et eut pour parrain *Henri de Miramond*, écuyer, seigneur de Chadebec, habitant au Repaire-Noble-de-la-Goutte, paroisse d'Ussac, et pour marraine *Marguerite de Juge*, sa sœur, épouse de M. François *Chambon de Puydenval* ; 3.° du contrat de mariage de *Joseph Juge*, fils de Jean et d'Anne de Porcher, habitant à Allassac, avec Anthoinette Dufaure, fille de Jacques et de Jeanne d'Eyzac, passé le 4 janvier 1746, devant Bonnelye, notaire, en présence de Guillaume Dubois, avocat à la Cour, et Jacques Dufaure ;

4.° De l'inventaire des meubles et effets et titres de créances de la succession de sieur *Jean Juge*, prestre et curé de Prunic, fait à la réquisition du sieur Antoine Orcel, bourgeois, et demoiselle *Claire de Juge*, conjoints, devant Marguot, *notaire à Brive*. (Acte d'insinuation du 25 avril 1771.)

La famille de Laferrière, qui habite près de Brive, est une branche de la famille *Juge*, ainsi qu'il appert du testament mystique de *messire Jean de Juge*, sieur de Laferrière, capitaine aux invalides et chevalier de l'ordre royal et militaire de Saint-Louis, *habitant du lieu de Larche*, fait le 8 janvier 1761, suscrit le même jour par Maury, notaire à Larche, par lequel il institua, pour son légataire universel, maître *Jean de Juge de Laferrière*, son neveu, et second fils de feu sieur de Laferrière, son frère, et fit plusieurs legs particuliers à ses nièces Margueritte, Marie, Anne, Elisabeth, Margueritte (II.ᵉ du nom) de Juge.

Il est bon de ne pas confondre cette famille *de Laferrière*, avec la famille *de Ferrières de Sauvebœuf*, qui a eu un marquisat, et dont l'un des membres, Thérèse de Ferrières, veuve du marquis de Vassan, demeurant au château du Saillant, s'intitulait *première baronne du Limousin*. (Insinuation du 26 juin 1768.)

Il a existé, dans le Midi, une famille *de Juges* ou de *Juge* qui avait la baronnie de Frégeville, ainsi qu'il appert du contrat de mariage reçu par Antoine Massip, notaire royal à Béziers, le 6 novembre 1628, d'Isabeau de Juges, fille de feu Paul de Juges, baron de Frégeville, conseiller au Parlement de Toulouse, avec *Claude de Faure*, 1.er du nom, baron de Montpaon, marquis de Saint-Maurice, seigneur de Puylaurens et autres places.

Alliance avec la famille de Guillaume. — Cette alliance résulte du mariage de *dame Cécile de Dufaure* avec *messire François de Guillaume, écuyer, seigneur du Chalard*, duquel mariage provinrent plusieurs enfants, dont l'aîné, Antoine de Guillaume, écuyer, seigneur de Larivière, paraît dans un acte d'offres faites, par le ministère de Bonnelye, notaire, le 23 mai 1749, à messire Louis de Guillaume, écuyer, seigneur des Hors, l'Espinasserie, Lagrange, Ussac et autres places.

Alliance avec la famille de Labadie. — Elle résulte du mariage de Catherine Dufaure avec Guillaume de Labadie, sieur de las Gouttas, résidant ordinairement au bourg de la Porcherie ; duquel mariage provint un enfant nommé Guillaume de Labadie, ainsi que le déclare sa mère dans son testament public du 27 février 1700, reçu par Lasteyrie, notaire royal d'Allassac.

Alliance avec la famille de Malafaide. — Cette alliance résulte du mariage de *Jeanne de Malafaide* avec *Bernard du Faure* (Fabri) ou *de Belfort* (alias de Belfort), accordé le 28 août 1407.

Jeanne de Malafaide était fille de Hugues aliàs Gouy de Malafaide, damoiseau, de la ville de Brive ; mais la souche de cette illustre et ancienne famille était à Saint-Viance, près d'Allassac.

Elle possédait, dès le milieu du XI.e siècle, une portion de la terre de Noailles, dont Bertrand Malafaide se qualifiait seigneur en 1375, ce qui a donné lieu de penser que cette famille était une branche de la maison de Noailles, mais à tort; car, je le répète, la maison de Noailles a pour auteur un chevalier de Gimel, auquel le vicomte de Turenne donna l'*alleu* de Noailles à une époque bien postérieure à l'existence connue de la famille de Malafaide; car *Gaubert Malafaide,* abbé de Saint-Pierre d'Uzerche, gouverna ce monastère depuis 1095 à 1108. Son neveu, *Gérard Malafaide,* étant sur le point de faire le voyage de la Terre-Sainte (1096), fit une donation au même monastère. Dans la charte d'une autre donation antérieure à 1108, faite par lui au même monastère, il est nommé *Geraldus Malafaida de Noalas* (cartul. de l'abb. d'Uzerche, fol. 56, 629). Le même Gérald *Malafaide* fut témoin, en 1122, à la charte d'une donation faite au monastère de Saint-Barthélemy de Bénévent (183-184, p. 75).

Aimeri, élu patriarche d'Antioche en 1142, était de cette famille, dont la branche aînée s'est éteinte, en 1450, dans celle *de Philip,* originaire de la paroisse de Corrèze, et dont le premier auteur connu est *maître Raimond Philip,* qui acheta, en 1343, de Guilhem de Tournemine, chevalier, la moitié du mas de Chailhac, que ce dernier possédait indivis avec Bernard Fouchier, chevalier, avec les rentes en dépendant, dans les diocèses de Limoges et de Tulle (183-184, fol. 9).

Valérie, fille de ce Raimond Philip, était mariée, en 1253, avec *Elie Boussac.*

La famille *de Philip* prit le nom *de Saint-Viance,* et se fondit plus tard dans les familles de Lostanges de Saint-Alvère, en Périgord, et du Saillant, près de Saint-Viance, ainsi qu'il appert de plusieurs contrats de mariages ou autres, des xvi.e, xvii.e et xviii.e siècles, reçus par Aguiré, Lasteyrie et Bonnelye, notaires à Allassac.

Alliance avec la famille Mouneyrac. — Cette alliance résulte de plusieurs titres notariés, notamment d'un acte de mariage inscrit sur les registres de l'église paroissiale de Saint-Jean d'Allassac, à la date du 21 février 1767, et passé entre Jacques du Faure, fils d'Elie et de Marguerite Bonnefond, avec Catherine Mouneyrac, fille de Bernard Mouneyrac, notaire royal, et de Marie-Anne Peyraudie.

Cet acte établit une alliance antérieure, car il porte que les époux furent dispensés par monseigneur l'évêque de Limoges, par décision du 15 février 1767, de l'empêchement résultant de la *consanguinité du quatre* (du 4.ᵉ degré).

Catherine Mouneyrac était la plus jeune de cinq enfants. Elie Mouneyrac, son frère aîné, épousa, suivant contrat en date du 22 novembre 1751, reçu par Chicou, notaire, *Pétronille d'Alby,* de cette famille qui compte tant de magistrats au siége présidial et en l'élection de Brives, qui a eu la baronnie de Saint-Sulpice, et qui, avant 1789, portait le nom de *d'Alby de Genouillac,* à cause de la terre de Genouillac, qui passa dans la maison de Lasteyrie par mariage, ainsi qu'il appert du testament de *dame de Guillaume d'Alby,* insinué à Allassac le 3 juillet 1746, et de l'acte de partage de la succession de messire de la Reynie de Saint-Sulpice, fait et passé à Paris le 20 novembre 1754, devant M.ʳˢ Patu et Poultier, notaires au Châtelet.

Ces deux familles d'Alby et Mouneyrac se sont toujours très-bien alliées.

Alliance avec la famille de Montbrun. — La famille *des Brun, seigneurs de Montbrun,* dit Lainé dans son nobiliaire du Limousin, est connue dès le XIII.ᵉ siècle (1).

En 1240, en effet, J. Brun était consul à Limoges. A la

_____

(1) Page 12.

même époque, on voit figurer souvent, sur les listes du consulat de cette ville, des *Bayol* et des *Dubois* ou *du Boys* (1), dans la famille desquels cette fonction semble héréditaire.

En 1295, Gui *Brun*, chevalier, fils d'Aimeri Brun, fit un hommage à l'évéché de Limoges, et, en 1315, Gui Brun, fils de feu Guillaume *Brun*, chevalier, fit un autre hommage (2).

La famille *du Boys*, en langue romane : *deu Bost* (3), avait plusieurs seigneuries ; la famille Bayol avait celle du Burg.

Le château du Burg appartient aujourd'hui à une de mes grand'tantes maternelles, madame veuve Lajugie, dont le fils aîné a épousé mademoiselle Bardon, du Saillant, dont le frère est propriétaire actuellement du château du Saillant et partie de ses dépendances.

Le 17 mai 1682 (4), Anthoine du Boys, fils d'autre Anthoine, maître chirurgien, et de Suzanne d'Almay de Saint-Robert, fut baptisé, et eut pour parrain messire Anthoine d'Almay, seigneur d'Agen, du Gueyrat et autres lieux.

Ce baptême fut fait en présence de messire *de la Porte de la Grillère*, frère de demoiselle Catherine de la Porte de la Grillère, femme de Martial du Boys, du lieu de Vars, bourg situé à peu de distance de la terre du Burg, *et de messire de Brun*.

Le 21 septembre 1650, *Guillaume Brun*, femme de *Jean Faure*, fit donation entre-vifs, pure et simple, à *Estienne du Faure*, juge d'Allassac, de tous ses biens présents, à condition que ledit donataire la recevrait dans sa maison et la nourrirait et entretiendrait suivant son état et condition, suivant acte reçu par M.ᵉ Rivière, notaire à Allassac.

(1) Leymarie, Histoire du Limousin, p. 413, 417.
(2) Cartul., fol. 49, p. 33, 114.
(3) Leymarie, loc. cit.
(4) Actes de l'état civil de la commune de Vars.

Etienne du Faure accepta cette donation aux charges y énon-
cées et le 16 *avril* 1664, suivant contrat devant Meyre, notaire à Allassac, il fit échange avec un nommé Baril, d'un héritage composé de vignes et terres, situé aux appartenances
du village de la Peuge, paroisse d'Allassac, faisant partie ledit
héritage, *du fief à lui cédé à titre de donation, par ladite
Guillaume Brun.*

Le motif exprimé dans la donation dont s'agit est que ladite
Brun n'avait pas d'enfants et était délaissée par son mari.

La seigneurie *de Montbrun* passa plus tard dans la *maison
du Saillant;* car dans un acte de constitution de rente, en faveur de messire du Pouget, par devant Bonnelye et Roze,
notaires à Allassac, on lit que cette rente est vendue par :
« 1.º haute et puissante dame Marie-Louise-Victoire de Philip
« de Saint-Viance, dame marquise et douairière du Saillant ;
« 2.º haut et puissant seigneur J.-B.-Claude de Lasteyrie,
« comte du Saillant, marquis de Saint-Viance, vicomte de
« Comborn et d'Objat, seigneur de la Bastide et de *Mont-*
« *brun*, conseigneur de la ville et pariage d'Allassac et Vou-
« tezac, grand sénéchal du Limousins, etc. »

La même déclaration *de la seigneurie de Montbrun* est
faite par les mêmes dans un acte du 5 août 1746, passé devant
Bonnelye, notaire.

La famille Brun portait pour armes : *une croix.*

Alliance avec la famille du Rieu. — Cette alliance est établie :

1.º Par une transaction du 4 juin 1677, passé devant M.ᵉ Rivière, notaire, au village du Rieu, paroisse de Saint-Viance,
entre Pierre Dufaure, fils d'Etienne et de Peyronne de Che-
gnialle, et Anthoine *du Rieu*, procureur d'office de la juridiction de Castel-Novel, fils de *Jean*, écuyer, et de Izabeau de

La Faurie, qui avait épousé *Anthoinette de Dufaure*, sœur de Pierre, suivant contrat du 7 mai 1659 ; ladite transaction intervenue sur le procès pendant entre les parties relativement aux successions de François de Cheynialle, Peyronne de Cheynialle et Gabrielle de Chiniac, leurs aïeuls et mère, et à celle de Marie Dufaure, décédée *ab intestat*.

Pierre Dufaure invoquait, pour garder tous les biens dépendants de ces successions, les actes de donation des 2 janvier 1663, 18 janvier 1674 ; et les testaments des 24 décembre 1646 ; 25 avril 1650 et 28 mai 1652, reçus par Dupuy, Aguiré, Dumond, notaires

Il se décida à payer à sa sœur un supplément de 2,000 fr.

2.° De l'acte de mariage inscrit sur les registres de l'état civil d'Allassac, à la date du 15 janvier 1715, d'entre *messire Gérald du Rieu* (1), du village du Rieu, commune de Saint-Viance, et *Marie Dufaure*, de la ville d'Allassac.

Alliance avec la famille Vayne. — Cette alliance résulte :

1.° Du contrat de mariage de Jacques Dufaure avec Jeanne d'Eyzac, fille de Jean et de Louise Vayne, reçu par Mouneyrac, notaire à Allassac, le 15 février 1718 ;

2.° Du testament de Anne Dufaure, en date du 17 novembre 1749, fait en la forme mystique et déposé chez M.° Mouneyrac, notaire, qui dressa l'acte de suscription, et dans lequel ladite testatrice fait un legs particulier à « *Anne Vayne, fille de Jean, de la présente ville, sa cousine.* »

---

(1) Dans cet acte, Gérald du Rieu est qualifié de *messire* d'abord et puis de *bourgeois*. — Ce qui est contradictoire : son grand-père était *écuyer*, donc il était noble. — V. Lainé, art. de Lentilhac. Il dit que Louise de Lentilhac, fille de François, iv.° du nom, et de Gabrielle de la Roche-Bouillac, épousa noble *Jean du Rieu*, qui n'en eut pas d'enfants.

Cette famille, représentée aujourd'hui par mon excellent ami, Alfred Vayne, porte depuis longtemps, par suite d'alliances, le nom de *Vayne d'Arche*.

Alliance avec la famille Vervy, de Juillac. — Cette alliance s'établit ainsi : Mon grand-père, Élie Dufaure, se maria, suivant contrat du 28 janvier 1788, expédié, en forme, par Bonnelye, notaire, avec *Marie Vervy*, fille de *Jean Vervy*, des Borderies, paroisse d'Allassac, et de Catherine d'Eyzac, et il fut assisté, audit contrat, par *Elie Mouneyrac, notaire, son oncle maternel,* et *Pierre Dufaure, son oncle paternel, habitant de la ville de Brive.*

Le 8 fructidor de l'an II de la république, par exploit de Eymard Bosredon, huissier à la résidence d'Allassac, les enfants de *Jean Vervy et de Catherine d'Eyzac*, au nombre de cinq, savoir :

Marie, ma grand'mère paternelle, demeurant à Allassac ;

Marie, IIe du nom, épouse Lajouanie, demeurant au Cours ;

Pierre ;

Jean-Baptiste ;

Et Jeanne.

Ces trois derniers, demeurant aux Borderies, agissant tous en qualité d'héritiers de Jean Vervy, leur père, assignèrent « MM. *Jean* et *Antoine Vervy*, frères, habitant sous le même « toit au chef-lieu de la commune de Juillac, et le *citoyen* (1) « *Vervy*, officier de santé, leur père, habitant aussi en ladite « commune de Juillac et au chef-lieu d'icelle, pris tous trois en « qualité d'héritiers de feu *Denis Vervy*, leur père, en com- position de tribunal de famille, aux fins du partage de la

---

(1) Je copie ce mot, parce qu'il a la couleur du temps. Je laisse aussi les fautes de français au compte de l'huissier.

succession de feu « *Pierre Vervy,* oncle commun des parties,
« décédé environ trois ans avant le jour de l'assignation, »
laissant pour héritiers naturels (et légitimes), à cette époque,
Denis Vervy, père des parties adverses (c'est-à-dire des dé-
fendeurs Jean et Antoine Vervy et leur frère, résidant à Juillac); *Jean Vervy* (frère de Denis), père des requérants; *Jeanne*
Vervy, mariée, à Vars, avec Jean Dubois, et enfin N. Vervy,
épouse de M. Pradau de la Tournarie, commune de Juillac.

Le 1.er germinal, en III de la république, suivant traité passé
devant Gouyon aîné, notaire à Juillac, et en son étude, *Antoine*
Vervy, agent municipal de la commune de Juillac, faisant pour
lui et les siens, d'une part; *Elie Dufaure,* domicilié au lieu de
Grande-Fontaine, commune d'Allassac, faisant pour et au nom
de Marie Vervy, sa femme, transigèrent sur la demande formée par l'acte précédent à la somme de 1,200 livres, et comme
l'effet rétroactif de la loi en vigueur lors de cette transaction
fût rapporté, mon grand-père fut tenu de rapporter la somme
qu'il avait reçue, et, par un nouvel accord intervenu devant le
même notaire, en date du 17 prairial, en IV de la république,
ce rapport fut limité à la somme de 175 livres, de sorte que le
supplément ne fut, en définitive, que de 1,025 livres.

Depuis lors, aucune relation d'affaires n'a existé entre les
deux familles, et la disproportion énorme de fortune a fini par
les faire cesser insensiblement tout-à-fait, même les relations
de parenté.

J'aurais été heureux de pouvoir rétablir ces dernières, parce
que, dans la maison de mon père, le nom de *Vervy* a toujours
été prononcé avec respect. C'est qu'il s'applique à une maison
où mon père, dans sa première jeunesse, alors qu'il était en
pension chez un M. Dupin, à Juillac, reçut de ces politesses dé-
licates et affectueuses que les gens bien élevés prodiguent aux
personnes de leur sang.

Je risquai donc une visite en prenant pour prétexte la remise
d'une thèse de licence; mais à la seconde visite, faite à deux ans
d'intervalle, sous le nouveau prétexte d'offrir une thèse de doc-
torat, je m'aperçus que ma présence rappelait, dans la maison,
un souvenir douloureux : la mort si prématurée et si inatten-
due du pauvre *Alfred*, fils unique de M. Vervy, chef actuel de
la maison. Cet excellent père se rappelait que j'avais été le condisciple, et, vers les derniers temps, l'ami de son fils, qui
aurait pu être près de moi, me recevant avec cette expansion
que lui donnait parfois, avec les jeunes gens qu'il estimait, sa
gaîté native, et il pleurait!... madame Vervy pleurait aussi! et
je sentais au fond de mon cœur tout ce qu'il y a de cruel pour
un père et une mère qui perdent, à la fleur de l'âge, le fils
unique sur lequel ils avaient concentré toutes leurs affections et
toutes leurs espérances : alors surtout que ce fils avait toutes les
qualités voulues pour énorgueillir une mère; pour porter dignement dans le monde le nom de son père et soutenir une
grande position acquise. Ce cher Alfred avait en effet le culte
de la famille, et toujours sa piété filiale se traduisait par le respect des volontés de son père. Il suivait strictement, au collége,
un règlement de famille, en ce sens qu'il ne faisait jamais ce qu'il
savait devoir être blâmé par son digne père. Comme condisciple,
il était charmant; c'était le type parfait du français spirituel.
Dans ses moments de verve et de discussion, il ne raisonnait
que par arguments personnels et avec une ironie amère et brû-
lante; il savait toujours faire enlever la parole à son adversaire
par ceux qui faisaient cercle et que son entrain égayait. C'est ce
qu'il appelait « *éteindre les feux de son homme.* »

Tout ce que je pourrais dire sur la famille Vervy n'a d'intérêt, aujourd'hui, que pour moi, au point de vue de la ligne
maternelle de mon ascendance paternelle. — Aussi je me borne
à constater que, jusqu'aux événements politique de février 1848,

M. Vervy avait occupé, dans le canton de Juillac, la position administrative que comportait sa grande position de fortune. —
Mais la révolution dont je parle prit pour devise : *Guerre aux
riches !* et avant de tomber pauvrement, comme elle l'a fait,
elle fit écarter M. Vervy, qui n'a pas jugé à propos de reprendre
les fonctions gratuites qu'il remplissait si bien et avec tant
d'autorité.

§ 7.

CONCLUSION.

Le nom de famille est une propriété, et la première de toutes, quand il est honorable.

Un *nom noble* vaut mieux qu'un nom qui ne l'est pas; car la noblesse n'est autre chose qu'une qualité , *qu'une vertu reconnue,* selon l'expression de Cicéron; d'où la conséquence immédiate, que le nom noble est une garantie morale. Celui qui le porte se trouve ainsi cautionné par le passé; il a donc un avantage inné.

Qu'on ne s'y trompe pas, *noblesse* et *aristocratie* ne sont pas deux termes synonymes , du moins comme on l'entend en prenant ce mot dans la mauvaise acception que lui ont donnée les *partis politiques opposés,* dans l'exagération de leur mauvaise foi. Non , la noblesse n'est point « cette ligue et cette « coalition d'hommes qui veulent consommer sans produire, « vivre sans travailler, tout savoir sans jamais avoir rien ap- « pris , envahir tous les honneurs sans les avoir mérités, occu- « per toutes les places sans être en état d'en remplir aucune », dont parlait le général Foy, en 1821 , en jetant à la tête de l'extrême droite cette brutale définition de l'aristocratie au XIX.ᵉ siècle.

Singulière analogie! preuve frappante que tout se mêle et que rien n'est absolu ni bien défini dans ce monde : si le général Foy avait siégé sur les bancs de l'Assemblée constituante de 1848, il eût été dans le cas de frapper ce coup de tribune à l'adresse de la *démagogie*, voire même du *parti du National*, qui comptait, pourtant, quelques hommes de génie et de science !

Mais, mille fois non, la noblesse ne doit pas tomber sous le coup de la définition qui précède : « Création forte et complète « comme tout ce que la féodalité institua, la noblesse n'était « point un privilége gratuit, un bénéfice pur et simple : *c'était* « *à la fois une récompense des servives rendus, une exi-* « *gence perpétuelle de services à rendre* (1). »

Je comprends que, lorsqu'en regardant en arrière, on voit l'*aristocratie proprement dite* occuper la plupart des emplois militaires et ecclésiastiques et des charges de la magistrature, ce privilége excite bien des récriminations ; ce n'était que justice, pourtant ; car on devait s'attendre à rencontrer là, plutôt qu'ailleurs, les capacités les mieux appropriées et le désintéressement le plus complet. — Les *nobles,* en effet, ces hommes qui suivaient la carrière où leurs aïeux s'étaient distingués, et qui, par l'influence du nom et des exemples de leurs pères, se trouvaient dans l'obligation de bien mériter de l'État, loin de chercher un moyen d'augmenter leur fortune au service du pays, n'y rencontraient toujours qu'une occasion de s'appauvrir, et souvent même de se ruiner complètement. Au reste, on a bien dépassé la vérité en affirmant que pour obtenir un rang élevé dans l'armée ou un office, il fallait appartenir à la noblesse. C'est une erreur profonde, qui tombe devant le plus léger examen des édits et des ordonnances de nos Rois sur l'annoblissement. Jusqu'à Henri IV, tous les grades militaires conféraient

(1) Mémorial historique de la noblesse, publié par J.-B. Duvergier.

la noblesse, prérogative que ce prince restreignità la dignité de lieutenant-général. Les notaires-secrétaires du Roi, les conseillers au Parlement, les échevins et prévots des marchands de Paris et de certaines villes de province, etc., devenaient nobles par le seul fait de l'occupation de leurs charges. Ces ordonnances eussent été inutiles, si, pour être titulaires de ces charges, il eût fallu appartenir originairement au corps de la noblesse. C'était, au contraire, un moyen d'encourager honorablement les hommes que leurs talents ou leurs vertus élevaient au-dessus du vulgaire. Corneille, Lebrun ; Mansard, Le Nôtre, etc., ne manquèrent pas d'être annoblis.

Qu'on observe le tiers-état à sa naissance, à l'époque où il était caché sous les noms de *colons*, de *lites* et de *serfs*, jusqu'à ces jours féconds et puissants où déjà il remplissait les conseils politiques, le clergé, la magistrature, les académies du Monarque le plus aristocrate du monde, puisqu'il a été le plus *niveleur*, et fournissait les noms les plus illustres aux armées, à la marine, aux professions savantes età tous les arts de la pensée et de la main, si honorés sous ce grand règne, et l'on verra que les prérogatives de la noblesse n'avaient pas besoin d'être un avantage de la naissance pour être acquises.

Napoléon I.er, cet homme qui avait tant d'esprit et qui possédait à un si haut degré le sentiment des réalités, pensait ainsi, puisqu'il créa l'ordre impérial de la Légion-d'Honneur, rétablit les majorats et la noblesse.

Généreuse mais juste, l'*institution* de la noblesse n'accordait rien en aveugle. Au loyal et brave guerrier, au magistrat intègre, elle donnait une haute position ; mais elle frappait sans pitié le chevalier lâche et félon, le juge concussionnaire et prévaricateur.

Cette *institution* de la noblesse n'est plus; cet cordre de choses n'existe plus ; mais les *noms* restent, et quand ils rappellent une puissance passée, ils sont une puissance actuelle, parce qu'ils établissent, entre tous ceux qui les portent et sont de même souche, une solidarité que le culte de la famille inspire ; que nos mœurs appliquent ; que la raison et le cœur avouent. L'amour-propre déplacé ou l'égoïsme peut seul combattre quelquefois cette solidarité que le législateur devait rendre parfaite, dans les limites du possible, bien entendu, comme autrefois; car l'esprit de famille est un puissant élément de moralité, de stabilité et de grandeur dans un pays. Il établit la hiérarchie nécessaire dans tout État, met chaque chose et chaque personne à sa place, sans exciter les haines et préparer les vengeances.

Les législateurs romains l'avaient admirablement compris ; aussi partout dans leurs lois, depuis celle des douze tables jusqu'au premier code de l'empereur Justinien, ils consacraient ce principe et cherchaient à le fortifier en organisant la famille au point de vue de la puissance de son chef.

Nos législateurs de 1804, au contraire, ont tout fait pour l'affaiblir avec le système des successions légales qu'ils ont établies, les substitutions légales qu'ils ont supprimées, et la faculté de disposer à titre gratuit qu'ils ont si restreinte dans les mains du père de famille. Quel dommage que les idées politiques d'alors les aient forcés de mettre cette défectuosité dans leur admirable monument !

Chose incroyable ! En consultant les procès-verbaux des discussions du Conseil-d'État, l'on voit que peu s'en est fallu, après les séances les plus orageuses, que l'esprit révolutionnaire dont étaient imbus la plupart des conseillers, ne fît substituer dans la *loi française, sur les successions,* le radicalisme égalitaire au radicalisme d'autorité de la loi romaine.

Telle qu'elle est, même, la loi dévolutive des successions *ab intestat* est la plus radicalement républicaine que je connaisse dans tous nos codes. Non pas que je la critique parce qu'elle est républicaine, mais parce qu'elle me paraît dangereuse dans son application pour la tranquillité, l'avenir, la grandeur de la France.

« *Dicat testator et lex erit; — uti legassit super tutelâ* « *pecuniave suœ rei pater familias, itâ jus esto,* » disaient-on à Rome, ce pays de la raison écrite. Que le père de famille dispose comme il entendra de ses biens ; ils sont à lui. C'était vrai, c'était juste. Qu'on établisse le principe d'autorité dans le Gouvernement, cela fait, on reviendra forcément au même principe dans la famille ; car, appliqué dans le Gouvernement quand il ne l'est pas, au préalable, dans la famille, il paraît toujours un principe d'oppression. La pratique en toutes choses est utile et nécessaire ; l'obéissance s'acquiert ainsi, et les révolutions n'abondent en France que depuis qu'il n'y a plus de hiérarchie en dehors de l'administration ; qu'au - dessous du pouvoir ne se trouvent plus que des unités à peu près égales en valeur, sans adhésion ni harmonie entre elles. Aussi, voyez, une agitation immense s'est emparée de notre société toute entière, depuis que les vieilles barrières sont tombées. Dans les recoins les plus obscurs, une fièvre de mouvement existe depuis que le champ est ouvert à tous ; les passions, qui étaient le partage exclusif d'un petit nombre, sont devenues des hôtes qui visitent indistinctement tout le monde, depuis que l'égalité est le but à la réalisation duquel tendent toutes nos institutions et notre droit public.

De cet état social, quand il sera arrivé au degré d'égalité qu'amènera infailliblement la loi dont je parle, ne pourra sortir que la guerre civile ou l'esclavage administratif, représenté par la formule des peuples sauvages : la force, cette loi suprême qui fait taire ou parler toutes les autres. Puisse alors se trouver un prince assez énergique pour dire à la démocratie, à cette démocratie fille du travail et du temps, accrue en forces, en richesses et sans doute en lumières, qu'elle n'est pas *tout,* ou plutôt qu'elle pourrait un jour n'être rien, si elle n'avait constamment pour appui le respect et le maintien des droits privés, des libertés légales, des jurisdictions immuables et limitées, et toutes ces règles enfin qui fondent le pouvoir et l'ordre sur la justice et l'opinion éclairée! Malheureusement, la démocratie ne veut pas de chef absolu; et sans hiérarchie, il est impossible de modérer le pouvoir.

§ 8.

SUPPLÉMENT.

Je crois devoir, mon cher cousin, consigner ici, dans un *post-scriptum*, que j'intitulerais *chapitre des Ministres*, si ma prétention ne se bornait à vous écrire une lettre sur notre famille, les nouveaux renseignements que m'a fourni M. *Etienne-Henry-Stanislas de Larose*, pour compléter ceux déjà relatés, page 49 et suivantes (1).

Toujours en déplorant les dévastations de 1793, dont sa famille a eu tant à souffrir et dans ses affections les plus chères, et dans sa fortune comme aussi dans ses titres honorifiques ou utiles, M. de Larose a dressé, en l'expliquant par des détails pleins d'intérêt, la généalogie suivante :

Léonard de Larose épousa Pétronille du Coing et en eut trois enfants, qui sont :

1. Jean-Baptiste ;
2. Pierre, avocat au Parlement de Paris, époux de N..... Duval, mort sans enfants ;
3. Marguerite, religieuse sous le nom de sœur Séraphine.

---

(1) Le nom de Larose s'écrit indifféremment par un *z* ou un *s*, mais ce dernier mode est préférable, car le *blason* de la famille a *un chef semé de trois roses*.

J.-B. de Larose épousa, le 9 novembre 1709, Marie-Anne Eymerie et eut trois enfants de ce mariage, savoir :

1. Joseph-Sébastien ;
2. Pierre-Paul, avocat au Parlement de Paris, mort sans enfants ;
3. Pierre-Nicolas, jésuite.

Joseph-Sébastien de Larose épousa, le 1.er février 1746, Catherine d'Ississary, et de cette union provinrent quatre enfants :

1. Philippe-Marie ;
2. Marie-Blanche, mariée en 1773 à M. Ruat de Buch, seigneur de la Teste ;
3. Catherine-Anne, religieuse ;
4. Marie-Fonbrune, non marié.

Philippe-Marie de Larose épousa, en 1781, Victoire de Pontet de Perganson, duquel mariage naquirent trois enfants :

1. Marie-Adèle, non mariée, décédée en 1833 ;
2. Aurore, non mariée, décédée en 1809 ;
3. Etienne-Henry-Stanislas, chef actuel de la famille, qui a eu l'honneur et surtout le bonheur d'épouser M.lle Marie de Saint-Marc, fille du *marquis de Saint-Marc* et de *Catherine de Ségur (Michel Montaigne)*, a trois enfants vivants :

1. Marie-Clémence, qui a épousé M. le marquis Hippolyte Brossard de Favières ;
2. Octave, non marié ;
3. Pierre-Bernard, lieutenant d'artillerie, sorti de l'Ecole Polytechnique.

C'est avec bonheur que je constate que cette branche de ma famille maternelle, établie à Bordeaux, a fourni des hommes très-distingués et dans la magistrature et dans l'armée ; mais la grande figure qui domine est celle de *Joseph-Sébastien de*

Larose, conseiller-d'Etat et au Parlement, président-pré-sidial, lieutenant-général, prévôt royal de Lombrière, et conservateur des priviléges royaux.

Son mérite était si vrai, si grand, si reconnu, que le *Roi Louis XVI* lui offrit, en 1777, le Ministère de la haute police du Royaume. M. de Larose préféra néanmoins sa position à Bordeaux, où il était aimé, estimé et le premier, à un porte-feuille à Versailles, près de la Cour ! Ce n'était pas le dévoue-ment à son pays, ni à la personne de son Roi, dont les mal-heurs et les bons sentiments ont rendu la mémoire si respec-table, qui lui manquait, mais il pensa qu'il ferait plus de bien à la tête de la province de la Guienne, et ce motif détermina son refus.

A côté de cette grande figure, je veux grouper les noms de tous les Ministres que ma famille et la vôtre, mon cher cousin, comptent dans leur ascendance directe ou leurs alliances.

Sans parler de Jean du Faure, chancelier en 1229, du vi-comte de Camborn, qui était un *petit roi,* rival des vicomtes de Turenne, dont la Cour était si nombreuse et les terres si étendues, je cite en premier lieu un autre Jean du Faure, chancelier et garde-des-sceaux de France en 1323 ; en second lieu, Pierre Roger, garde-des-sceaux de Philippe-de-Valois, couronné Pape sous le nom de Clément VI, en 1342; plus ré-cemment, le cardinal Dubois, premier Ministre ; et enfin notre plus grand Ministre que la Révolution de 1848 ait produit, votre cousin issu de germain, Léon Faucher, qui a fait faire un si grand pas à la science économique et rendu de si grands services à l'ordre dans les temps difficiles que nous venons de passer.

Je voudrais pouvoir, et c'était-là, vous le savez, ma secrète ambition dans les recherches nombreuses auxquelles je me suis livré pour composer cette Notice, écrire au nombre de nos parents , même à un degré très-éloigné , le nom de M. *Jules-Armand-Stanislas* DUFAURE , cet homme que tout le monde honore , parceque tout le monde l'estime ; qui a un grand caractère et un grand talent , admiré par moi sans réserve ; mais je dois convenir, c'est lui-même qui me l'a dit , après examen , qu'avec les documents qui précèdent, nous ne pouvons affirmer cette parenté, quant à présent.

Je dis quant à présent , parce que j'ai la conviction que j'arriverai à la découverte des documents et titres qui me manquent actuellement pour lever les doutes qui empêchent mon affirmation.

Voici les faits sur lesquels je fonde mon espoir :

1.° Le nom a la même origine ; il est identiquement le même;

2.° La famille de M. Dufaure et la nôtre étaient, jusqu'en 1789 , dans le même ressort de Parlement ; je pourrais presque dire dans la même généralité , celle de Limoges ;

3.° Les Dufaure , de Bordeaux , je l'ai établi p. 232 à 234, sont très-probablement une branche de notre famille ;

4.° M. Dufaure ne connaît pas l'origine de sa famille , mais il est impossible que cette famille , qui avait une assez grande position il y a près de deux siècles , n'ait pas ses origines : or, M. Dufaure est né à *Sauzon* , et sur les registres de l'état civil de ce chef-lieu de canton , qui remontent à 1627 et que j'ai compulsés , le nom de Dufaure ne se trouve qu'aux dates suivantes : 15 frimaire an VII, 22 ventôse an V, 11 pluviôse an VI, et 21 février 1806. — Antérieurement, le nom de Faure apparaît assez fréquemment , et presque toujours il est entouré dans les mêmes actes de noms bien connus dans le Bas-Limousin.

Deux de ces actes de l'état civil m'ont frappé : le premier est l'acte de décès de *Marie Bessos* , du 25 juin 1670 ; or, le testament de F. Gouffier de Lastours porte un legs à « *Petro*

Fabri , de Bessos , » village situé près de Linars , dans le Bas-Limousin.

Le second est l'acte de baptême de « *Henri Faure* , fils de « Arnaud et de Bon.... de Coustain , ses père et mère , et a « été parrain *Henry de Comminges , escuyer ,* SIEUR DE LA « FABRIE , et marraine, damoiselle *Anne - Angélique Jau-* « *bert;* » or, il est constant que les *Fabri* ou *du Faure ,* d'Auvergne et du Limousin , étaient souvent qualifiés *seigneurs de la Fabrie.*

5.° Enfin la *ressemblance* physique qu'on remarque généralement, par prévention peut-être à cause de la similitude du nom, entre M. Dufaure et moi; ressemblance qui serait bien plus saisissante avec mon grand-père, en admettant que son signalement, consigné dans un passeport qu'il se fit délivrer le 9 floréal an XII, « allant à Bordeaux pour ses affaires » fût exact.

Cette ressemblance est un fait puissant, mais elle n'est pas une preuve plus décisive que les faits ci-dessus.

FIN.

TABLE.

—

Versailles. — Typographie de Dufaure, rue de la Paroisse, 21.

www.ingramcontent.com/pod-product-compliance
Lightning Source LLC
Chambersburg PA
CBHW070803270326
41927CB00010B/2268